想象另一种可能

理
想
国
imaginist

史景迁作品

鄢秀 郑培凯 主编

曹寅与康熙

一个皇帝宠臣的生涯揭秘

Ts'ao Yin and the K'ang-hsi Emperor: Bondservant and Master

[美] 史景迁 著　温洽溢 译

Jonathan D. Spence

广西师范大学出版社
·桂林·

TS'AO YIN AND THE K'ANG-HSI EMPEROR: Bondservant and Master
Copyright © 1966, 1988 Jonathan D. Spence
Simplified Chinese Edition © 2014, Guangxi Normal University Press
All rights reserved.

著作权合同登记图字：20-2009-278

本书译文由时报文化出版企业股份有限公司授权使用。

图书在版编目(CIP)数据

曹寅与康熙 /（美）史景迁著；温洽溢译.
— 桂林：广西师范大学出版社，2014.3（2022.1 重印）
书名原文：Ts'ao Yin and K'ang-hsi Emperor: Bondservant and Master
（史景迁作品）
ISBN 978-7-5495-5103-3

Ⅰ.①曹… Ⅱ.①史…②温… Ⅲ.①康熙帝（1654～1722）—生平事迹②曹寅（1658～1712）—生平事迹
Ⅳ.①K827=49

中国版本图书馆 CIP 数据核字 (2014) 第 031855 号

广西师范大学出版社出版发行

　　广西桂林市五里店路9号　邮政编码：541004
　　网址：www.bbtpress.com

出 版 人：黄轩庄
责任编辑：吴晓斌
校　　译：苏燕萍　王　颖　谭婉卿
书名题签：黄华侨
装帧设计：陆智昌
内文制作：陈基胜
全国新华书店经销
发行热线：010-64284815
山东韵杰文化科技有限公司
　　山东省淄博市桓台县　邮政编码：256401

开本：880mm×1230mm　1/32
印张：10.375　字数：231千字
2014年3月第1版　2022年1月第10次印刷
定价：68.00元

如发现印装质量问题，影响阅读，请与出版社发行部门联系调换。

总　序

妙笔生花史景迁

郑培凯　鄢秀

一

近半个世纪以来,西方列强对中国虽已停止了侵略殖民,但西方一般民众对中国的认识,仍然带有殖民心态与说不清道不明的迷思,三分猎奇、三分轻蔑、三分怜悯,还有一分"非我族类"的敌意。想到中国的山河广袤、人口众多、历史悠久,心目中浮现的图景就似真似幻,好像乘坐荒野打猎的越野吉普,手持望远镜,驰骋过山林丛莽,观看熊罴虎豹、狮子大象、猿猴猩猩、斑马羚羊,倏忽群兽遍野,狼奔豕突,倏忽蒿草无垠,万籁俱寂。中国像万花筒,什么都有,什么花样组合都变得出来;中国历史像变魔术,可以把一切想象变成真实,又可以把一切真实变成幻象;中国文化传统玄之又玄,阴阳变化,万象归一,天下万物生于有,有生于无,变是不变,不变是变。不要说听的人越听越糊涂,讲的人也是越讲越糊涂,于是,中国也就"假作真时真亦假",神龙见首不见尾了。

其实，在欧美真想了解中国历史文化，也有不少西文学术书可供阅读，从孔子到毛泽东，都有所论述，而且大体上都提供了史实正确的知识。读者对中国近代有兴趣，也可以从各类学术专著与教材，知道些翻云覆雨的历史大人物，得知鸦片战争肇启列强对中国领土资源的觊觎与蚕食，得知中国从几千年的帝制转为民国政体，得知军阀混战与日本侵略，得知国共内战与共产党的胜利。耐下心来读点思想史与社会经济史，还能知道耶稣会传教给中国带来一些科学新知、早期中西文化接触给西方启蒙运动提供滋养、清代思想统治影响学术变化、明清以来人口流动与增长的情况、美洲白银与农作物传入改变了中国经济结构。甚至会发现，原来有这么许多学术专著讨论中国近代历史事件与特定人物，探讨传统社会生产与伦理关系的解体，研究政体改变与城乡结构的变化，以及西潮如何冲击文化传统、思维逻辑与教育制度，等等。但是，对一般读者而言，学术专著太深奥，教科书又太枯燥，陌生的人名、地名、事端、争论，令人越看越纷乱，满脑都是糨糊。实在不懂为什么中华帝国会反对通商、反对自由贸易、反对门户开放，不懂为什么一向讲究礼义和平的老百姓会突然变成革命群众，不懂中国人民到底在想什么。好像愈知道许多人物与事件，却愈加糊涂，有如雾里看花。

这几十年来欧美出了一位研究中国史的奇才史景迁（Jonathan Spence），他最大的贡献就是以优美流畅的文笔，把中国近代错综复杂的人物与史事，通过严谨的历史考证，参照专家的钻研成果，以"说故事"的传统历史方法，娓娓道来，让西方读者"拨开云雾见青天"，对中国的历史经历有了"感觉"。

二

"史景迁"这个华文名字,是他在耶鲁大学研读历史学博士学位期间,一位中国史学前辈房兆楹给他取的,寓意明显,期望也高,学历史就要景仰司马迁,以司马迁为楷模。司马迁的《史记》,材料丰富,考辨严谨,叙事清楚,条理分明,文笔生动,"究天人之际,通古今之变,成一家之言"。史景迁是现代史家,不像司马迁出身"史卜巫祝"传统,有着"究天人之际"的使命,但是,他研究晚明以迄当代的中国历史,叙事的方法与文体却循着《史记》的精神,的确当得起"通古今之变,成一家之言"的赞誉。从他第一部《曹寅与康熙》(*Ts'ao Yin and the K'ang-hsi Emperor: Bondservant and Master*)开始,他就结合档案史料与研究曹雪芹先世的各类文史资料,写了康熙皇帝的治术,同时也勾勒了清朝天子的内心世界。这种对原始资料的扎实研究基础,让他在第三部著作《康熙》(*Emperor of China: Self-Portrait of K'ang-hsi*)中,得以化身康熙,以第一人称的叙事方法,发挥历史想象,充分展现康熙大帝的喜怒哀乐,让西方读者看到一个有血有肉的中国皇帝。书写康熙,把一切客观历史材料转为自传文体,必须从天子的角度看天下,涉及各种各样的天下大小事,以宏观的视野,高屋建瓴,为大清帝国的长治久安着想。如此,表面是书写假托的康熙自传,实际上却必须考虑中华帝国的方方面面,从统治天下的全相角度呈现中华帝国的全貌。

史景迁第二部书《改变中国》(*To Change China: Western Advisers in China,1620-1960*),探讨近代西方人士如何参与及推动中

国的历史变化，从早期的传教士汤若望、南怀仁，清末的戈登、赫德、丁韪良、傅兰雅，一直写到民国时期的鲍罗廷、白求恩、陈纳德、史迪威，开启了他对中西文化接触与交流的研究兴趣，撰写了后来一系列相关著作。他的兴趣，从西方人在华活动扩展到中西文化接触所引发的思维刺激与调适，探讨不同文化碰撞时相互理解与误解的困境。具体的人物在特定的历史环境中，都有独特的引人入胜的故事发生，不但是西方人在明末的中华帝国会有各种奇特遭遇，中国人在18世纪初欧洲的异国遭遇更令人难以想象。史景迁就像福尔摩斯一样，利用他掌握多种欧洲语言的优势，进入中外历史材料的迷宫之中，追索隐藏在历史帷幕后面的蛛丝马迹，想象中外历史文化接触的夹缝中，远赴异乡的人物是如何生活的，而其遭遇又如何存留成历史的记忆。他混合运用中外史料，披沙拣金，追索明末利玛窦远渡重洋，由西徂东，来华传教的经历，也写了广东天主教徒胡若望流落法国的一桩公案，更整合了蒙古西征之后，西方对中国的想象与描绘。

《利玛窦的记忆宫殿》(*The Memory Palace of Matteo Ricci*)，上溯到明末耶稣会士来华传教，如何适应中国的文化环境，如何利用欧洲流行的记忆术作为敲门砖，打入热衷科举考试、重视背诵诗书的士大夫群体。《胡若望的疑问》(*The Question of Hu*)，写一个中国天主教徒胡若望因傅圣泽神父（Jean-François Foucquet）的提携，远赴法国，却因举止乖张，流落异乡，甚至被关进疯人院里，三年后才得以返回广东家乡。史景迁利用了梵蒂冈的教廷档案、大英图书馆档案及巴黎的国家外事档案，拼成一幅匪夷所思的雍正初年广东华人流落法兰西的故事图景。《大汗之国》(*The Chan's Great Continent: China in Western Minds*)则综观西方人如何想象中国的历史历程,从蒙元时期的鲁不鲁乞修士、马可波罗,一直到当代的尼克松、基辛格,不但写来华西方人所记的中国经历,也写没来过中国的文人作家如何想象中国,影响了一般民众的中国印象。对于中国读者而言,这些经由仔细爬梳欧西档案与文史群籍得来的历史资料,经过天孙巧手缝缀成一个个动听的故事,就像一面面精美的缂丝挂毯,不但引人入胜,也开拓了我们的眼界,了解不同文化的相遇、碰撞与互动是多么的错综复杂,时常还惊心动魄,比小说虚构还要离奇。

《康熙》在 1974 年出版之后,引起出版界的轰动效应,深受读者欢迎,成为畅销书,甚至被白修德(Theodore H.White)誉为"经典之作:把学术提升到美的范畴"。西方史学界也开始注意史景迁书写历史的修辞策略,称赞他文体自成一格,剪裁史料别具慧心,从不大张旗鼓宣扬新的理论架构,却在不经意处,以生动的故事叙述,展现了历史人物与事件所能带给我们的历史文化思考。他继之在 1978 年,写了第四部著作《王氏之死》(*The Death of Woman Wang*),以山东郯城的地方志、黄六鸿的《福惠全书》、蒲松龄的《聊斋志异》为史料基础,探讨清初小老百姓的生活环境与想象空间,从宏观的天下全相与中西文化观照,推移镜头至偏僻乡间农民与农妇的生活,把蒲松龄的文学想象穿插到梦境之中,以不同角度的现实与虚构特写,重组了十七世纪山东农村的生存处境。这部书最引起史学界议论的,就是剪裁蒲松龄如梦如幻的优美文字,用以虚构妇人王氏临死之前的梦境。史景迁运用文学材料书写历史,当然不是要呈现实际发生的史实,不是妇人王氏的"信史",却可以引发读者想象清朝初年的山东,在历史意识上触及当时历史环境的"可能情况"。

书写历史,最重要的是要依靠文献证据,假若文献未曾明确提供材料,可不可以运用想象去重新构筑历史场景?这就是现代历史书写最蹊跷暧昧的领域,也是后现代史学不断质疑与解构的关键。他们不但质疑史料经常不足,或是一批"断烂朝报",缺失的比留存的材料可能要多,不足以反映历史实况,令人更加质疑所有历史材料的可靠性。像海登·怀特(Hayden White)这样的历史哲学论者,就在他的《元史学》(*Metahistory*)中提出,所有的史料,包括第一手材料与档案,都是具体的个人记录下来的,一牵涉到具体的人,就有主观的思想感情倾向,就不可避免有"人"的历史局限,就不可能完全科学客观,做到巨细靡遗地记录牵扯到人与事的复杂情况,而不掺入运用修辞逻辑的历史想象。他甚至进而指出,历史写作与文学写作无大差别,都是运用文字,通过想象修辞的手段,与不同倾向的书写策略,虚构出一个文本。这种推衍到极端的主观书写论,有其立论的根据与辩难的目标,很难斥为无稽,但却故意扭曲了文学创作与历史求真求实的基本意图有所不同。值得在此提出的是,史景迁的著作不能归入"后现代"的主观虚构历史书写之中,因为他写每一本书,都恪遵传统史学的规律,尽量使用存世的史料,上穷碧落下黄泉,从中国史书方志档案到西方史志档案,几乎做到"无一字无来历"。他在连接史料罅隙,推理可能历史情况时,也明白告诉读者,文献材料是什么,作者解读的历史"可能"是什么,从不混淆视听。

三

史景迁的史学著作，经常是雅俗共赏，兼顾学术研究与通俗阅读，一方面让专家学者思考史学探索的意义与方向，另一方面又让一般读者深入理解中国近代的历史，特别是中国人生存的时代环境与生命意义的追寻。他写的《天安门：中国人及其革命，1895—1980》(*The Gate of Heavenly Peace: The Chinese and Their Revolution, 1895-1980*)与《追寻现代中国》(*The Search for Modern China*)，最能显示他史识的通达与文笔之流畅，能够不偏不倚，就事论事，却又充满了历史的同情与了解，让西方读者理解，中国是一个实实在在的地方，即使难以认同中国历史的发展，却也看到生活与奋斗其中的历史人物，都是有血有肉有感情的人，在特定的黯淡历史环境中，奋勇追寻茫茫前途的一丝光明。《天安门：中国人及其革命，1895—1980》着眼中国近百年文化人与文学家的处境，环绕着康有为、鲁迅、丁玲以及他们的师生亲友，旁及所处的历史环境与文化空间，写他们的追求、挫折、困境与期盼；《追寻现代中国》则以教科书撰述通史的形式，历述明末以迄当代的政治经济变化，从晚明的繁华到清兵入关，从康乾盛世到晚清颓败，从鸦片战争到康梁变法，从五四运动到共产党执政，从"大跃进"一直述说到改革开放，同时没忘了论及曹雪芹与《红楼梦》、"五四"时期的蔡元培、陈独秀、胡适、鲁迅等，指出文化变迁的长远影响。这两本历史著作的书写方式，都是传统史学呈现历史全相的主流写法，出版后，都在欧美图书市场成了历史畅销书，并且自 1990 年以来，成为西方大学中国史课程的通用教科书，影响了好几代大学生与文化人。他接着出版的《太平天国》(*God's Chinese Son: The Taiping Heavenly Kingdom of Hong Xiuquan*)、《雍正王朝之大义觉迷》(*Treason by the Book*)等等，一直到近年的《前朝梦忆》(*Return to Dragon Mountain: Memories of a Late Ming Man*)，每一本书问世，都能生动活泼地呈现中国的历史经验，掀起畅销热潮，使西方读者对中国近代历史变化的认识更加深入，加深对于中国历史文化的同情。

史景迁的历史著作如此畅销，受到广大读者的喜爱，也就遭到一些传统学究型历史学家的讽刺，说他是"说故事的"史学家，不曾皓首穷经、在故纸堆中考据出前人未见的史实，而且视野过度宽广，未曾穷毕生之力，专注某一桩历史事件，成为特定历史题材的"权威专家"。也有些以社会科学方法自诩的社会经济史学者，认为史景迁著述虽多，但提不出一套理论架构，对历史研究的科学性毫无贡献，又不以社会科学"放之四海而皆准"的普世性为依归，不曾努力把中国历史文化研究纳入普世性社会科学，充其量只是引起西方对中国历史文化的兴趣。这些批评其实都是皮相之论，以狭隘的学术观点、本位主义的专业立场，排斥历史学的基本人文精神与开发多元的普世关怀。

从政治大事的角度书写历史全相，是中国传统史学的主流写法，《春秋》纪事罗列重要事迹，《史记》叙事以"本纪"为经，"列传"为纬，辅以表记志书，成为中国正史的写作通例。司马光的《资治通鉴》与后来的各种"纪事本末"，虽在传统史学体例之中另列一格，其实还是全相式的政治事件书写。不仅中国史学传统如此，西方史学从古希腊开始,也是以叙述"故事"为主。希罗多德(Herodotus)的《历史》,糅合各种资料与传闻,删汰芜杂,以"说书"的叙述方式呈现。古希腊文 historein,本义是"问询",意即司马迁在《史记·太史公自序》所说的,"罔(网)罗天下放失旧闻,王迹所兴,原始察终,见盛观衰"。太史公作《五帝本纪》,记述上古传闻资料,也面临类似的问题,自己还作了检讨:"百家言黄帝,其文不雅驯,荐绅先生难言之。……余尝西至空桐,北过涿鹿,东渐于海,南浮江淮矣,至长老皆各往往称黄帝、尧、舜之处,风教固殊焉,总之不离古文者近是。"希罗多德之后的修昔底德(Thucydides),对记述往古的传闻颇不以为然,认为可靠的历史只有当代的记录,因此撰写当代的战争大事为《伯罗奔尼撒战争史》,在资料的"问询"上有亲身的经历,还可以采访许多身历其境的当事人,得以对勘论辩。虽说着史风格有所不同,更加强调资料源的可靠性,但其呈现战事发生的前因后果,仍是政治事件的全相叙述。不论是司马迁、希罗多德,还是修昔底德,叙述历史的修辞手法,都是去芜存菁,运用明畅的文字,讲一个动听的故事。到了欧洲启蒙时代,吉本(Edward Gibbon)写《罗马帝国衰亡史》,还是遵守这个写历史"说故事"的基本原则。

倒是近代的历史学家,先受到 19 世纪兰克学派的影响,在历史研究领域强调科学实证,以考辨史实为历史研究主要任务,长篇累牍进行饤饾考证,以显示历史研究的专业化。学术机构的建立、文史哲的专业分科、学术专业职场化、学术职业升迁的专业评核,把文化学术的理想转为薪酬饭碗的优渥,加剧了历史研究钻牛角尖的倾向，迫使严肃而有才华的历史学家随波逐流，把全副精神放在历史学科制度的规范要求上面，使得全相性叙事的历史著作遭到学院的排斥，沦为毫无史观与史识的历史教科书与通俗历史演义的领域。到了20世纪后半叶，历史研究的科学客观性遭到挑战，许多史学家又从一个极端摆荡到另一个极端，转向以"观点"与"问题意识"为主导的探讨，充满了政治正确与社会意识的信念，强调阶级、种族、性别、弱势群体，从各种文化批判角度，进行"把历史颠倒的重新颠倒过来"的工作，化历史研究为意识形态斗争的场域。

总而言之，以新角度新观点来书写历史，拓展我们对历史的认识，或者指出传统历史书写的局限与歧视，固然有其价值，但全相叙述的历史书写传统，还是不该断绝的。不仅如此，历史研究虽然已经成为学术专业领域，却也不能放弃学术研究的基本人文关怀，不能排斥学术通俗化的努力，不能把一般人有兴趣的历史题材当作没有价值的老生常谈，更不能把自己文字能力的艰涩鲁钝作为学殖深厚的借口。由此看来，史景迁既能著述宏观全相的中国历史，又能在历史叙述的实践上探索新的历史研究领域，以生动的笔触揭示新的观点与问题意识，难怪可以雅俗共赏，也为中国历史研究提供了值得深思的启示。

中国史学传统要求史家具备"才、学、识"（刘知几），章学诚又加了"德"。在《文史通义》中，章学诚是这么解释的："义理存乎识，辞章存乎才，征实存乎学"，强调的是，要有文化传统的认识与关怀，要有书写叙述的文采，要有辨伪存真的学殖。对于他自己提出的"史德"，章学诚在《文史通义》立有专章，作了详细的疏解，关键在于：

"能具史识者，必知史德。德者何？谓著书者之心术也。"余英时在《论戴震与章学诚》一书中指出，章学诚的史学思想承袭了中国儒家传统，太注重政治伦理，所强调的"史德"偏于传统道德的臧否，而不同于现代史学强调的客观性："其主旨虽在说明历史学家于善恶是非之际必须力求公正，毋使一己偏私之见（人）损害历史的'大道之公'（天）！但是这种天人之辨仍与西方近代史学界所常讨论的历史的客观性和主观性有不同处。"我们把章学诚对"史德"的要求与余英时的评论放在一起，借来观测史景迁的历史著作，就会发现，史景迁的现代西方史学训练，使他不可能陷入儒家道德臧否性的中国传统"史德"误区。反倒是因为他身为西方学者，远离中国政治，与中国近代的政治伦理没有切身的关联，没有族群兴衰的认同，没有利益的瓜葛，不会以一己偏私之见损害历史之大公。从这一点来说，史景迁书写中国历史的实践，配合了余英时的现代史学反思，为中国史学传统的"才、学、识、德"，提供了颇饶兴味的现代诠释。

四

这套丛书两位主编之一的郑培凯，与史景迁先生有师生之谊，是史先生在耶鲁大学历史系任教时正式招收的第一个博士研究生。自1972年开始，他就在史先生指导之下，浸润历史学的研读与思考，并且从一个学生的角度，反复阅读老师的历史著作，以期学习历史研究与书写的诀窍。从《康熙》的写作时期开始，郑培凯就不时与老师切磋问学,还会唐突地询问老师写作进度与历史书写的策略。史先生写《王氏之死》、写《天安门:中国人及其革命,1895—1980》、写《利玛窦的记忆宫殿》、写《追寻现代中国》,从开题到完书出版,郑培凯都有幸过从,亲聆教诲,还时而效法"有事弟子服其劳"的古训,提供一些不轻易经眼的文献资料。老师对这个学生倒也施以青眼,采取自由放任态度,提供了最优渥的奖学金,有酒食则师生同馔,老师埋单付账。在耶鲁大学学习期间,郑培凯自己说,从老师习得的最大收获,就是如何平衡历史书写的客观材料与剪辑材料的主观想象,运用之妙,存乎一心。而那个"一心",则类乎章学诚说的"著书者之心术"。

《天安门:中国人及其革命,1895—1980》一书在1981年出版之后,郑培凯立即以之作为讲授中国近代史的辅助教材,并深深佩服史景迁驾驭纷繁史料的本领。此书不但资料剪裁得当,文笔也在流畅之中流露深厚的历史同情,使得历史人物跃跃欲出。郑培凯曾自动请缨,向史景迁建议申请一笔译书经费,翻译成中文出版。他当时也大感兴趣,认为由这个亲自指导的学生迻译成中文,应当可以掌握他的文气与风格,忠实呈现他的史笔。然而,后来因为经费没有着落,郑培凯又教研两忙,杂事纷沓,抽不出时间进行这项工作,只好放弃了一件学术功德,让它变成"姑妄言之,姑妄听之"的逸事,回想起来,不禁感到有愧师门。这本书翻译未成,倒是触动了史景迁编写一部中国近代史教科书,同时辅以一本中国近代社会文化史料选译集的想法,商之于郑培凯与李文玺(Michael Lestz)。这两位学生遵从师教,花费了五六年的时间,终于完成了这项史料翻译选辑工作，出版了《寻找近代中国之史料选辑》(*The Search for Modern China: A Documentary Collection*, New York, Norton, 1999)。

近年来，出现了不少史景迁著作的中文译本，几乎包括了他所有的专书，质量则良莠不齐，有好有坏。有鉴于此，广西师范大学出版社的总编辑刘瑞琳女士想出一个方案，策划集中所有中文译本，邀请郑培凯做主编，选择优秀可靠的译本为底本，重新校订出版。郑培凯与史景迁商议此事，立即获得他的首肯。广西师大出版社经过一番努力，终于取得史景迁全部著作的中文翻译版权，也让郑培凯感到可以借此得赎前愆，完成二十年前未遂的心愿，可以亲自监督校订工作，参与翻译大计。然而兹事体大，怕自己精力有限，不能逐字逐句校读所有的篇章，无法照顾得面面俱到，便特别延请了研究翻译学的鄢秀，共同担任主编，同心协力，校阅选出的译本。

在校阅的过程中，我们发现，即使是优秀的译本，也难免鲁鱼亥豕之误。若是笔误或排印的问题，便直接在校阅之中一一更正。还有一些个别的小错，是译者误读了原文，我们便效法古人校雠之意，经过彼此核对原文之后，尽量保持译文语句，稍作改译，以符合原文之意。

我们在校读的过程中，发现最难处理的，是译文如何忠实表现史景迁原书的风貌。史景迁文笔流畅，如行云流水，优美秀丽，时有隽永笔触，如画龙点睛，衬托出历史人物的特质或历史事件的关键，使读者会心，印象深刻，感到余不尽。我们看到的各种译本，虽然有的难以摆脱欧化语法，大体上都还能忠于原作，在"信"与"达"方面，差强人意。但若说到文辞的"雅"，即使是最优秀的译本，也因为过于堆砌辞藻，而显得文句华丽繁复，叠床架屋，是与原著风格有一定差距的。由于译本出于众手，每位译者都有自己的文字表达风格，因此，我们校读不同的译本，只能改正一些排版的错误与翻译的误读，无法另起炉灶，进行全面的文体风格校订。

翻译实在是难事，连严复都说，"一名之立，旬月踟蹰"，真要挑剔起来也是没有止境的。我们作为史景迁系列作品的主编，当然要向原作者、译者及读者负责，尽心尽力，精益求精，作为学术功德，完成这项计划，为中国读者提供一套最为精审的译本。我们也希望，读这套译本的中国读者，要体谅翻译的限制，能够从字里行间，感到原作的神韵，体会原作的惨淡经营，又能出以行云流水的笔调，向我们诉说中国近代历史与人物。故事原来都是我们的，听史景迁说起来，却是如此动听，如此精彩，如此引人入胜。

目 录

i　　总　序　妙笔生花史景迁

001　初版序言
005　再版序言
009　第一章　内务府
049　第二章　京城与苏州，诗词与社交
087　第三章　织造曹寅
129　第四章　南巡
171　第五章　两淮盐政
219　第六章　曹寅——皇帝的耳目
261　第七章　曹家的没落
301　附　录

初版序言

本书描述清代官员曹寅（1658—1712）的生平，但这并不是一本传记。本书试图把曹寅的一生与他生活时代的制度相勾连，并给予这些制度同等的重视。所以，对我而言，重点不是曹寅在某一天去了哪里，某个时刻的心情感受如何；重要的是，当我们在中国正史里读到曹寅是一个包衣、织造、巡盐御史时，这意味着什么。曹寅的所作所为自然要予以关注；但他原来可能做什么同样重要，或者，更精准地说，律例规定他能做些什么，以及与他同时代的人处在相同的官位时又做了什么。

本书涵括的范围超过曹寅的一生。本书勾勒的情节始于曹寅祖父所处满人巩固天下时期，迄至乾隆朝曹寅孙子的时代。想当然尔，有鉴于曹寅是满人统治者的包衣奴仆，他们的故事势必鲜明反映出清朝皇帝面貌与表现方式的变易，本研究的历史背景正是清朝本身。尽管所触及的范围，不能期望可以尽诉满人统治头一百年的种种变迁和活力，但至少可以呈现它缤纷的样貌。

曹寅的曾祖父在努尔哈赤（1559—1626）时遭俘虏，被纳编进这位剽悍、足智多谋的统治者新设立的组织之一包衣佐领,努尔哈赤先求巩固自己的实力,然后在 1616 年称帝,号天命,国号金,以与明朝竞逐天命归属。曹寅祖父的事业始于皇太极(1592—1643)时代,他自命清朝崇德皇帝(1636),当时满人还盘踞在明人抗守的长城以北,学习、实行汉人的官僚制度。不过,1644 年满人定鼎中原,运用许多满人自己的统治策略。这点可以从曹寅父亲的生涯窥知,他在顺治皇帝(1644—1661)的内务府里当差,于康熙朝辅政大臣摄政期间外放江宁织造,这是一个对满人统治者有特殊用途的职位。曹寅的一生,从幼时到辞世,都是在康熙朝(1661—1722)中度过,突显了康熙时代摸索中的治理手段。不管是曹寅还是康熙,都不会凡事视之理所当然,他们两人总是密切关注经济和政治局势;他们称不上对其所见皆有建设性的响应,但他们乐于通权达变,他们的弹性因应自然改变了中国官僚传统的模式。譬如,康熙利用南巡之便亲自查访各省民情,发展出密折制度以秘密奏报来辅助他对局势的掌握。他拔擢曹寅署理江宁织造,但并未将其职责限缩在律例所规定管理江宁城内的皇家织场上。曹寅必须平籴米价、购买铜斤、督导漕运、创办文化事业、押运佛像给寺院、奏报高官行止和收成情况。曹寅还出任两淮巡盐御史,征集每年两百万两的例行税银,还得另行筹措五十万两以供皇上的各种度支。

康熙一朝并非承平安康的时代,它不像清代尔后各朝因循旧制、抗拒变革。十七世纪末这个时代,前明遗民对新朝的威胁依然时时可见,一度与满人结盟的藩王和边疆部族亦群起叫阵,皇权的集中才刚刚开始巩固,满汉文化之间的扞格化解不易。曹寅对其生涯或许几经盘算，不过这一切似乎不太需要；环境对他的眷顾一如对他的先人。这不是一个让新人如鱼得水的时代，它比较适合迈向新时代的旧人；在1675年这一年，还有什么比得上一个有着古典汉文化涵养的满人包衣更令人敬佩的呢？曹寅就是这样的人。像曹寅这样的人具有多重用途，而他成功、忠诚的赏酬是相当高的。

不过，到了曹寅嗣子曹𫖯的时代，他遭遇到的是雍正皇帝（1723—1735）皇权集中的局面，而皇权的集中化往往是通过整肃阁臣来实现。曹𫖯没有能力适应这个时代，迎接这个时代新的挑战，而导致家道中落。到了曹寅的孙子曹霑（雪芹），才来到故事的尽头，他在乾隆盛世的时代膝下虚悬、穷困潦倒。若非曹雪芹动心起念，追忆曹家的兴衰起落，否则曹家有可能从此湮没在故纸堆中。结果就有了《红楼梦》这部小说，作者虽然最终未能完稿，但这部小说普遍被视为中国小说的扛鼎之作。这部小说刻画细腻，如今我们可以看到，在曹雪芹文学意象的背后，透露着他祖父曹寅真实的官宦生活和流金岁月。

若能综合制度、文学、政治种种文献，整体观之，曹寅个性自然跃然纸上。他是一个嗜好美物的闲散之人；他在满汉文化中，在骑射和诗赋中，在南方柔和气候的清谈机杼中，发现美好事物。曹寅饱满的美学品味，同时取悦了满人和汉人。曹寅有时会突然满腔热血、正义凛然，譬如1704年他有意大刀阔斧改革盐政，又如1711年他挺身挞伐科场丑闻的不公裁决；不过，他大体上还是安于随波逐流的。曹寅深受康熙皇帝的信任，也署理几个有利可图的肥缺，他懂得见风转舵，利用机会谋利，但从来不竭泽而渔。

不必过度渲染曹寅个人的重要性。他既不是清朝的封疆大吏,甚至也不是康熙朝的要角。他的重要性在于其生平可以告诉我们他生活其中的那个社会以及他所运作的那个制度架构。本研究的主旨,就是把曹寅的一生当做"范式"(paradigm,借用科学家对这个概念的定义)来呈现:"(科学)发现始于对反常异例的察觉,即认识到自然现象与主导常态科学的范式预期不一致。然后,对反常异例的领域继续从事多少具延伸性的探索。直到调整范式理论而使得反常异例可以预期时,才停止探索。"[译注:库恩(Thomas S. Kuhn),《科学革命的结构》(The Structure of Scientific Revolutions),统一科学国际百科学书(International Encyclopedia of United Science),2, NO.2, Chicago, University of Chicago Press, 1962,页 52—53。]

我从事这项研究的初衷,是因为曹寅的独特性很难在清史中被归类。随着研究的开展,一切就愈来愈清晰,曹寅之所以显得特殊,它反映出我们对清史的内容,对中国官僚体制的性质,有太多想当然尔的看法。如今已经很清楚了,曹寅的一生很符合逻辑——身为上三旗的一名包衣,是康熙皇帝的私家臣属,因而被外放到行省署理重要的财税职务,皇上通过曹寅可以遂行财政控制大权。这种皇家私人的臣属,自然超越京畿、各省官僚体系的行政流程,而这群人是可以被明确界定,其扮演的特殊功能也是可以被分析的。有鉴于西方先前的研究,对清朝头一百年的各个面向几乎没有着墨,本书试图自空白的历史中,勾勒出这一变化多端的复杂时期,而本书的发现必然是试探、初步的。不过,假使我的立论可以成立,反常异例变得可以预期,那也称得上是小小的发现了。

再版序言

本书自出版以来已历经二十一年，其间我们对本书的两位主角——康熙皇帝与其包衣曹寅——的认识，有着惊人的增长。康熙所收到的奏折，连同他在奏折上的朱批，已分别在台湾与大陆影印付梓。而由曹寅与其子、嗣子草拟的奏折，以及与他一同署理织造、充当皇上耳目的李煦、孙文成的奏折也另行出版。北京典藏的清初档案，如今已对学者开放，可与台北典藏的史料互为补充，而掷地有声的中、英、日专书专论或刚刚完稿，或正在酝酿之中，都大大深化我们对清代国家机器运作、皇帝与其官僚体系以及家人关系的理解。

但是，真正促成有关曹家知识突然涌现的原因，是来自中国学者重燃对《红楼梦》和其作者曹雪芹的神迷。以这部章回小说和其作者为研究宗旨的两大丛刊于1979年创刊，发表了一系列的历史资料、美学诠释和深度论辩，令人叹为观止。《红楼梦学刊》这份季刊系由中国艺术研究院主办，小号字体印刷，每期平均约有346页。而《红楼梦研究集刊》，自1979年创刊以来，每年出版一至三辑，同样是小号字体印刷，每辑篇幅大约有492页。

《红楼梦研究集刊》是中国社会科学院主办的。这些期刊的文章尽管多以小说中的角色为题，但每年总会有二十几篇论文在某种程度上触及曹家、曹家亲友的历史背景。

而这些雨后春笋般的学术成果，又会对本书的立论效度带来什么样的冲击？虽然我们对那个时代与曹家的了解因而大为拓展，但我认为我的基本立论还是站得住脚。其中有四点对我尤其重要。第一，曹寅与皇帝的特殊关系，而其源于两人少年时代的接触，曹家的包衣身份，以及皇家保姆选自与曹家有关的家庭这个事实。第二，这种特殊的地位对于理解曹寅的仕途如何开展，密折制度何以发展成为只有皇帝可以看见秘密情报的管道，是十分重要的。第三，曹寅闯进的是一个奇异的文化和经济世界，它超脱了区隔满、汉领域的显著藩篱。第四，曹家位于南京（江宁）的万贯家产，以及曹家在雍正朝期间的陨落，必然令曹雪芹深深感叹，因而充实了《红楼梦》的重要面向。

也就是说，我们必须对学术新成果的丰富性和重要性表达敬意，同时我也要承认，如果今天重写此书的话，一定会十分不同。在英文出版物中，陶博（Preston Torbert）、张得昌（Chang Te-Ch'ang）、曾小萍（Madeleine Zelin）分别扭转了我们对包衣组织、内务府财务，以及这时期税收的理解。吴秀良（Silas Wu）分析了整个奏折制度，并揭示康熙与诸皇子之间意想不到的面向。白蒂（Hilary Beattie）、邓尔麟（Jerry Dennerline）、魏斐德（Frederic Wakeman）等人，改变了我们对满人征服汉人及其对汉人地方社会冲击的看法。柯娇燕（Pamela Crossley）则对个人生活中满汉的融合提出新见地，而白彬菊（Beatirce Bartlett）的著作全然推翻了我们评断皇帝决策的方式。

这些著作仅牵涉拙作的历史背景而非核心论证，不过近来许多中文研究成果的情形就不是如此了。陈国栋（Ch'en Kuo-tung）、赵中孚（Chao Tsung-p'u）、张书才深入探讨曹家入旗的问题。朱淡文发表于1982年8月《红楼梦学刊》的文章谦称为《曹寅小考》，详细剖析曹寅幼时为康熙的伴读，而且他的母亲姓顾不姓孙，所以一代大儒顾景星是曹寅的舅舅。顾平旦认为曹寅略懂日文（《红楼梦学刊》1984年第4期）。王利器加入有关曹雪芹家世的争论，重申小说家的母亲马氏，在丈夫——曹寅的儿子曹颙——过世后生下曹雪芹（类似我在本书的主张）。这反驳了冯其庸的说法（载于冯的著作和《红楼梦学刊》1979年第1期的论文），宣称曹雪芹是曹頫的亲生儿子，而曹頫则是堂弟曹宣的亲生儿子。而从北京档案的文献发现，又推翻了王利器、冯其庸（以及我自己）的观点，该文献事涉1690年曹寅南下接任苏州织造一职之前为家人捐纳监生一事。根据张书才等人的分析（载于《红楼梦学刊》1984年第2期），显示曹寅在1690年时有一个三岁大的亲生儿子曹颜；而当时二十九岁的弟弟曹荃有三个儿子：曹顺（十三岁）、曹頔（五岁），而曹颙当时才两岁大。[译注：史景迁在上文引中国大陆学者的研究，分别提到曹寅的弟弟曹宣和曹荃。其实曹宣即是曹荃。曹宣字子猷，别号芷园、筠石，因避康熙帝玄烨（玄、宣音近似）讳而改名曹荃。详见方晓伟：《曹寅：评传、年谱》（扬州：广陵书社，2010年）。] 不过，曹寅过继了弟弟的长子曹顺为嗣子，这或许是出于担心自己这支香火可能无法延续的缘故。

近来有关李煦一家的研究几乎也同等复杂，其中最为重要的或许要属徐恭时在《红楼梦研究集刊》第五辑（1980年11月）所发表的论文。徐恭时认为李煦与康熙的关系，较之曹寅更为复杂，因为李煦的母亲文氏是康熙的保姆之一，而李煦的妻子王氏，又是康熙妃子的姨妈，这位皇妃替皇帝至少生了三个儿子。曹寅则是娶了李煦的堂妹。中国大陆这些细腻的研究，无疑逐渐扭转我们对曹家的认识，尽管主要面貌不会因此而改观；而台湾方面的研究，在质方面虽可与中国大陆并驾齐驱，唯在数量上不及中国大陆。

今年有成千上万的中国游客涌入《红楼梦》大观园里的曲径亭阁，这与在神隐文本里上穷碧落下黄泉般挖掘人名的做法截然不同。这座园林出自曹雪芹的想象，以及他对先祖曹寅一生繁华的追念，北京市如今则是以混凝土、木材、瓦块、灰石予以重葺，而上海也正在打造另一处的大观园。曹雪芹幻梦的世界，如今化为中国式的迪斯尼乐园，里面还供应冷饮和棒冰。

对于随着游园而被激发出学术热情，想要加入红学论战的人而言，如今也有了新的工具协助他们去探索。深圳大学的电算中心与中文系联手合作，开发出一套可以搜寻小说全文的软件系统。磁盘上的软件，可以在所有 IBM 及其兼容的个人计算机上操作，只需几秒钟，就可以依下列主题对《红楼梦》进行全文检索：双音节词语出现的频率、助动词的用法、拟声词、教育、服饰、料理饮品、医药、鬼魂和风流韵事。而曹寅可就没这么好命了。

史景迁

1987年9月于纽黑文

第一章　内务府

曹寅的先祖在明朝自北直隶迁居辽东地区的沈阳，即奉天，这原是大明疆域，不过到了 1621 年，努尔哈赤领满人攻克沈阳城，许多大难不死的汉人归顺，沦为奴仆。其中有曹寅的高祖，他被编为正白旗的包衣。旗制是满人入关之前的核心组织，而曹寅的高祖也就这么成为其中的一员。

满人在拿下沈阳之前三十年，即已逐步巩固其在长城以北的势力：满人师法汉人以防御工事与城池保护散布各地的兵力，更进一步以明朝的军事驻防体系作为架构旗制的参考，最后又审慎采纳明朝降将所建言的官僚运作技巧。[1] 满人虽然逐渐汉化，甚至还仿效明朝的行政体系，建立自己的"六部"，不过在 1644 年夺占北京，统领天下之后，仍维持旧有的"八旗"组织，因而改变了明朝施行的组织架构。曹家身为正白旗的包衣——这是一种世袭的身份——于是便成为关内新秩序的一部分。

旗制与包衣

旗制是一种兵民合一的治理手段：一般兵丁连同家人，都编入旗下；结合兵勇训练和平民登录，兵勇农耕所得以供应全旗人丁的衣食所需。满人史家考证，八旗制度上溯始于1601年，当时满族首领努尔哈赤（谥号清太祖）组织兵众，以三百人为一"牛禄"，以此奠定日后汉语"佐领"的架构。[2] 到了1615年，依不同颜色区隔组织的方法就此定型：共有八旗，即正黄、正白、正红、正蓝、镶黄、镶白、镶红、镶蓝。每一旗统五"参领"；每参领辖五"佐领"，而佐领即为旗制的基本组织单位，随着满人征服日广，招降纳叛变多，佐领之数则与日渐增。[3] 1634年，蒙古八旗循相同模式建立，1642年，降满汉人兵丁日众，亦另建"汉军"八旗。[4]

顺治、康熙两朝，旗人生活舒适，他们不是驻扎"京畿"，就是在各省"驻防"。旗人坐拥大片田产，攻下京城后，京畿的好地大多归属旗人，[5] 并且不需为给养人丁而操烦。[6] 再者，他们享有特别的职位保障。军职世袭之制早在清朝开国即已存在，不只见于十八世纪旗制式微之后。比如，满洲上三旗的佐领职位有百分之七十二是由本家男丁继承，百分之八十七的佐领职位是由同一家旗长期把持。[7] 至于汉军八旗的二百七十个佐领中，有一百八十七人是世袭继承，几乎占了七成。[8] 十七个蒙古参领，事实上每个都是世袭而来。[9]

满洲、汉军、蒙古旗人在清初共享繁荣稳定，但正因旗制的凝聚力强固，我们有必要谨记，满人皇帝的地位在整个十七世纪还不是很稳固。最明显的例子就表现在清初几位皇帝的连年征战：1650

年代讨伐郑成功（国姓爷）和南明朝廷，1670年代废黜吴三桂和南方诸藩王，1690年代征讨噶尔丹与厄鲁特部。[10] 从官方档案来看，清初皇帝拔擢满人高居要津也是非常小心，这虽然不像战争那么戏剧化，但也说明了皇帝的龙椅坐得稳不稳。

满人通常不谙汉语，若是由他们署理省务，恐怕会招来怨怼，因而通常授予武职，所以供职六部与大学士的满汉比例是一比一。汉人在北京或各省任官者，官不过巡抚。总督一职在顺治、康熙朝多由汉军出任，他们是满人与广大人民之间很自然的中介。[11] 1647年，九位总督全由汉军掌理；后来有一度每省各设一位总督，但是到了1661年，二十位总督之中有十九位出身汉军；1681年，十位总督有七名汉军，两名满人，一名汉族大吏。[12] 1655年，有一名满人出掌漕运总督，翌年便告老还乡。[13] 除此之外，再无任何满人得到拔擢，直到1668年为止；而到了1670年代，才有满人出任总督；即便那时，任总督职的满人人数还是远不如汉军，直到康熙朝结束，这种现象才有所改观。而在这段时期，获任总督的汉族官员只有几人不属旗营。巡抚之权甚至不授予非旗营的汉人，以安抚旗人；1644年到1668年间，出任巡抚的汉军不下九十六人，而据1668年的圣谕，陕西、山西巡抚只由满人出任。[14]

前面虽然说明了旗制的某些基本事实，但仍非全貌。旗制组织不仅纳编满、蒙、汉族兵丁，区画八旗，进而再细分参领、佐领，并授予众多武职及少数重要文职。但这只是金德纯笔下所呈现的和谐景象。他在1715年如是勾勒出旗制组织：

> 太宗……以从龙部落及傍小国臣顺者子孙臣民为满洲；诸漠北引弓之民景化内徙者，别为蒙古；而以辽人故明指挥使子孙，他中朝将众将来降及所掠得别隶为汉军。[15]

金德纯是如今所知第一位旗人史家，本身即是汉军，[16] 此书虽然意在警告军事的衰微，但仍不出宣扬手笔。金德纯在描述汉人被纳编旗下之时，忽略了汉军成形之前归降或受缚的汉人——即1631年佟养性的部队被作为日后汉军的主力之前，[17] 沦为满人奴仆的正是这批被金德纯略而不论的汉人，而曹家正是其中的一支。

1618年，努尔哈赤发动对汉人的猛烈攻势，占领抚顺，俘虏众多汉族兵丁；1621年，努尔哈赤攻陷沈阳（奉天）、辽阳。这几场战役战况惨烈，被俘者的下场不总是好的。1618年的上谕，严命："阵中所得之人，勿剥其衣，勿淫其妇，勿离其夫妻。"[18] 说明这些情事确实存在。到了1626年，应课之税的名目，包括男奴、马、牛、驴、羊，同归一类。[19] 早期的满人蓄奴，不足为奇；他们虽属侵略性、扩张性的游牧部落，但也从事农耕，随着势力日渐强大，势必掳获大批俘虏作为劳役。

最早的"包衣"是私家奴仆。[20] 他们或是战场上敌对部族的俘虏，如蒙古人、汉人、朝鲜人，[21] 或是罪犯的子孙，或因家贫、脱离家庭而自愿为奴仆的人。[22] 既然包衣制度成形于八旗建制之前，想要追溯、记录这类的奴仆家族几乎是不可能的，[23] 况且这类家族往往天各一方，有人为奴，有的人仍保有自由之身。[24] 一朝为奴，终身为奴，后代子孙世世为奴，可任由主子买卖。[25]

汉字"包衣"译自满语 booi，意指"家里的"。[26] 所以，最初的包衣可能是指主子家里从事卑贱差役之人，尽管满人定鼎中原之前，包衣亦从事农作，[27] 开国后，许多奴仆在旗人的耕地充当管事、服劳役。[28] 包衣很少上阵作战。[29] 不过私家奴仆的松散制度，已不符合满人主子的宏图，满人主子的设想已逐渐转向集中化管理的组织架构；[30] 况且，除政治考虑之外，随着满人的东征西讨，版图扩张，汉族子民日众，更有实际上的必要将归降之人以更正规的方式组织起来，而不是分配给满族主子私家为奴。据此，在 1615 年至 1620 年之间，[31] 开始仿效满洲八旗制度的模式，将包衣组织为佐领和参领，归隶于领旗的皇帝或满族亲王；而依附于官员或皇族的包衣仍为其所有，但已渐渐不再称为"包衣"，仅称呼为"家奴"、"家仆"。[32]

将奴仆重组为包衣佐领仍是权宜之计。1620 年代，满人连番胜捷，招降为数众多的汉人，而这些汉人有必要以盟友的身份平等对待。于是，到了 1620 年代末，在满人或变节的汉族降将领军之下，归附来降的汉人逐渐参与战斗。最后，汉军在 1630 年代初建制成形。

诸如李永芳、佟养性这类在明廷为官又公开叛降满清的重要人物，[33] 或者在 1620 年代末之后招降或被俘的汉人，似乎并无沦为包衣之虞。前一类的人通常都是加官晋爵，而第二类人则在满洲八旗或汉军入伍从军。[34] 从现存汉人包衣的相关档案来看，不幸沦为满人包衣的汉人有其独特的时空条件。列册为奴的"尼堪姓氏"总计有八百一十三人，其中有五百三十一人住在沈阳，八十三人住在辽阳，六十六人住在抚顺。[35] 满人是在 1618 年至 1621 年间攻占这三大城的，大多数汉人奴仆可能是在这段期间沦为包衣身份的。

曹寅的高祖曹锡远,原居沈阳,以正白旗包衣的身份,列名满人氏族的族谱之中;不过族谱并未载明曹锡远何时入了旗籍。[36] 时间点很有可能是在1621年沈阳沦落、曹锡远被俘之时。满人征服的正史提及,1621年5月4日攻陷沈阳后,"论功行赏,籍所俘获分配将士"。[37] 正因为曹锡远与其家人永世为包衣,所以这一刻也就影响了曹寅的一生及事业。而曹锡远隶属正白旗,这对曹寅的一生同样也是影响重大,因为旗色不同,地位高低亦有差别。

旗制根本的区别,在于皇帝亲领所谓的"上三旗",而亲王统摄所谓"下五旗"。上三旗与下五旗的分别,始于1651年。

摄政王多尔衮死后失势,顺治皇帝收编多尔衮的正白旗,将之纳于自己统辖的正黄与镶黄两旗。[38] 这种安排原属偶发的政治事件,但在日后的清代典章与旗制文献中被制度化。上三旗与下五旗之间的区隔,发生在曹锡远被俘的二十年后,甚至到了1720年代后,雍正皇帝打破各亲王对其旗属的最终控制权之后,这种现象依然存在。[39]

旗色的差别与包衣地位关系密切,因为包衣为其主子所有,甚至在十八世纪,一旦主子失势,其包衣可能连同家产一并被充公分配。[40] 入籍下五旗的包衣就成为亲王家的奴才;即使包衣名义上的上司包衣佐领也几无实权或完全没有独立的权力。

不过,在上三旗当差的包衣,其子孙便成为皇帝家里的奴才。署理皇家事务的内务府建制之后,包衣也随之制度化:先前的"包衣昂邦"成为"总管内务府大臣",而正黄、镶黄、正白三旗的包衣,则成为"内务府三旗"。[41] 这个用语突显他们为皇帝个人办差的角色,有别于其他旗人，不论是奴仆或自由人。按理说他们是奴才，然而他们占有地位之利，因为皇帝可任意派遣他们从事历来各朝太监所从事的机密或弃利的差事。

清代自开朝以来，即采取种种措施削减宦官的权力。1644年，清廷禁止太监收租、朝参，甚至私自进入京城。幼帝顺治的摄政王多尔衮乃是清朝的实权者，居于宫禁之外，不受太监包围，太监的权力因而日蹙。1644年至1652年间，清廷罢黜太监职官，同时严禁太监署理"织造"之职，而织造是明代太监的重要肥缺。[42] 多尔衮死后，太监恢复部分权柄，于1653年废内务府，另建"十三衙门"取而代之，太监权力随之抬头。1661年，顺治驾崩，内务府复立，权倾一时的太监吴良辅伏诛。[43] 顺治皇帝遗诏（由幼帝康熙的四大辅臣起草）第十一款，表达对十三衙门任用太监的悔意。[44]

幼帝康熙的辅政大臣于1661年谕令一连串限制太监权势的措施，坚称要恢复清代开国之君的定制。[45] 康熙年岁渐长之后，又在既有的圈限基础上压缩太监的权势，谕令降贬太监的官阶以限缩其权力，[46] 命令由吏部支酬太监的俸给。[47] 1681年上谕，康熙直言："太监最为下贱，虫蚁一般之人。"并下令鞭笞大臣、侍卫入内而没有起身迎接的太监。[48] 康熙总是严守宫中礼仪，他曾谕令惩戒在回廊咯咯嬉笑的宫女，以及与宫匠私通的嫔妃。[49] 1682年，四名太监在全体官员尚未就座之前便自行就座，因而被抽打五十大鞭。[50] 1689年，上谕严正警告四处捞取油水的太监不得贪污索贿。[51] 包衣就是在这样的氛围里受到重用。不过，朝廷其实很难根绝太监的势力，许多雷厉的上谕都难以彻底贯彻，而不得不在施行上有所变通。1665 年，上谕谕令凡令儿子、孙子去势者等同犯罪；1684 年，另一道上谕则把罪责限定在强逼外人去势者，即今后父母阉割自己的孩子，或自行去势者不在课刑之列。[52] 前一年的上谕允许一品、二品官员蓄养太监。[53] 到了 1724 年，已有必要严禁旗人自宫成为太监，[54] 这再明显不过了，满人的尚武精神已然凋零。同年，太监的俸给几乎翻倍。[55]

清初，特别是康熙年间，降清汉人不论是旗人或包衣，都是最风光的时刻。满人还不是很有自信，亦乏流利的语言能力，无法驾轻就熟操持省务；但又不相信一般汉人会忠心为朝廷效命，而太监又受到严格的制约。因此，具有汉人血统但世代又以正白旗包衣身份在内务府当差办事的曹家在这段期间——即自 1650 年代曹寅的祖父（曹振彦）任职两浙都转运盐使司运盐使，迄于 1728 年，雍正皇帝最终革去曹寅嗣子（曹頫）的织造职位——积累了万贯家财，就绝非机缘巧合。不过，在细细追索曹家历史之前，有必要更进一步探究难以定位的包衣身份。

然而此非易事，因为包衣鲜少出现在正史。只有通过检阅满人族谱的片段，才能拼凑出包衣的真实面貌。[56] 包衣大多没有官职，他们在宫中担任侍卫或差役。自基层升迁的人，最常出任的官职是宫廷侍卫的低阶军官，或内务府的笔帖式、主事等胥吏，稍微好一点的是员外郎、郎中，其中地位最为显赫的是二等、三等侍卫。[57] 在王府下五旗当差的包衣，亦担任类似的职位。[58]

包衣亦可外放在各省官僚体系当差，不过这种情形十分罕见。若真有这类外放情形，也与包衣所属旗籍无关，而有可能是突然有职位开缺；包衣外放各省当官，可能是基于皇室或亲王的举荐，而非循六部的管道，因为这类官员并非都拥有科举功名。清朝开国的头一百年，[59] 任职知州、知县的包衣逾七十五人；官拜知府者二十四人。[60] 其余包衣任职各省与京城各部：内阁和翰林院、太医院和通政使司，亦有出掌统领、督粮道和盐运使。[61] 至少有四名包衣拥有进士功名，其中两人是武进士；[62] 被提到中举的包衣有三十四人，但几乎全集中在雍正朝。[63] 这显示包衣制度到了十八世纪已渐趋灵活。

位极人臣的包衣实属凤毛麟角。有两名包衣出任福建和江苏的布政使，[64] 有四人在华中省份担任按察使。[65] 有两人掌理御史大夫，[66] 有少数人加封低阶的世袭头衔，或尚书之类的荣衔。[67] 曹寅的父亲曹玺就属于后者，官拜内工部尚书。两位包衣署理巡抚之职：1718年至1722年的福建巡抚吕犹龙，1722年又转任浙江巡抚；[68] 1674年至1679年的浙江巡抚陈秉直。[69] 有一名包衣甚至官拜总督。此人就是吴兴祚，正红旗包衣，是个贡生。历任知县多年之后，吴兴祚先后获拔擢为福建按察使、巡抚，最后官至两广总督。[70] 吴兴祚的官宦生涯与一般官员并无殊异，很难说他的包衣身份造成什么样的差别。

不过，有许多人的生涯基本上是取决于包衣身份。上三旗的包衣更是如此，他们具备特殊才能而受圣眷，赋予特殊的差事。曹寅和内兄李煦即是例证。曹、李均为正白旗包衣，都曾督理织造与盐政，俱承康熙皇帝的谕旨办理各项差事，并以密折奏报地方民瘼。曹寅的友人孙文成是正黄旗包衣，曾任职杭州织造、粤海关。高斌，镶黄旗包衣，与曹寅的生涯历练类似，都是出身内务府郎中，尔后官至织造和巡盐御史。高斌具干才，后转调正规官僚体系出掌布政使；乾隆纳高斌之女为嫔妃后，高家正式被除去包衣籍。[71] 康英也是正黄旗包衣，署理海关，主掌景德镇官窑逾二十年。[72] 包衣大抵奉派督理与税收有关之织造、盐政、关务的重要职位。[73]

借着将包衣安插在这些职位上，开国之初的满人皇帝便能一手控制丰沛的税源。庞大税银绕过各省官衙和户部，直接流入内务府。康熙皇帝尤其倚重像曹寅这类的包衣，以聚敛税银、获得情报。而此举也有政治上的便利，曹寅和其他被提及的包衣，都是满族统治体系中的汉人，因而轻易就能替满人皇帝在汉人之间周旋。康熙皇帝青睐的包衣多已是"包衣佐领"，他或许是通过观察他们在内务府当差的表现而对他们有所了解。

包衣是补充宦官功能的一群人，所以康熙利用包衣牵制常规的官僚体系，同时又作为"专制政治执事的工具"，[74] 他们是皇帝派赴各省的官僚代理人，"而作为自己的直属，他们自公开的官式掠夺中隐去某些力量的储备"。[75] 他们凌驾于地方律例之上，不受军法约束；1698年，有个正白旗包衣殴打一位受人敬重的苏州士绅，在内务府派官审理之前，不能作任何处置。[76] 包衣只为皇上效命；就因为包衣是皇上的奴才，皇上维护他们，派他们出掌肥缺，所以有时奴才也拥有权势。

曹家的兴起

曹氏世居北直隶的丰润，曹家的一支在明代迁至辽东。曹寅的高祖曹锡远可能是在沈阳被满人俘虏，而成为正白旗包衣。曹氏这一支随战胜的满人入关，曹氏其余分支并未沦为包衣，安住在丰润老家。而部分迁居辽东的曹家人并未被缚，以自由之身住在辽东地区；五十年后，曹寅款待一个来自辽东的亲戚，他是曹寅的族弟，奉派南下江西担任县令。所以，曹家仅有一支成为包衣，以包衣的身份而得以荣华富贵。[77]

我们只知道曹锡远住在沈阳，除此之外对他的生平一无所知。1668年，诰赠曹锡远为"资政大夫"，妻子张氏为"夫人"。这些头衔是因奖掖他的孙子而来的，与曹锡远的个人功绩无涉。正史并未载明曹锡远有任何官衔，曹锡远想必没有多大事功。[78]

到了曹寅的祖父曹振彦之时，曹家开始发迹。世人只知道曹锡远有曹振彦这么一个儿子，他可能生于1610年；[79]正白旗包衣，不同的地方志记载，他有生员或贡生的资格。其他史料则并未提到此事，仅说他是辽东奉天人或辽阳人。[80]或许是文采斐然，又或是有其他的才干，曹振彦于1650年出任山西平阳府吉州的知州。[81]满人从未重蹈明永乐皇帝谴责蒙古人所犯的过错：

近世胡元分别彼此，柄用蒙古鞑靼，而外汉人南人，以致灭亡。[82]

然而，满人统治者起初的确表现出他们偏好重用武人，或是关外龙兴之地的辽东汉人，并像起用旗人一般拔擢包衣。康熙朝晚期，约莫在1710年，仍有极高比例的旗人和所谓的奉天人（辽东人）

在南方担任文官。[83]

曹振彦想必尽忠职守,或是对皇上有特殊贡献,1651年,诰授曹振彦"奉直大夫"五品,加封二级。诰封与他的知州品秩相称。曹振彦的夫人袁氏诰授品第相等的"宜人"。曹振彦的诰命,在他的名讳之后只有官样的褒扬——"尔曹振彦:慎以持恭,敏以莅事……",未言明有何功勋;在"初任"以下空白。诰命若非仓促草拟,就是曹振彦原先并无官职。[84]另外,曹振彦还捐赀修庙,这使他在地方志中博得美名。[85]

1652年,曹振彦获拔擢署理山西大同府知府。1656年到1658年间,出任两浙都转运盐使司盐法道,同时期升任两浙都转运盐使司运盐使。[86]两浙巡盐御史祖建明是曹振彦署理盐政的上司,在奏折里特别嘉许曹振彦。[87]1658年,曹振彦殁于任内,这时他的孙子曹寅可能刚出世。几乎所有曹家的男丁,都在五十五岁前去世。[88]

在后面分析曹寅任职两淮巡盐御史会看到,掌理盐务似乎是一项肥缺。我们对曹振彦所知仅止于此,虽然不知道他究竟蓄积了多少家产,或是过什么样的生活,但无疑正因为曹振彦的这段官场历练,才使得曹家摆脱寻常包衣的身份。

研究曹家困难之处,在于清代各类传记对曹家人几乎只字未提,假如一个人既未在地方上任官,又无文友往来,也难怪完全不见于记载,这会让有意挖掘其生平的历史学家徒劳无功。曹振彦的儿子、曹寅的叔父曹尔正就是一个例子。根据满洲族谱的记载,曹尔正是曹锡远的孙子,官拜佐镇;[89]在《八旗通志》里,曹尔正列名满洲正白旗第五包衣参领第三旗鼓佐领,[90]即第五包衣营旗鼓连的连长。[91]

后来曹尔正被革去佐领的职位。官方史书就曹尔正的记载就这么多,若非包衣佐领采取奇特的世袭原则,而曹尔正的擢升对曹寅造成可观的影响,否则就可略而不论曹尔正。

如前所述,世袭的做法在正规旗制中频频出现,起因于皇帝有意以世袭的军功犒赏武勇,或有心让信得过的旗人家族掌理佐领。然而,由于包衣很少参战,无法取得相应的酬赏,所以包衣佐领很少或根本无法世袭继承。下五旗七十七个包衣佐领之中,大约只有百分之十二有常态的世袭继承;上三旗三十三个包衣佐领几乎没有世袭继承的现象,没有同一家族的名字重复出现或间接提及。[92]

这种状况并不奇怪,这只是佐证了我们的论断,包衣完全为他们的亲王或皇帝主子所主宰,对于个人生涯并无置喙的余地,而系出正规旗制的精英,他们会设法让自家的权势绵延。所以,对包衣家族而言,拥有官职就格外重要。曹尔正虽被革职,但他主掌包衣第五参领所辖佐领显然是曹家得以发迹的关键,也反映了曹家的地位正在上升。这个职位在曹尔正之后经过两人接掌,又落到他的侄子曹寅身上。[93]同时,1695年,包衣第五参领又增设一个佐领,十八世纪初接掌佐领的是曹寅的堂弟曹宜。[94]

曹家家势显然日益兴隆:第一代无足轻重,第二代富裕、受人敬重,到第三代曹振彦的次子曹玺,曹家已荣华富贵。曹玺(1630—1684)在长子曹寅于1658年出世时,是在北京内务府当差,而他成功的织造生涯尚未展开;不过,曹玺结了一门亲事,对于他日后的飞黄腾达多所帮助。

曹玺的妻子孙氏生于1632年,[95]二十出头就给皇子玄烨、即日后的康熙皇帝当保姆。[96] 孙氏因而可能出身满旗，或许是上三旗包衣之一。根据 1661 年的清律（基本上认可了当时的通行惯例），凡上三旗的佐领与内管领必须载明辖内满十三岁的女子，[97] 并且每年报知总管太监，再由总管太监奏禀皇上遴选。入选者进宫为宫女服侍皇上，有朝一日也有可能被皇上纳为妃嫔。[98] 宫女年满二十五岁即被遣返回家。[99] 当皇子即将出世时，总管太监会指示佐领与内管领上奏适合担任乳母或保姆名册，以供遴选。[100] 曹寅的母亲就是保姆之一。

假使孙氏二十五岁出宫，她应该是在 1656 年返家；不久之后与曹玺完婚，长子曹寅于 1658 年 10 月 3 日出世。[101] 皇子玄烨小时候，有一段时日与保姆们住在紫禁城外的内城家里。[102] 内城是满洲旗人居住的区域，孙氏有可能在二十五岁之后，或者完婚之后，仍继续照顾玄烨。皇子绍承大统之后，显然还记得孙氏旧情，而特别给予关照。1684 年，孙氏的丈夫辞世，康熙亲自登门吊慰。[103] 1699 年，康熙第三次南巡，也特别召见孙氏。孙氏觐见康熙时，康熙脱口说出："此吾家老人也。"[104] 这种措辞类似我们所知他对孙氏的儿子所用的口吻。[105] 这件事也许是虚构，但康熙确实亲笔写下"萱瑞堂"三个字，当时有不少人记载了这件事情，并认为是空前未有的天恩。[106] 不过皇上对孙氏的情感不可能对曹玺于 1663 年署理织造有任何影响，因为当时的康熙年仅九岁，左右仍有辅政大臣决断朝政。若留意曹玺尔后的生涯，以及儿子曹寅未来的一生，值得注意的是，曹家不光只是家势得之不易的包衣，也是皇上宠信的心腹。

1663 年，曹玺赴任江宁织造，根据新的律例，这个职位乃由内务府派人接任的。[107] 于是，曹玺携家带眷徙居南京，直到 1684

年卒于江宁织造任内。[108]曹玺的职责包括督管城内三个官方的织场，采买生丝，运送定额织品进宫，而对这些职责的详细考核，可见于1692年到1712年间他的儿子曹寅出任同一职位的任内。[109]现有的官方档案，并未记载曹玺的政绩，不过想必他十分干练，因为1667年，曹玺奉召回京觐见皇上，授蟒服，加一品。[110]1668年1月，他的祖父母同时追授二品官衔，他本人则授工部尚书衔，妻子授一品夫人衔。[111]这是曹家族人前所未有的殊荣。破格的天恩与尊衔，或许是出于对曹玺治绩的认可，或许是奖掖他对内务府的贡献；[112]不论如何，这个职位给曹玺带来财富以及买来或挣来的声望。

所以，曹寅自五岁即到南京，在此长大，他和弟弟（曹宣）幼承庭训，接受严谨的经学教育。满洲旗人和包衣的职责似乎已是遥远的回忆，一段平静时期的静谧痕迹。[113]

硕儒尤侗在1656年到1678年间，[114]辞官赋闲二十二载，以弥补四年直隶知县的宵旰勤劳。他对曹氏父子有如下的追忆：

> 司空曹公，开府东冶；手植楝树，于署之野；爱筑草亭，栏干相亚；言命二子，读书其下；夏日冬夜，断断如也。[115]

四十年后，曹寅在一篇文章中回忆童年与周亮工的忘年之交；[116]周亮工于1642年举兵抗清，尔后在官宦生涯中两度因受贿而入死罪，两度又被赦免其死刑：

> 余总角侍先司空于江宁，时公（指周亮工）方监察十

府粮储，与先司空交最善，以余通家子，常抱置膝上，命背诵古文，为之指摘其句读。[117]

满族诗人纳兰性德，[118]在曹玺去世那年写了一篇文章，记载他与曹寅的对话。措辞用语愁情真挚，但却可见曹玺严峻的性格：

> 子清为余言：其先人司空公当日奉命督江宁织造，清操惠政，久著东南；于时尚方资黼黻之华，间阎鲜杼轴之叹；衙斋萧寂，携子清兄弟以从，方佩觿佩韘之年，温经课业，靡间寒暑。其书室外，司空亲栽楝树一株，今尚在无恙：当夫春葩未扬，秋实不落，冠剑廷立，俨如式凭。嗟乎！曾几何时，而昔日之树，已非拱把之树；昔日之人，已非童稚之人矣！语毕，子清怃然念其先人。[119]

就算这有稍许的美化，但仍可见曹寅所受的教育。曹寅接受儒学熏陶，对满人也很了解，被送到京城内务府去当差。

内务府当差

曹寅可能是在十四或十五岁时北上内务府，申请适合的差事。1709年3月，曹寅也把自己的孩子送至北京，他在奏折里提到这件事，但心中显然并未奢求天恩或美差。曹寅写道："臣有一子，今年即令上京当差，送女同往。"[120]

曹寅自五岁随父离京后，就不可能再回京城。有许多迹象显示，曹寅幼时曾在宫中当幼帝康熙的伴读，这固然令人侧目，却并没有进一步的证实；[121] 曹寅晚年在一些奏折里提及他自幼即侍奉皇上，[122] 但这也可能是指他十几岁时就在内务府里当差。

此时曹寅确切的地位很难判定，他是否能获得优待也尚未可知。他的父母皆蒙皇上宠信，但并不表示子弟会有同等的荫袭，虽然包衣也有此可能。譬如，曹寅的内兄李煦就有荫袭，他与曹寅一样都是正白旗包衣，不过短暂供职内阁之后，便外放广东任知府。[123] 我们无从知道究竟是通过什么样的途径，曹寅最后入銮仪卫的第六班（治仪正）。[124]

銮仪卫称得上是内务府里的一个独立小衙门，职司皇家的典器仪礼。曾任江苏巡抚的张伯行在曹寅去世后所写的祭文里[译注：指《祭曹织造荔轩文》]，显示这是曹寅官宦生涯的起点。[125] 祭文里的几句话就是我们现在所知在此阶段的曹寅：

> 比冠而书法精工，骑射娴习；擢仪尉，迁仪正，翼翼乎豹尾螭头之恪谨，而轩轩然貂冠羽箭之高骞。[126]

仪尉和仪正是銮仪卫中两个低阶官职的简写；或许可以把它们理解为第六班统领侍卫与协理统管。[127] 这些官职没有字面看起来那么不重要；其价值就跟侍卫一样，可以因职务之便与皇上接触，他们在任命时总能陛见皇上。[128]

明代也设有类似銮仪卫的衙署。[129] 銮仪门之名最早见于1645年，到了1654年，其官品职掌正式定制，基本上到清末都不曾更动。[130]銮仪门的基本职掌与皇帝出巡的种种细节相关，职司皇家的威仪，"掌舆卫之政令，辨其名物，与其行列"。[131]它派出传令向百姓宣达皇帝驾到，为皇后妃嫔备妥车驾随从，并确保每个场合的仪仗合宜。若遇难题，则征询礼部、太常寺、鸿胪寺。律典对这个官衙的描述，尽是奢华的仪典，如皇上进出各色銮车、马匹、大象的靡丽彩饰、旗帜织绣，仪典使用的剑、弓、箭。[132]

皇家的四大巡行必须有妥适规划：三大祀、祭祖、巡行皇城、巡行各省。[133]关于三大祀皇帝随扈，有如下的描述：除了众多侍卫和官吏陪同之外，还有五十八位将官下辖銮仪卫的一千七百员部属。[134]銮仪卫高阶将官的人选均由兵部向皇上举荐；满人多选自皇上的侍卫中的高级将官，汉人则多出身于各省军伍。[135]銮仪卫的所有开销，小至养大象所需的额外支出，[136]则由户部提拨给付。

曹寅能担任仪尉一职，实在有幸，因为到了1684年，即他出任该职仅十年，典律规定只有世袭爵位的旗人或拥有武进士功名者，才有资格担任这个职位。[137]曹寅身为仪尉，可能隶属銮仪卫辖下的任一衙署，因为"仪尉并无专司，各以其事隶于衙"。[138]仪尉须专注职责，出巡列队时若有碰撞或差池之情事，依律扣罚俸给六个月；倘有遗失所管旗仗，依律扣罚俸给九个月；如有隐匿雇人顶替巡行情事不报，依律扣罚俸给一年。[139]曹寅显然并无这类过错，于是获得拔擢。曹寅可能参加过銮仪卫举办的特考，考试结果密转兵部和吏部，再转呈皇上。[140]

根据张伯行的祭文所言，曹寅可能任职銮仪卫辖下的第三衙署，即"中所",担任治仪正,而中所下辖两个衙门,职司掌擎卤簿。[141]这类仪仗即所谓的"幡",由两位治仪正掌擎四面龙头幡与四面豹尾幡,入列三大祀队伍,皇上乘坐玉銮,有七头大象为前导。[142] 光是"中所"就有五百名侍从,其职责是跟随銮驾,擎仗举幡。[143] 张伯行所写的或许是祭祠天坛的壮盛行列,二十岁的曹寅,气宇轩昂,头戴豹毡,背负羽箭,走在队伍前导,旌旗于身后飞扬。

曹寅在銮仪卫当差时,正白旗包衣第五参领第三旗鼓佐领被革职。[144] 这是曹寅的叔父曹尔正曾出任的职位,如今,曹寅奉命递补这一遗缺。在清代,包衣旗鼓佐领归隶内务府;[145] 不过在1674年至1695年间,他们全由总管内务府大臣节制,[146] 曹寅因而成为内务府的官员。

曹寅余后大半生都是在内务府办差,不管是在直隶内务府里的官衙,或者间接作为皇上的代理人,"内务府"一般英译为 Imperial Household,[147] 不过这种译法并不够贴切;更接近原意的译法应该是 Emperor's personal bureaucracy(皇帝私人衙署),因为这个译法更能清楚传达这个庞杂的职掌。就文意脉络而言,"内"意指"与皇帝有关",而不是字面上所指的"内部",如"内宫"或"内城";所以,内务府就是指"掌理皇帝差事的官衙"。这里的"差事"当然远远不只皇帝身边的家务事而已。

内务府为独立运作的官衙:"掌内府财用出入,及祭祀、宴飨、膳羞、衣服、赐予、刑法、工作教习诸事。"[148] 内务府辖下各司院:"掌上三旗包衣之政令,与宫禁之治。"[149] 内务府遴选、擢升下属,皇上拔擢内务府大臣,六部并无置喙的余地。[150]

曹寅任职时，内务府辖下共有六大部，经手：皇家银库、皮库、缎库；皇家狩猎；宫廷典礼和八旗圈地的牧厩；皇家土地出租旗人的收入账计；皇家府库的出纳；订定刑律。[151] 1677年，内务府各司重组，各司有其员额和司印。1684年，增设第七司（即广丰司），主掌牛羊群放牧，此前该职责原有掌仪司兼管。[152] 出于某些原因，这个新增的司署一直维持着半独立的状态，直到1723年，才归内务府节制。除了这个特例之外，1677年重组过后的内务府，成为清代定制，尽管其间在人员的编制上迭有小变动。

内务府除了这些主要司署之外，另有院衙处办专责事务：武备、牧马、园苑、北京或热河的各处宫殿、寺庙、御书房、御药房、御茶膳房，以及奉天皇陵。[153] 几乎每个院署在组织和人事上都有不少更易，这显示内务府时常受到考评。1661年至1677年从顺治帝崩殂到建立起有效的运行机制，是行政组织变动最为剧烈的时期。太监的权柄不复存在，取而代之的是由上三旗包衣占据底层位阶，上层位阶则由亲王或侍卫统领。内务府的独立性在康熙朝达到顶点；六部早在1720年代就有意插手内务府的职司。[154] 中国史学家孟森指出，康熙朝的体制与由宦官操控明朝的宫廷体制截然不同。满人的内务府乃奠基于更早的部落架构之上，且往往由武人依军事纪律统辖（除1654年至1661年十三衙门设立期间例外）。[155]

曹寅的包衣佐领新职，是孟森观点的有力佐证。上三旗包衣在内务府的组织形态，于1644年满人入关后旋即确立。[156] 上三旗包衣中，每一旗皆设三个满洲包衣佐领和四个旗鼓佐领。[157] 曹家即隶属后者，曹家人日后还统领了其中一个佐领。"旗鼓"一词似乎与官员的汉族血统相连,因为检视旗鼓佐领的名字显示,几乎都有汉人名字,而几乎所有的包衣佐领都是满族名字。[158]

旗鼓佐领不论下辖多少包衣,都还另外统领五十个"马甲"。[159]旗鼓佐领另有六名"领催",[160]协助整饬纪律。1661年,每一佐领另配有一名"护军校"以为佐助,[161]每位佐领还有来自"护军"的十名兵丁。1677年,内务府的旗制在组织上亦有重大调整,情形一如内务府的六大司。上三旗每一旗都分为五个参领,设二人统管。[162]在曹寅出掌佐领的时候,组织形态依然简单且实用。唯一可能影响曹寅的改革是在1684年,规定每一佐领下辖八十个马甲。[163]在1680年代,闲差日增,统治集团膨胀现象才刚开始;[164]而随着王朝的发展,体制也日益不切实际而笨重。[165]

尽管旗鼓佐领看似军事组织,但曹寅的工作纯粹是行政性的。[166]他必须检核佐领内各户的登载,甚至包括无定职的临时雇工。收受、核发白米及银两,安排婚丧仪式的银两。每月发放孤寡、无业无子家庭一两白银以资补贴,每季一两白银买米,佐领还必须核实是否贫困,并上报内务府职司衙署。曹寅还须核实各项设备清单,定期盘点武备,每五年接受皇上派员视察所辖佐领。曹寅还须妥善维护三百副水龙和其他救火装备。[167]

内务府上三旗各旗每月轮流当差值班。未在宫内值班的这两个月,曹寅则专注于佐领的事务。当他的旗属轮班时,曹寅就可能得忙于与内务府相关的行政工作,或警戒宫内的辖区,陪同皇上巡行,或驯养马匹、操演骑术。内务府这三个营各有不同的角色,其中各包衣佐领又各有所司,[168]所以内务府上三旗其实有九个不同的单位:

因为营跨越旗的界线,而旗则轮流值差。

曹寅很可能隶属第二营,即皇家侍卫的包衣护军营,[169] 守卫皇宫,扈从皇上巡行,充实侍卫的精锐力量。[170] 由于曹寅的堂弟曹宜在同一营里擢升为参领,[171] 并且曹寅所属佐领扩编后任旗鼓佐领,[172] 该佐领有可能隶属该营。

曹寅在该营也有机会操演箭法。满人擅长骑射之术,甚至还特别设有学校,来磨炼上三旗的骑射之术。[173] 张伯行在祭文中提及曹寅善骑射,可能也是他受到擢升的原因。曹寅在护军营里也有机会参与皇家的大型围猎,而康熙皇帝乐于把爱好围猎的旗人带在身边。就如诗人所言:

> 秋冬校猎于塞上,甲卒将佐分番从驾校猎,暗寓营阵之法。[174]

满清开国之初,精于骑射的八旗将官不太可能只从事行政工作。曹寅的早年诗作显示他曾到过古北口,皇帝时常途经这座位于北直隶长城边上的小镇,前往塞外的猎场,有时康熙皇帝也会驻跸古北口校阅部队,射猎野雉、鹌鹑。曹寅在诗作里,把晋北黄河支流边以卧牛小镇为代表的塞北风光,拿来与华中澶州的柔和景致相对比:

古北口中秋

> 山苍水白卧牛城,三尺黄旗万马鸣。
> 半夜澶州看秋月,河山表里更分明。[175]

中国向来有"边塞诗"的文类;文人安坐家中,歌咏从未亲睹的山光水色。但曹寅以护军营兼正白旗佐领的身份,扈从皇上北游,可能在古北口写下这首素朴的诗作。他可能自北京循陆路前往南京探望家人时途经澶州,或是在 1683 年皇上西巡时路过卧牛。曹寅对山色风光的喜爱是发自内心的,他的一首作品以率真的笔触写道:

塞山如峨眉,雨洗清蒙茸。
我宋值天月,石路盘高峰。
青风扫残云,明霞净秋客。[176]

曹寅乃其旗属的佐领,年少有为,康熙或许认识他,可能因曹寅在紫禁城内包衣衙门当差,[177] 或他高超的骑射之术,或他擢升晋见皇帝时,或他的母亲是皇帝想念的保姆而认识他。这是曹寅一生中摆脱家奴身份的绝佳契机;尽管按理说包衣永世为皇帝或亲王的奴仆,但皇帝或亲王偶尔也可能给予包衣自由。

包衣想要获得自由似乎有三条途径。首先,包衣佐领中的女性被皇上纳为妃嫔,皇上为求回报,可能给予她的家人自由。这种现象曾出现在 1735 年镶黄旗包衣的高家,1734 年同旗籍的陈家。[178] 十八世纪后期知名官员金简除去包衣籍,部分是因为他的官声卓著,不过有人揣测,金简的姐姐为乾隆帝生了三个儿子才是主因。[179]

其次,明亡沦为奴仆者,可能基于人道的理由而重获自由。这种现象明显出现在最早被俘的许多汉人身上,他们被俘后沦为奴仆而被编进正规的汉军。[180] 十七世纪,有好几道上谕谕令满人的汉族奴仆恢复自由人的身份。[181]

再次，旗制内部人事重组时，许多包衣被重新分配，由于受影响主要是旗鼓佐领，曹寅可能是以这种方式获得自由的。清朝开朝的头一百年，下五旗和上三旗至少分别新设八个和十个佐领，[182、183]其成员由各包衣佐领和正规旗内员额外的人共同组成，而新的统领通常是前包衣佐领。转调正规旗内而被列名的十个包衣和旗鼓佐领，通常会在新佐领里获得一定的官位。[184]在辽宁任职满三年的包衣佐领可得实授。[185]上三旗的六位包衣佐领，只说是"出包衣籍"。[186]

曹寅不像这类人是自包衣身份获得自由，这可能得归因于曹家有幸在最初就被俘，因为他统管的佐领并无冗余之人，而他的母亲虽蒙受皇恩，但曹家并无女性嫁入皇家。曹寅担任包衣佐领之后，入内务府担任另一项行政工作——慎刑司郎中。[187]慎刑司乃内务府六大司之一，职司上三旗刑罚案件。[188]如他此前的任职一般，我们也不清楚曹寅是在何时就任新职的，不过，大概不会晚于1687年，否则他就没有时间在1690年署理苏州织造这头一件重要差事之前，展现他的行政长才。我们之所以知道曹寅接掌慎刑司郎中，完全是因为两份史料刚好互为补充。张伯行提及曹寅任佐领后晋升"郎署"（部门主管郎中的办公室），[189]而地方志记载曹寅曾任"内刑部侍郎"。[190]内刑部意指内务府的刑部，显然是指慎刑司。不过，侍郎是正二品的部级第一副部长，这显然是不对的。于是，张伯行所说的郎中，即可弥补这个错误（郎中为正五品官）。

曹寅是慎刑司三郎中之一；郎中底下有六名员外郎和十四名笔帖式，[191]统管番役处，[192]以处理包括太监在内的相关案件。慎刑司的权力不大。凡刑责在杖打一百及以下的案件，慎刑司都可自行断案并用刑；这类案件的执行由慎刑司的人员负责。慎刑司掌管的监狱关押犯行轻者，囚室则男女有别。[193] 犯人的生活须有一定的额度，且公平分配；在酷暑季节，每名犯人除了粮食之外，每天还可分得两块冰。[194] 此外，犯人定期检查身体状况，病情严重者由刑部派大夫治疗。[195]

不过，若是情节重大，慎刑司必须请示上级。若有用刑拷问犯人之必要，须有刑部的人在场，亦由刑部指派仵作襄验谋杀案。[196] 死刑定谳的案件则移交三法司。所有案件的审理须与兵部、刑部的律例相一致。[197]

所以，慎刑司并无多少自主空间，甚至没有繁重的职责，因而慎刑司内的几个职位以冗余而被裁撤。[198] 所以，曹寅若真如张伯行所言，"钩稽出纳之益虔"，[199] 他还是有不少余裕闲暇。而曹寅大部分的公余时间多与北京的文友一同惬意地消磨。

注释

1. 有关满族背景（我无意在本书做详细研究），最有价值的英文引介：和田清（Wada Sei）：《有关满清王朝奠基者太祖崛起的若干问题》（Some Problems Concerning the Rise of T'ai-tsu, the Founder of Manchu Dynasty），《东洋文库研究所纪要》（*Memoirs of the Research Department of Toyo Bunko*），1957 年，卷 16，页 35—73；梅谷（Franz Michael）：《满人统治中国的根源》（*The Origin of Manchu Rule in China*，Baltimore, Johns Hopkins Press, 1942）；科拉迪尼（Peiro Corradini）：《清初的文官治理》（Civil Administration at the Beginning of the Manchu Dynasty），《远东学刊》（*Oriens Extremus*），1962 年，卷 9，页 133—138；以及《清代名人传略》（*Eminent Chinese of the Ch'ing Period*）中的相关传记。许多日本学者对满人入关之前的历史研究做出贡献，和田清是其中最多产的学者。和田清关于满蒙史地的大量开创性著作，可参考《东洋文库研究所纪要》，1960 年，卷 19，页 iii-xix 所附的书目。和田清关于早期满汉的合作，详见《东亚史研究：满洲篇》（东京：1955 年），页 637—649，论龚正陆的文章，以及他在《东亚史论薮》（东京：1943 年）页 362—379，论李成梁的文章。和田清有关李成梁的文章，最先收录在另一位重量级清史学者稻叶岩吉的祝贺论文集（《稻叶博士还历纪念满鲜史论丛》）。稻叶岩吉最具影响力的作品可能要属他的《清朝全史》（东京：1943 年），翌年翻译成中文，仍以同名出版。稻叶岩吉有关 1616 年前满人的细腻研究，可参考他与人合编的《满洲历史地理论集》，卷二（东京：1912 年）。最近有关八旗组织的研究，可见安部健夫：《满洲八旗牛录研究》，《东洋学报》，卷 20，页 1—134。
不过，这些学者并未特别关注包衣的问题，我也没发现有其他日本学者触及相关题材。所以我主要集中在像《八旗满洲氏族通谱》和《八旗通志》这类中文史料，以及如孟森、郑天挺、莫东寅等人的二手资料，而在相关注释中引述。

2. 《八旗通志》，卷一，页四。亦可参见《清代名人传略》，努尔哈赤生平，页 594—599。

3. 《八旗通志》，卷一，页四；以及《清代名人传略》，页 596。这里仅用汉语。满汉术语转换的官方对照表出现于 1660 年，列于会典的八旗项目；《钦定大清会典事例》，页一八一六九至一八一七〇（卷四，页二 b 至三）。这些官位早期汉语转换的变化，可参考孟森：《八旗制度考实》，页三七五。语言转换的种种问题，参见聂崇岐：《满官汉释》，《燕京学报》，卷三二，页九七至一一五的详细分析。聂崇岐的结论是，尽管汉语名称更为通行，但转释方法颇为混乱，时常出现同一满语有不同汉语的转释（页一一四至一一五）。

4. 《八旗通志》，卷一，页十 b、十四至十五。1637 年，已有汉人成立两个旗，1639 年扩增为四个旗。初期旗将领和数量，可参考萧一山：《清代通史》（上海：1927 年），第一章，页二一〇。另可见《清代名人传略》，页 797，佟养性生平；《钦定大清会典事例》，页一八一六九（卷四，页二）。
5 刘家驹：《清朝初期的八旗圈地》，英文摘要，页 1。
6 早在雍正朝即有如此情形。见 1730 年上谕，转引自孟森：《八旗制度考实》，页四一一至四一二："汉军生齿日繁，当筹所以教养之道……且如在外驻防汉军，子弟日渐繁衍，即本身钱粮各有定数，难以养赡，应令余丁回京当差。"
7 《八旗通志》记佐领数目，页三至五。鉴于至少有两名在职，所以合理的数目应该是二百四十七。"径传另丁"，意指成员之间的关系确实载明（如子、孙、兄弟，或侄子），佐领中血缘关系被打破者至多仅一例（如传给后代子孙前遭罢黜）。"长期"，意指载明关系之同一族人定期掌控挥军权的佐领。属第一例者有一百八十个，兼属两例者二百一十六。1690 年代共有六百五十个满洲佐领；可以假定，单单上三旗就足以提供例证。
8 《八旗通志》，卷十三至十六。由于《八旗通志》编纂疏漏，这些数字偏低。例如，卷十三，页十五 b，虽列出范承勋与其子范时绎的名字，但并未载明二人的关系。
9 《八旗通志》，卷十一、十二。
10 《清代名人传略》，页 108—109、837—880、265—268。
11 我有关顺治和康熙两朝任用督抚的研究发现，得到凯斯勒（Lawrence Kessler）的证实。我们彼此在不知情的情况下，用不同的史料处理相同的问题。我很感谢他在台湾从事研究时抽空寄资料给我。
12 结论和数据得自《清史》，页二八四七至二八八九，包括河道、漕运在内之总督表，与《八旗通志》（1795 年）表列出任总督之满人、汉军的比较。《八旗通志》（1795 年）有时会忽略其实是旗人的部分：譬如洪承畴奉命编入镶黄旗（《清代名人传略》，页 359），以及十八世纪的张广泗（前揭书，页四三）。
13 此人是吴库礼，《八旗通志》（1795 年），卷三三九，页三。
14 《钦定大清会典事例》，页五三五〇（卷二三，页八 b）。甘肃的所有巡抚几乎是满人。《八旗通志》（1795 年），卷三四〇，页一至九。1647 年甘肃巡抚列为满人者［《八旗通志》（1795 年），卷三四〇，页二 b］，其实不是满人，而是如满人族谱所显示的乃是汉人，其中提到张文兴（该巡抚）是以非包衣身份被纳入满旗的汉人家庭成员（《八旗满洲氏族通谱》，卷七四，页一 b）。他名字的最后一个字有不同的记法，《八旗满洲氏族通谱》记作"兴"，而《八旗通志》和《清史》记作"衡"。不过，所有记载皆表明他属镶黄旗（尽管《清史》把他列为汉军），是顺治朝初期的甘肃巡抚，这两个名字指两个不同的人看来概率不大。满人不仅出任边省巡抚；马祜自 1669 年至 1676 年担任江苏巡抚（《清史》，页三〇一九至三〇二四，记为"马佑"）。
15 金德纯：《旗军志》，页一。
16 《清代名人传略》，页 167。
17 佟养性生平，参见《清代名人传略》，页 797。当然，日后获罪，仍有人沦为包衣。郑天挺：《清史探微》，页 60，提到觉罗画特案例，其家族因 1683 年觉罗画特失误军机而被编入包衣佐领。后由于觉罗家族不宜纳入包衣佐领，他本人被除包衣佐领籍。其余康熙时代的佐领,见《八旗满洲氏族通谱》,卷五二,页十。
18　转引自莫东寅:《满族史论丛》,页137。
19　莫东寅:前揭书,页139。
20　郑天挺:《清史探微》,页60。《八旗满洲氏族通谱》,卷四八,页一,显示入关前奴仆就被作为礼物送给佐领。
21　莫东寅,页136。
22　郑天挺,页63。
23　莫东寅,页136;郑天挺,页61。
24　莫东寅,页137。
25　前揭书,143;郑天挺,页63。
26　郝爱礼(Erich Hauer):《满语辞典》(东京:1952—1953年)。羽田亨:《满语辞典》(东京:1937年)。孟森:《八旗制度考实》,页375。
27　莫东寅,页141。
28　刘家驹,英文摘要,页二。观察敏锐的耶稣传教士张诚(Gerbillon,1688年)曾目睹汉人奴仆在主人的土地上耕作。参见杜赫德(Du Halde):《中华帝国全志》(History of China),卷4,页327—328。
29　例如《八旗通志》,卷三至十,包衣佐领名册,以及《八旗满洲氏族通谱》,卷七四至八十,包衣佐领名册,几乎未提战功的奖掖或擢升,但在一般的满族和汉军都会提到。孟森:《八旗制度考实》,页375,述及:下五旗包衣,"有时亦随主驰驱"。上三旗可以韩大任为例,他系镶黄旗包衣,曾投入征噶尔丹战役,《八旗满洲氏族通谱》,卷七四,页八。
30　莫东寅,页135:"努尔哈赤的女真社会,已经形成了两个最大的阶级,是奴隶和奴隶所有者,同时那里也兴起了一个封建的阶级和依存于这个阶级的农民阶级。"毫无疑问,莫东寅极度夸大奴隶的数量,不过他的证据还是与此相关。类似的分析,见页146:"满族统治主为发展和巩固其专制政权,不仅在政治上对于满族贵族有所控制;而且在经济上,也要对他有所控制……控制他的家人,亦即其私属的奴仆。"
31　包衣佐领形成的时间,《八旗通志》通常称说是"国初"之时,而这个模糊的术语,可以用来指涉努尔哈赤崛起,1616年(万历四十四年、天命元年)、1636年(崇祯九年、天聪八年)或1644年(顺治元年)。包衣佐领的形成不可能早于1615年旗制建立,可能是在1621年(天启元年、天命六年)沈阳陷落时。起初,由于功能区分画,必然区分为兵丁和家奴,前者随入旗营而地位上升。
32　郑天挺,页62。
33　《清代名人传略》,页499、799。
34　汉人可直接纳入满旗。参见《八旗通志》,卷三至十,佐领名册,以及《八旗满洲氏族通谱》,卷七十四至八十,列出的非包衣汉人。
35　数字得自《八旗满洲氏族通谱》,卷七四至八十。其余一三二个包衣出身北部广大地区。诸如此类源自清初文献的数字不完全可靠,因为其中时常有误,名册含糊。

36 《八旗满洲氏族通谱》，卷七四，页八 b。

37 《皇清开国方略》(上海：1889 年)，卷七，页五，以及郝爱礼对比书的翻译，页 105,《大清太祖高皇帝实录》(台北：1964 年重印)，页八六（卷七，页十六 b），接受奴隶和战利品者，奉命即刻将之带回，这大概是为了避免失误军机。因此，显然毫无疑问，汉族俘虏是与满人并肩作战。更早的满文档案也提到征服者瓜了沈阳被俘者；《满文老档》(1607—1637)（东京：东洋文库，1955 年)，卷一，页二六三。《八旗通志》，卷六一，页三、二六 b，列出沈阳或抚顺的曹姓汉军家族。汉军在此也被松散指涉包衣，或者在沈阳数千投降者当中，有少部分成为包衣。虽然这些观点很重要，但目前并无足够证据以为答案。《八旗满洲氏族通谱》，卷七四，页三；卷七五，页三；卷七七，页七；还有其他出处，列明天聪时期（1627—1635）来自沈阳，加入八旗的包衣家族，这可能辗转来自私人拥有者。

38 《清代名人传略》，页 219，房兆楹所撰多尔衮生平描述了这一过程。

39 亦可参考房兆楹所撰雍正帝传记，《清代名人传略》，页 916—917。

40 雍正时期的两个例子，见《永宪录》，页二二〇、二八八。

41 郑天挺：《中国清末政治组织》(*Present Day Political Organization of China*) (1911)，页 64。这解释了会典中的注释，譬如，《钦定大清会典事例》，页一八一七七（卷四，页十八），八旗部分，读者若要查上三旗包衣佐领，应该看"内务府事例"，而不是"八旗事例"。

42 郑天挺，页 65—67。

43 《钦定大清会典事例》，页一八七四九（卷一一七〇，页一）。《清代名人传略》，页 258。郑天挺，页 65—68。郑天挺根据 1653 年的上谕确定十三衙门建立的时间，而没有采纳 1654、1656 年的说法。

44 郑天挺，页 71。《清代名人传略》，页 258。

45 《钦定大清会典事例》，页一九一九七（卷一二一六，页十一 b）。

46 前揭书，页一九一九二（卷一二一六，页一）。

47 前揭书，页一九一九五（卷一二一六，页八）。

48 《国朝宫史》，卷二，页二 b，上谕日期：康熙二十年一月六日。

49 前揭书，页一，二 b，1673、1687 年上谕。

50 前揭书，页二 b，康熙二十一年七月八日上谕。列出四名犯错的太监，这可能是这四人职位较高。

51 前揭书，页三，康熙二十八年三月二十五日，皇上讽刺说，太监只有一个身子、一张嘴。

52 《钦定大清会典事例》，页一九一九七（卷一二一六，页十一至十二）。

53 前揭书，页一九二〇七（卷一二一七，页十六）。官员被要求遏制太监的放肆行为。

1712年11月，满人将领海善因纵容其太监李焕行为不端而受罚。《东华录》，康熙朝，卷九十，页八。

54 《钦定大清会典事例》，页一九一九七（卷一二一六，页十二）。
55 《国朝宫史》，卷二十，页二。郑天挺，页78—80，讨论了清朝后期宦官的历史。他认为道光朝期间宦官仍为有效控制，而清朝并未重演"明宦官之祸"，主要归因于包衣制度。
56 《八旗满洲氏族通谱》是重要的文献，页七四至八十，满洲氏族系谱这个部分处理降满的汉人家族，因而编纂者视为满人。
57 这些官职属步军营、骁骑营，或前锋营（《中国清末政治组织》，九七Ａ—Ｃ条）；笔帖式、主事、员外郎和郎中（《中国清末政治组织》，七六条）；以及侍卫（《中国清末政治组织》，九九条）。他们似乎从未在侍卫中升至最高位阶，唯一罕见的例子是正黄旗包衣苏楞额（《八旗满洲氏族通谱》，卷七八，页九）。
58 《八旗满洲氏族通谱》，卷七四至八十。《中国清末政治组织》，四五至四九条，王府官职。
59 《八旗满洲氏族通谱》，卷七四至八十，另可散见卷七四，页一；卷七五，页三；卷七六，页二。此处粗略区分同知、州同、知州、知县（《中国清末政治组织》，八四九、八五一、八五五、八五六条。）
60 《八旗满洲氏族通谱》，卷七四至八十。卷七四，页九b；卷七五，页十三b；卷七七，页十八b。
61 所提的官职，依序见：《八旗满洲氏族通谱》，卷七四，页三b；卷七八，页二；卷七六，页九；卷七七，页五；卷七七，页九b；卷七七，页十一；卷七八，页六b。
62 前揭书，武职：卷七四，页二b；卷七七，页三；文职：卷七七，页十；卷七六，页十一。
63 前揭书，例子散见，卷七四，页四b；卷七五，页二b；卷七七，页五b。提到该级功名时，前置"现"字，意指此书编纂时（约当1735至1745年）还在世，他们通常是包衣家族的第五代或以下的子弟，这意味着他们时值雍正朝，最早也当值康熙朝后期。包衣举人可另参见《八旗通志》，页一〇五。
64 前揭书，卷七五，页八；卷七七，页十八b。
65 前揭书，卷七五，页十一b，河南；卷七七，页六b，浙江；卷七七，页十六b，江苏；卷七八，页十，江西。
66 前揭书，卷七五，页六b；卷七六，页十五b。
67 前揭书，卷七四，页八，韩大任因讨噶尔丹有功而授云骑尉（《中国清末政治组织》，九四四条）。卷七四，页八，桑格授吏部尚书（汉族包衣多起用满族名字，一如十七世纪起伏的年代，许多满人用汉名。见陈捷先：《满洲丛考》（台北：1963年），页28；英文摘要，页30。《八旗满洲氏族通谱》，卷七四，页八b。曹玺是工部尚书。不论桑格或曹玺，都并未被列为这些官职的实权者。不过，被编入满旗而列名《八旗满洲氏族通谱》的非包衣汉人而拥有部职者，往往是实权者：性桂（《八旗满洲氏族通谱》，卷七四，页八 b）是浙江巡抚，1729 年至 1730 年；兵部尚书，1733 年至 1735 年；吏部尚书，1736 年至 1738 年（《清史》，页二八九三、二六二一至二六二八）。绰尔岱（《八旗满洲氏族通谱》，卷七九，页一）是 1726 年的吏部侍郎（《清史》，页二六一三）。哲先（《八旗满洲氏族通谱》，卷八十，页一）是 1726 年至 1727 年的工部侍郎（《清史》，页二六一三至二六一四）。

68 《八旗满洲氏族通谱》，卷七四，页九 b，正红旗包衣。《八旗通志》，卷三四〇，页十八（列为汉军）。《清史》，页三〇四九至三〇五一。

69 《八旗满洲氏族通谱》，卷七四，页四，镶黄旗包衣。《八旗通志》，卷三四十，页九 b（列为汉军）。《清史》，页三〇二三至三〇二五。第三个包衣可能是一位巡抚。张滋德（正白旗，山西巡抚），《八旗满洲氏族通谱》，卷七四，页一 b，可能是《清史》，页三〇一二至三〇一三、三〇一五至三〇一八的张自得；1659 年至 1660 年，张自得担任陕西巡抚；1662 年至 1668 年，张任河南巡抚。《清史》的与《八旗通志》，卷三四十，页五，记载不同，他被列为正黄旗汉军。郑彬（满洲正黄旗包衣）也列于《八旗满洲氏族通谱》，卷七四，页九 b，是江苏巡抚，不过郑彬并未列于《清史》、《八旗通志》、《江南通志》。

70 关于吴兴祚，参见《清史列传》，卷九，页一至四 b，详述他擢升、罢黜的过程。不过，这本书和《八旗通志》，卷一七九，页二二至二七，都将吴兴祚列为正红旗汉军，只有《八旗满洲氏族通谱》，卷七四，页七，以及《八旗艺文编目》，卷一，页十 b，将他列为包衣。

71 《八旗满洲氏族通谱》，卷七四，页三；《清代名人传略》，页 412—413。

72 《八旗满洲氏族通谱》，卷七八，页十 b。他后来编入正黄旗；参见《八旗通志》，卷四，页四一；卷五，页四十。《清代名人传略》，页 442。唐英也是知名的文艺赞助者，南方闻人；参见亚瑟·韦利（Arthur Waley）：《袁枚：十八世纪中国诗人》(*Yuan Mei, Eighteen Century Chinese Poet*)（伦敦：1956 年），页 159—160。

73 关于这些官衙里包衣的详细数字和情形，参见第三章、第五章。

74 克劳福（Robert B. Crawford）：《明朝太监的权力》(Eunuch Power in the Ming Dynasty)，《通报》(*T'oung-Pao*)，四九（1961），页 116，分析明朝太监的权力，明朝太监的权力自然超过包衣。

75 列文森（Joseph R. Levenson）：《君主制崩溃的问题》(The Problem of Monarchical Decay)，收录在《儒教中国及其现代命运》(*Confucian China and Its Modern Fate*)，二卷（伦敦:1964 年），页 45。我不同意列文森"普通满人成为集权者工具"的分析，认为包衣非满洲旗人，而是"代理人"，他们构成一种"人际关系集团"、"一种机制"、"第三势力"。在某种意义上，包衣才是皇上的人马，一般满人并不是。另一方面，满洲八旗组织复杂，它本身即是一种权力核心，一直到 1720 年代，它不仅并未臣属于皇上，甚至与皇上处于关系紧张的状态；看来明朝太监与满朝满人并非"功能对等"（列文森：前揭书，页 46）。包衣可能在功能上与太监更对等，但包衣从未发展出属于自己的权力，也没有滥用权力。满人扮演维持太平、驻防、自我维持的角色,不过是被动扮演,且遍及全中国,这是局限于宫廷内的太监所不能及的,纵使太监奉派到地方上当差。

76 《李煦奏折》,页四至五,时值康熙三十七年六月,李煦的包衣李永受可能是列在《八旗满洲氏族通谱》(卷七十五,页十 b)中的同名者(最后一个字是"寿",他是正白旗包衣兼"司库"(这是一个织造得以任命的职位,类似李煦所提到他时任的"乌林达")。

77 直到 1921 年胡适经典的《红楼梦考证》一文刊出,有关曹家的史实仍鲜为人知。在这篇论文中(尤其是页 586—593),胡适追索有关曹家的模糊文献(其中也包括错误的),利用方志、满人族谱、曹寅与其同时代文人的文学作品,为后续的研究奠定扎实的基础。毫不奇怪,胡适以为曹寅有两个儿子,曹頫和曹颙,因为他们的名字都出现在可用的证据中。李玄伯 1931 年的论文《曹雪芹家世新考》斧正了这个错误。李玄伯所运用的史料是《文献丛编》里的奏折,以及故宫博物院所整理出的原始档案。他的论文披露关于曹家的可观新细节。杜联喆为《清代名人传略》所撰写的曹寅生平,巧妙综合胡、李两人的论文,并增添新的史料。不过,最重要也是本书广泛运用的著作,要属周汝昌 1953 年于上海出版的《红楼梦新证》。这本书是研究曹寅背景的杰出作品,同时汇集相当丰富的史料汇编。本书的第一章,以及第二章的大部分,就是建立在周汝昌的研究基础上。周汝昌对曹家旁系亲属的挖掘,是他研究方法的典型。周汝昌列出《奉天通志》里沈阳、辽阳两地所有曹姓之人,并核对他们与曹寅的关系,最后发现奉天曹秉桢,字峙乃,并记起曹寅在送友人诗的标题下注释道:"时峙乃二弟同行。"其余便可了解了。《红楼梦新证》,页 118—121。

78 曹锡远的真正名字可能是"曹世选",因为这是 1668 年授予他孙子诰命上所载的名字。诰命上的这个名字,可能比 1745 年刊行满洲家谱上的名字"曹锡远"正确。毫无疑问,两者是同一人。目前并未发现有关他的新资料,在最近出土的曹家"家谱"可能会有新的发现。1964 年冬,中国政府将之作为小说家曹雪芹家族相关的物品,运至东京巡回展览。不过,主办单位不允许贴近观看或复印这份文件,然后就被运回中国。我感谢崔瑞德(Denis Twitchett)提供我这则信息。这份"诰命"目前保存在燕京大学图书馆,周汝昌发现与曹家有关的,还另有两份"诰命",见《红楼梦新证》,页 31—32;这一份则参见页 213—214。"资政大夫"与"夫人"衔,分别参见《中国清末政治组织》,九四五条和九四五条的第二部分。

79 因此,父亲被俘时他还是个少年。既然他的儿子曹玺出生于明崇祯三年(1630),那曹振彦就不可能晚于万历三十八年(1610)出生,包衣鲜少早婚的。

80 各种地志的记载,详见《红楼梦新证》,页 41、210。生员和贡士是贡生的别称。

81 有关曹振彦传记的记载,详见《红楼梦新证》,页 41—42、206—210。

82 转引自赛瑞斯(Henry Serruys):《洪武时期在中国的蒙古人》(*The Mongols in China during the Hung-wu Period*)(布鲁塞尔,1959),页 25。

83 《江南通志》,卷一〇五至一〇八。

84 诰命内文见《红楼梦新证》，官职见《中国清末政治组织》，九四五条。
85 《吉州全志》，卷一，页二五，见《红楼梦新证》，页206。
86 他的官衔是由两个衙门结合而成，都转运盐使司盐法道，《中国清末政治组织》，八三五、八四一条。
87 《红楼梦新证》，页208。
88 曹振彦生活和官职生涯十分模糊。他出任知州和知府，和诰命的日期是已知的。但盐法志中的任官日期是互有矛盾，最早是在1655年，最迟是在1659年。这些问题的讨论，可见《红楼梦新证》，页208—209。周汝昌在既有的记录上并未发现明确的答案。他认为曹振彦卒于1658年，享年五十三岁，因此推断他生于1606年。
89 《八旗满洲氏族通谱》，卷七四，页八b。
90 《八旗通志》，卷五，页四一。
91 参见《清代名人传略》，页740—741。
92 《八旗通志》，卷三至四，包衣佐领列于每旗末尾。世袭平衡的一个例外是正黄旗独特的高丽包衣佐领，《八旗通志》，卷四，页三八，尽管人名有许多变化，但始终言明是世袭继承。这并不否认有更多例外的可能性。譬如，《八旗通志》，卷七八，页三，正黄旗包衣的沈家，四代有五人被任命为包衣佐领。但这并非严格的继承制度。因为头一人[第六代沈瑜（玉）——《八旗满洲氏族通谱》和《八旗通志》记载的名字同音不同字]列于第四旗鼓佐领，列于《八旗通志》，卷四，页三八；但是第二、三人（苏伯、雅尔岱）是第一旗鼓佐领，列于《八旗通志》，卷四，页四十。并且，他们之间被一个肯定非同一家族的任职者隔开。第四、第五代家族成员，列于《八旗通志》，卷五，页三六 b 和三八，任职第五参领；永忠是第一旗鼓佐领，卓尔岱是第三旗鼓佐领。
93 《八旗通志》，卷五，页四一。
94 前揭书，第二旗鼓佐领。他与曹寅的关系，见《八旗满洲氏族通谱》，卷七四，页八b。
95 《红楼梦新证》，页205，载有1691年的六十大寿的贺寿序文。
96 这个重要事例仅见于《永宪录》，页三九〇，在有关曹寅生平的注语有一句话——"母为圣祖保姆"。鉴于《永宪录》有关曹家其余细节的记载格外真确，这一条也可以视为确凿的证据，而假如曹寅的母亲是皇上的保姆，那曹寅与皇上关系中许多令人费解的部分就可以解释得通了。周汝昌接受《永宪录》作为他的重要史料（《红楼梦新证》，页35）。
97 内管领是包衣，《中国清末政治组织》，一〇四 D 条。他们与包衣佐领和旗鼓佐领同列于《八旗通志》，卷三至十。直到1685年，他们有二十人和二十个襄助。他们负责打理内宫杂役、洒水、打扫、裱糊、装饰，掌管熏香、献供、内宫的粮仓、盐仓、酒、冰。他们还管理约四百四十名工匠，后者可能是地位更低的包衣。参见《雍正会典》，卷一二六，页七；卷一三二，页二十至二二 b。
98 《钦定大清会典事例》，页一九二一二（卷一二一八，页七）。
99 前揭书，这条律例订于1723年，但毋庸置疑，它反映了当时宫廷的惯例。

100 前揭书,页一九二一四(卷一二一八,页十一),1661 年律令,该律令补充批注说,必须雇用其他乳母喂养自己的孩子的皇家乳母可获八十两白银。
101 《红楼梦新证》,页 209—210,得出的出生日期是 10 月 3 日,而不是《清代名人传略》,页 740 所记载的 10 月 13 日。
102 见《清代名人传略》,页 328,房兆楹的记述。
103 《红楼梦新证》,页 229,引自熊赐履对曹玺的颂词。
104 《清稗类钞》,部十,页十一:"此吾家老人也。"《红楼梦新证》,页 319。
105 康熙的朱批,见《曹寅奏折》(《文献丛编》之《清康熙朱批谕旨》)。
106 《红楼梦新证》部分引用,页 316—329。
107 《江南通志》,卷一〇五,页九;《大清圣祖仁皇帝实录》,卷八,页七。
108 织造记载于《江南通志》,卷一〇五,页十。
109 见下述第三章。
110 《红楼梦新证》,页 213。
111 前揭书,页 42。
112 见杜联喆在《清代名人传略》,页 935—936。
113 许多有关曹玺的文章在此略而不论,尽管这些文章显示曹玺可能是个好官。
114 《清代名人传略》,页 935—936。
115 尤侗:《艮斋倦稿》(文),卷五,页一。此处全引自《红楼梦新证》,页 353—355。楝树是曹寅一生中反复出现的主题,他最钟爱的书房便是以楝树为名,见第二章。
116 《清代名人传略》,页 173—174。
117 《楝亭文钞》,转引自《红楼梦新证》,页 213。
118 《清代名人传略》,页 662—663。
119 转引自《红楼梦新证》,页 234。
120 《曹寅奏折》,页十九 b,康熙四十八年二月八日。
121 周汝昌在《红楼梦新证》讨论了此说。周汝昌提到,北京有位学者告诉他燕大图书馆藏有八册康熙朝的文书,其中提到曹寅是"侍帝读"。这位学者忘记书名,周汝昌也遍寻不着。《红楼梦新证》,页 225,周汝昌在诗文里发现新线索,曹寅是皇上的伴读。事实上,周汝昌在概述曹寅生平时,以证据不足,对曹寅这个职务存而不论,页 43—45。富室之家的子弟确实会有伴读,不论伴读者出身自由人或奴仆家庭。
122 例如《曹寅奏折》,页二三,康熙五十年三月九日:"臣自黄口充任犬马,蒙皇上洪恩。"
123 李煦历任职务见传记集《碑传集》,卷六六,页一,收录在他父亲李士桢传中。李玄伯首度引用,见《曹雪芹家世新考》,第一段(误印为卷六)。提到李煦是荫生身份的是《宁波府志》,转引自《红楼梦新证》,页 231(前揭书,页 104,正确引李士桢资料)。李士桢生平见《三十三种清代传记综合引得》,页 141,而《清

124　銮舆卫中的正仪尉，前者见《中国清末政治组织》，一〇九条，后者见同书，一二六条。
125　1652年至1725年，学者、有名的清官，生平见《清代名人传略》，页51—52。
126　周汝昌在书中各处引用部分祭文，全文征引见《红楼梦新证》，页388。
127　《中国清末政治组织》，一二五和一二三条。选择治仪正《中国清末政治组织》一二三条，而不是《中国清末政治组织》一二五条的理由是：仅有《中国清末政治组织》，一二三条较符合张伯行的描述。
128　銮仪卫和侍卫的任命有时是重叠的；参见《钦定大清会典事例》，页一八一五〇（卷一一〇八，页十b至十一），其中提到第六班统领和以上职务是觐见时接受任命。
129　《历代职官表》，卷四二。这部书见《图书集成》，卷八四六至八六五。
130　《钦定大清会典事例》，页一八一四五（卷一一〇八，页一）。
131　《钦定大清会典》，页八三三（卷八三，页一）。
132　前揭书，页八三三至八三六（卷八三，页一至八b）。
133　前揭书，页八三六至八三八（卷八三，页八b至十一）。这四种包括：三大祀、祭祀、巡幸于皇城及省方蒐大阅。
134　《钦定大清会典事例》，页一八一五六至一八一五七（卷一一〇九，页六至九）。这里指的是1748年，可能较康熙朝更为豪奢，不过1670年代以降，会典对组织的规定就没有多大变动。
135　前揭书，页一八一五〇（卷一一〇八，页十b至十一）。
136　《户部则例》，卷九一二，页二十。
137　《钦定大清会典事例》，页一八一五〇（卷一一〇八，十一）。
138　前揭书，页一八一四九（卷一一〇八，页九b）。
139　前揭书，页一八一五二至一八一五三（卷一一〇八，页十五至十六）。
140　前揭书，页一八一五二（卷一一〇八，页十五）。在参加文官科考的一般满人的限额中也包括包衣。1733年上谕，上三旗包衣的名额从满人移出，而置入汉军的额度中。《八旗通志》，卷一〇二，页十二。这是雍正朝旗制设置官职压力大增的例证。
141　《钦定大清会典》，页八四〇至八四一（卷八三，页十六b至十七）。《中国清末政治组织》，一二〇条。
142　《钦定大清会典》，页八三七（卷十三，页九）。
143　前揭书，页八四一（卷八三，页十七）。这些侍从是举旗的民尉和陪同车驾的旗尉；参见《钦定大清会典事例》，页一八一六一（卷一一〇九，页十六至十七）。
144　《八旗通志》，卷五，页四一，未载明革职的日期。
145　领侍卫内大臣，《中国清末政治组织》，九八条。

146 总管内务府大臣,《中国清末政治组织》,七六条。确切地说,并非旗鼓佐领,而是隶属每一旗鼓佐领的护军(《中国清末政治组织》,七三四条),受侍卫节制。这必然造成指挥权紊乱的困扰,1674年废除这种安排。不过,到了1695年,又恢复旧制,这或许是兵丁需要军事而非文职的纪律。《钦定大清会典事例》,页一九〇四六至一九〇四七(卷一二〇一,页一至二)。

147 《中国清末政治组织》,七七条。

148 《雍正会典》(1732年),卷二二六,页一。

149 《钦定大清会典》,页九〇五(卷八八,页一)。

150 明确规定,见《钦定大清会典》,页九〇六(卷八九,页三)。

151 《钦定大清会典事例》,页一八七四九至一八七五四(卷一一七〇),不同官衔的历史。《钦定大清会典事例》中相关部分,见《中国清末政治组织》,七七、八十、七九、一八三、七八、八二、八一条。

152 《钦定大清会典事例》,页一八七五二至一八七五三(卷一一七〇,页八至九)。

153 前揭书,页一八七五五至一八七七三(卷一一七〇至一一七二)。

154 奉宸苑(《中国清末政治组织》,九十条),诚如《钦定大清会典事例》,页一八七五八至一八七六二(卷一一七一,页七至十六)的描述,它是掌管皇家园林和猎场的机构。起初,隶属都虞司(《中国清末政治组织》,八十条),这是主管内务府侍卫和皇家狩猎的部门。1656年,基于与禁城有关,又移交给太监管理。1671年,则又改由侍卫和内务府彼此协调,共同管理,直到1677年,又移交给重组后的都虞司。不过,即使在此之后,又进一步协调,由侍卫和内务府共同管理。1684年,改组奉宸苑,官印由总管内务府大臣执掌。1726年,规定今后奉宸苑职缺须上报吏部,由吏部遴选适任者。由六"部"之一控制人事的决定表明,内务府的自主性被削弱。

155 孟森:《八旗制度考实》,页376。

156 在这之前,它们可能是以类似的方式松散组成(当然,正白旗是在多尔衮失势之后才真正隶属皇帝)。《钦定大清会典事例》,页一二二三二(卷五四三,页二六),记载内管领(等同包衣大)在满人入关前隶属内务府,尽管当时只有四人。对于当时可能的包衣数量,这似乎远远不足;而1644年,必然有许多内务府内的人被纳编进来,对包衣和旗鼓佐领情况亦同。

157 《钦定大清会典事例》,页一二二三二,或《八旗通志》,卷三,页三十六至三十八b,两者必有一处记载错误,因为后者有标明日期的先前记录中,镶黄旗只有三个旗鼓佐领,1678年一个,1695年两个。《钦定大清会典事例》记载的佐领可能是1678年以后的。

158 随意的关联性:陈秉恒(《八旗通志》,卷三,页三八,及《八旗满洲氏族通谱》,卷七四,页四b,满洲镶黄旗旗鼓佐领和汉人包衣)、高国元(《八旗通志》,卷五,页四一,及《八旗满洲氏族通谱》,卷七六,页十,满洲正白旗旗鼓佐领和汉人包衣)、郑连(《八旗通志》,卷五,页四一,及《八旗满洲氏族通谱》,卷七七，页六 b，满洲正白旗旗鼓佐领和汉人包衣）。另外，还有曹寅、高斌、唐英，见本章第一部分。很多汉人有满洲名字这是很自然的，但是核对记载于《八旗通志》，但并未收录入《八旗满洲氏族通谱》的包衣佐领，证实了包衣佐领多为满洲人的普遍结论。

159 每个旗鼓佐领约辖五十个马甲是在 1644 年定下来的。同时，满洲包衣佐领的安排更有弹性——每个包衣佐领中，马甲与包衣的比例是一比二。于是，数量最大的佐领，拥有最多资源，辖下正规部队最众。《钦定大清会典事例》，页一九〇四六（卷一二〇一，页一）。

160 《中国清末政治组织》，七二九条。

161 护军校，《中国清末政治组织》，七三四条。《钦定大清会典事例》，页一二二三二（卷五四三，页二七）。

162 前揭书，分别是护军参领和骁骑参领。

163 《钦定大清会典事例》，页一九〇四七（卷一二〇一，页二）。

164 譬如，1681 年，任命了十五个"代理参领"，《钦定大清会典事例》，页一二二三二（卷五四三，页二七）。

165 参见以上引用之《钦定大清会典事例》中兵部和内务府的共同规定：页一二二三二（卷五四三，页二七），以及页一九〇四七（卷一二〇一，页二）。

166 依据包衣佐领的职责，《钦定大清会典》，页九六一至九六二（卷九五，页六 b 至七）。

167 所有各种职责，见前揭书。

168 《钦定大清会典》，页九六〇（卷九五，页四）。《中国清末政治组织》，九七 A、B、C 条。

169 包衣护军营，《中国清末政治组织》，九七 A 条为"内护军营"，意思是相同的。

170 侍卫，《中国清末政治组织》，九九条。

171 《八旗满洲氏族通谱》，卷七四，页八 b。

172 《八旗通志》，卷五，页四一。

173 《清稗类钞》，第二二部，页六。

174 金德纯：《旗军志》，页五。

175 《楝亭诗钞》，卷一，页十一 b。这首诗亦收录在徐世昌编的诗集《晚清簃诗汇》，刊于《清诗汇》（台北：1961 年），卷二，章五十，页八。卧牛位于山西北部府谷县西北方；澶州是濮阳县的唐代旧名，清朝时隶属南直隶的大名府，参见刘钧仁：《中国地名大辞典》（北平：1930 年），页 783、623、981 和 626。皇上在古北口的活动，参见张诚神父的描述，收录在杜赫德，前引书，页四三五八。

176 《楝亭诗钞》，卷一，页二。关于西巡，可参考《大清圣祖皇帝实录》，卷一〇七，页十七 b，至卷一〇八，页二。皇上西巡的行程并未超过山西五台山，但部分军队可能续行到过府谷县。

177 《永宪录》，页六七，述及官员拥有特权骑马进紫禁城时提到包衣衙门的地位。

178 《八旗满洲氏族通谱》，卷七四，页三、四 b。

179 《清稗类钞》,第二七部,页八七。《清代名人传略》,页 159。利用家族中的妃嫔对皇帝施压是极端危险的做法。在《上谕八旗》(雍正帝给八旗的上谕),册四,页六十九,有一道给试图营救"阿其那"(允禩)家人的震怒谕旨。皇上说道,这位妃镶,即"阿其那"的母亲,野心勃勃。结束时,皇上以一贯嘲讽而夸张的口吻提到,若有人胆敢妄言滋生事端,着满门抄斩;传旨晓谕,看其有何可说。允禩之母为康熙帝妃(《清代名人传略》,页 926)。
180 《清稗类钞》,第二二部,页六。这可能是《简明中国史》(*An Outline History of China*)(北京:1958 年),页 158 所提到的:"努尔哈赤继承人皇太极,解除汉人的奴隶身份,将之组织为平民家庭,由汉官治理。"即将多余奴隶、包衣编入汉军。
181 《钦定大清会典事例》,页一八二一三至一八二一九(卷一一一六,页一至十四)。
182 参见《八旗通志》,卷七,页九 b;卷七,页十二;卷八,页三一 b;卷八,页三三;卷八,页三三 b;卷九,页七;卷九,页十六;卷九,页三二 b。
183 《八旗通志》,卷三,页二六 b;卷三,页三一(二人);卷三,页三一 b;卷四,页十八;卷四,页二四;卷四,页三二;卷五,页二四;卷五,页二七;卷五,页三四 b。
184 前揭书,卷三,页三八 b;卷四,页三四;卷四,页三四 b;卷四,页三六;卷四,页三八 b;卷四,页三九 b;卷五,页四一;卷九,页三一 b;卷九,页三五 b。
185 《钦定中枢政考》(八旗),卷四,页十八。
186 出包衣籍,《八旗通志》,卷三,页三六;卷三,页三七 b;卷四,页三四;卷四,页三六(二人);卷四,页三八 b。《八旗满洲氏族通谱》,卷五六,页十五,另有其他例子。
187 慎刑司郎中,《中国清末政治组织》,八一条。
188 《钦定大清会典》,页九五七(卷九五,页一)。《中国清末政治组织》,八一条,提到慎刑司乃处理宗人府之事,这是错误的。《钦定大清会典事例》,页五一九一(卷十,页一),记载宗人府处置府内小案,而所有重大刑案则须要有特谕。
189 《红楼梦新证》,页 388。
190 前揭书,页 231—232,引《上江志》,《红楼梦新证》,页 43,进一步探讨了这个问题。
191 1655 年确立,《钦定大清会典事例》,页一八七五四(卷一一七〇,页十一 b 至十二)。
192 番役处,《中国清末政治组织》,八一条。
193 《钦定大清会典》,页九五九(卷九五,页一)。
194 《雍正会典》(1732 年),卷一三一,页十二。冰块显示牢房酷热,而不是说囚犯可以享受。律例表明十分关注窒碍难行的细节,记载表明必须确保五个藏冰块处储藏二九二二六块冰。前揭书,卷一三二,页二十一 b。
195 前揭书,卷一三一,页二。
196 《钦定大清会典事例》,页一九一四九(卷一二一二,页二 b),1661 年上谕。
197 前揭书,页一九一四八(卷一二一二,页一),1672 年上谕。三法司,见《中国清末政治组织》，二一五条。
198 《钦定大清会典事例》，页一八七五四（卷一一七〇，页十二），在1698、1699、1722年。
199 他的祭文，参见《红楼梦新证》，页388。

第二章　京城与苏州，诗词与社交

　　曹寅以包衣身份供职内务府与銮仪卫，在京城住了十五年。当差时，起居一如满人，列队皇家仪卫，随皇帝骑骋，狩猎于长城之外；退班后，又承文人传统，同一票汉人吟诗作赋，优游乡野林间。

　　这种迥然相异的生活形态，曹寅似乎一点也不觉困扰。满汉之别并没有让曹寅进退失据，反而还能优游兼容，一边狩猎晏游，一边写诗，能文擅武，令友辈赞叹。有不少1679年赴京应试"博学鸿儒"科的汉族文人与曹寅来往，他的年少才华，或许还有他父亲曹玺的家财——曹家在京城里有一座大宅子——都令他们心生好感。

　　曹玺在1684年辞世，曹寅的前程或生活似乎并未有所改变，文名反而更盛。他请了当时最负盛名的文人、画匠为文作画，编纂成册，广为流通，以为纪念。所得到的回应令人欣慰，曹寅收了许多康熙朝知名文人的诗文画作。其中有些人虽非忠心耿耿的明朝遗民，但仍是心怀故国，拒绝出仕新朝。他们之所以应曹寅所请，除了交情之外，或许还有他的资助。

1690年，曹寅奉派南下接任苏州织造，与江南鸿儒尤侗为首的文人颇有往来，饮酒作诗。其中有地方官员，也有无名文人，如今除了在诗文题词得见其名之外，已经无迹可循。他们在兴趣、背景、生活方式上有其共同之处，或许可称之为"地方精英"。只消一瞥这群人，就知道这与一般对清朝社会的印象有多大的差别，譬如，旗人与汉人的官位分派，或是曹寅对"乡绅"一词的使用，又或是外放"监生"就职地方的数量。为此，或许就值得我们在细看曹寅在苏州和北京的文化社交生活之前，先为当时中国的上层阶级下个定义。

上层阶级

一如其他社会，用来界定中国上层社会成员的标准十分广泛，可以是拥有声望、政治权力、个人影响力、重要职位、实质性的经济资源、高阶教育，或是从事文化消遣的闲暇。[1]这绝非否定官职在官场所扮演的重要角色，也非否定科举考试的重要性。从这几个标准来看，只要做了官，声望、权力、财富、闲暇也就随之而来，这人自然也就晋阶为上层阶级的一员，而在其他社会则不必然如此。

为了描绘中国的上层阶级，我先引述理查德·沈德思（Richard Centers）的定义：

> 阶级（class）是"心理—社会"群体，其本质是主观的，取决于阶级意识（class-consciousness，也就是一种群体成员

的归属感),而阶级之间的区隔,可能未必符合社会学家所使用之客观或阶层(stratification)意义上看似合乎逻辑的界线。[2]

沈德思在此坚持阶层(stratum)与阶级(class)之间的明显差别:

> 以职业、权力、所得、生活水平、教育、职务、知识或其他判准而区隔的社会和经济社群及人群范畴,可用阶层(stratum)与等级(strata)二词加以表示。[3]

曹寅的生涯与前程无疑表明了这种"群体成员的归属感";曹寅在北京的社交层面被某些人接纳,一如日后他在苏州接纳别人一般,但在曹寅那个时代,中国虽然不是一个无阶级社会,举个极端的例子,贫农与大官各自活在天差地别的世界,一个显然是下层阶级,另一个显然是上层阶级,但很难清楚画出一条线,界定某个小吏不属于上层阶级,或某个念过几本书的农夫不再是下层阶级。我同意沈德思的观点,阶层通常适合用来指涉范围较窄的群体:在中国的社会里,考取功名,或年收入二百两白银,或是拥有官衔,也不足作为决定阶级地位的判准。但另一方面,因为中国社会的独特性质,某个层级之上的官位似乎在判别是否属于上层阶级时,具有决定性的影响。

正因如此,我把中国上层阶级分为四类精英。"精英"一词,用来特指"在一个社会中,在职务上,特别是职业上,拥有较高地位（不论基于什么理由取得）的群体"，这个词带有优越之意。[4] 其中两类精英是汉官精英与旗人精英，是按官职来界定；另一类是皇家精英，比较是从权力的面向来定义；至于地方精英的定义最广，是从态势来界定。

第一，我所谓的"汉官精英"不包括旗人，是七品以上的汉族文官武将。第二，"旗人精英"意指拥有"佐领"或七品以上的满、汉、蒙古旗人文官武将。第三，"皇家精英"包括皇族、包衣、宦官，他们或出于皇帝的宠信，或受到特殊任命，而与汉族精英、旗人精英平起平坐。第四，"地方精英"，意指非属汉官精英、旗人精英、皇族精英的汉人、满人，他们与这些精英沾亲带故，或拥有资财，或别有专精，或通过科考或捐了个功名，或拥有世袭爵位，所以有能力过着相对安逸的生活，还可望从这些精英成员身上得到好处。在每一类精英之中，因为品秩、财富的差别，还有层级的差异。

用同样的定义，也可将统治集团界定为由皇帝、汉官精英、旗人精英与皇家精英构成的群体。

曹寅虽然只是个包衣，却也是上层阶级的一员。这从他的生活形态、教养、交友和他的品位表露出来。他虽然没参加过科考，也没在正规的官僚体系任职；但是曹寅以他在皇族精英中的地位，也能跻身上层阶级。他的孙子曹雪芹虽然家道中落，官位尽失，而且也没有功名，但也算是上层阶级的一员。他的诗才，还有他在统治精英集团的有力朋友，得以确保他在地方精英阶级中的地位。曹寅在京城和苏州的友人圈，有一些是汉官精英，但大部分可能是地方精英。这是从他们的生活形态而非其功名所做的论断。何炳棣认为

"生员"和"监生"只是平民里头的特权群体,⁵并不会因为他们拥有功名就跃为地方精英的一员。这个看法没错,他们不会自动晋升为上层阶级。不过,须在此一提的是,考上"生员"的上层阶级家庭中的年轻人,就算没有获得功名,也还是属于上层阶级。

我们接下来要审视曹寅的一生,这正是一个在常规官僚体系以外拥有官职生涯的例子。身为皇家精英的一员,曹寅与汉官精英、旗人精英合力办差,并在地方精英身上寻找社交的刺激。他的生活虽然引人好奇,又常涉及皇帝委派的秘密任务,或上呈密折,经手垄断行业,但是不要忘了,曹寅是统治集团的成员,稳居上层阶级。

曹寅在京城

从 1675 年前后到 1690 年,曹寅一直住在北京,并未担任要职,也没经手有利可图的皇差。但是他的祖父曾任浙江盐运使,而父亲做过江宁织造,积下的家财让曹寅过着优渥的生活。

曹寅身为包衣,住在皇城,也在皇城里办差,这是内城的核心。皇城四周围了高墙,而在皇城的核心又筑有高墙,这是皇帝生活起居所在的紫禁城。曹寅当差的"慎刑司"就在皇城的北边,位于太液池与地安门之间。⁶内务府府衙则在紫禁城西侧,⁷而身为包衣佐领的曹寅,必须常到那里走动。在外人眼里,曹寅想必十分贴近权力中枢。

曹寅所属的正白旗被安置在皇城东侧。⁸清律并未禁止包衣置产,曹家很可能以办理盐务和织造攒下的钱财,向穷困的旗人买下第一份家产。我们知道，曹家在北京至少有两处宅邸，且全在内城。[9]自1648年之后，这里只住了旗人，因为那年满汉多生事端（包括杀人、抢劫），多尔衮于是下令所有汉官、商贾、平民一律迁往南城。[10]曹家的宅子可能是前明皇族的府第，虽说早年旗人规定，宅邸大小依官职品第而定，[11]但因为曹玺的财富与加正一品官衔，曹家也可能在此处拥有宅邸。曹宅十分气派，庭宽而屋宇轩昂，门廊精雕细琢。学者周汝昌考据曹家各类文稿，推断曹宅一处位于西北边，邻近紫禁城，一处在东南边，紧邻贡院。[12]然而，可以确定的是，曹宅的庭院都很漂亮，而其中的"芷园"，园内有西堂阁，曹寅尤其喜爱。[13]

曹玺人在江宁（南京），而曹寅住在北京，有其他族人为伴，其中有他最亲的弟弟曹子猷。有关子猷的资料很少，但曹寅曾为子猷写过很多诗，情感真切。[14]曹子猷生于1659年，卒于1705年，任皇家侍卫。[15]他有两个别号，常用的是"筠石"，另一个以庭园为名，是为"芷园"。曹子猷也是个技法完备的画家，著名学者朱彝尊曾为曹子猷的一幅画题诗，后来这幅画辗转为乾隆朝的书画大家翁方纲所藏。[16]有关曹家的史料很不全，无法完整拼凑出曹寅的同辈族人；除了曹子猷，曹寅还有个弟弟曹宜。曹宜生于1680年，供职于内务府，到了乾隆即位之初，仍担任包衣佐领。[17]

当曹寅在銮仪殿当差时，曹子猷任职御前侍卫，这甚至让当时的人都误以为曹寅也是御前侍卫。[18]如果曹寅真的当过这么尊崇的职位，那么像张伯行这样的好友在为曹寅写祭文的时候应该会公开提及的。[19]曹寅的弟弟出任御前侍卫，无疑更增家族光耀。

御前侍卫乃是万中选一，较内务府或銮仪卫的寻常官吏更贴近皇帝。御前侍卫仅有五百七十名，分为四等，[20] 选自满蒙上三旗的优秀青年，或从下五旗（包括汉族在内）挑选，他们的班表是在上三旗间掣签分派。[21] 御前侍卫的勤务是守卫紫禁城各大城门以及紫禁城内的皇宫；表现优异的就有可能奉调轮班卫戍皇宫。[22] 他们陪皇帝出巡，现身朝觐、宾宴场合，随同官员上呈奏折，分班把守各大通道，并掌握可入内通行的官员和心腹名册。[23] 他们必须随时在皇宫附近待命，我们可以从曹寅上呈的奏折窥知梗概，这份奏折是曹寅把女儿嫁给一名御前侍卫之后所拟的："皇上左右侍卫，朝夕出入，住家恐其稍远，拟于东华门外置房，移居臣婿。"[24]

曹寅、曹子猷两兄弟，一为包衣佐领，一为御前侍卫，想必曾一起随侍皇帝出巡。他们也可能曾与满族词人纳兰性德同行，纳兰性德的父亲把员额之外的手下拨给他来管，而纳兰性德本人也担任康熙的侍卫。[25] 纳兰性德是个文才出众的词人，不到二十五岁就誉满汉族士林。我们不清楚他与曹寅何时论交，但可以确信他们曾问学于硕儒徐乾学。[26] 两人皆好填词，在当时颇负文名。[27] 他们也因1679年博学鸿儒科而与清初各地一流汉族学者论交。1678年诏令开博学鸿儒科，以广纳汉人贤才为满人统治效命。[28] 1679年4月，开博学鸿儒科，约有一百五十名考生进京赴考。纳兰性德的父亲明珠，当时乃权倾一方的大臣，对汉儒礼遇有加，而科考期间，纳兰性德以东道主身份款待不少汉儒。[29] 因此，曹寅可能是通过纳兰性德的引介而结识了一些人。不过，大部分的友谊似乎都是无心插柳的结果。譬如，六十岁赴考高中的尤侗，就是在友人家里与曹寅结织，并十分推崇曹寅的诗才。³⁰ 本已归隐的名士施闰章,奉召应试博学鸿儒科,他曾独自低吟曹寅的诗作,尤其钟爱"寒山见远人"一句;后来曹寅还常拿自己的诗作向这位前辈请益。³¹ 学者顾景星进京赴考,却因病未能就试,³² 他到了北京不久就认识曹寅,觉得此人"温润伉爽,道气迎人"。顾、曹两人一见如故,顾景星还为曹寅的第一本诗集 [译注:指《荔轩草》] 作序,时为 1679 年。³³ 而顾景星也与施闰章私交甚笃。³⁴

这个交友圈不断扩展。到了 1680 年,曹寅又与在博学科考表现优异的朱彝尊、陈维崧结交,³⁵ 而朱、陈两人皆授翰林院检讨。曹寅有一本诗集成于 1713 年,时人为之作序,在文中称曹寅在宫中当差,执戟戴螭头,身着短衣缚裤,豹尾影缥以射虎,"极手柔弓燥之乐"。公余则邀这两位文友一同赋诗、含毫、拈韵分题。³⁶

尽管这段文字隐晦、复杂,且执笔之人不见得在北京就认识曹寅,但我们还是能领会汉族文人与曹寅交往所感受到的情愫在字里行间回荡。他们似乎很陶醉在满人华丽奔放的生活里。另一个友人在 1680 年赠诗给曹寅,也有这样的情景:

> 甘泉豹尾,从容跃马奇杰。况复路入桑干,平沙漠漠,击草鹰必初发。万骑回中从猎去,酾酒夕阳明灭。玉勒风嘶,珮弓夜吼,冷浸萧萧发。吟鞭摇动,惊飞乌鹊霜月。³⁷

曹寅早年的生活与当差大致是以皇宫、旗人与狩猎为重心。而狩猎活动十分壮观,有数千名旗人兵武参与;康熙皇帝几乎每年秋天都会亲自领军出猎，挑一些军士一起猎熊射虎，或由众兵丁围猎捕杀鹿兔。皇帝会执意坐在雨中，生火烤着刚杀的鹿肉，在简陋的营帐中度过寒夜。他的随扈想必也是如此。[38] 对于曹寅的汉人朋友而言，这些情景必然让人神往，因而笔下也恣情奉承他的威猛武勇。有些赞扬很可能是真有其事。百年之后，诗人袁枚仍流露出对这类英勇事迹的敬畏欣赏，[39] 而袁枚也得到满族权贵友人的奉承以为回报。[40] 满汉生活的交流互动是清初最有意思的面向之一。

曹寅当差时似乎就是个真正的满人，而公余时又像是个地道的汉人。研究曹家的两位大学者周汝昌、吴世昌都强调内务府包衣的生活带有浓厚的满人色彩，说他们"不同于一般旗人"，[41] "归化的满人"；[42] 不过这种看法似乎言过其实。在曹寅身上，满汉文化达到一种平衡状态。显然曹寅热切投入满族军旅那种豪迈的骑射生活，但他同时也是个对汉文化易感的诠释者。北京的汉族文人想在政治上有所发展，或许可以寄望于明珠或纳兰性德，但不能指望曹寅，因为他虽然是富有的皇家精英，但并无证据显示曹家具有真正的"影响力"，至少在所属的包衣圈之外是没有的。曹寅所能提供的是一个弱冠诗人在向长者请益时的诚挚建言，以及在北京宅里的豪奢款待。

曹寅此时的生活迷人之处不在于他要分心认同满汉文化，而是在于他如何成功融贯满汉文化。曹寅在二十出头所写的诗就可说明这一点。他对皇帝虽然忠心，第二句却是语意暧昧，可能暗指他十来岁（1673—1674）时爆发的三藩之乱，但是狩猎的欢乐情绪还是贯穿了全诗：

> 少年十五十六时，弯弓盘马百事骧。不解将身事明主，惟爱射雉南山陲。山南麦熟不得实，青黄初接已生摘。山田久草无人耕，老鸡叫媒白昼行。陇头峨峨行且舞，陇下绛冠力如虎。不惜二雄为雌死，但言新试铜牙弩。[43]

曹寅并没有留下描述北行细节的诗，只有这首诗描绘狩猎之乐。曹寅并未因袭边塞诗的传统（他基本上似乎忽略了这些主题），而呈现北疆带给他的沉思与颤悚。这首《古北口中秋》可能写于长城上的某处关隘，曹寅显然很喜爱这片景致，但语气却不露情绪。只有一回他在秋天自南京前往京城，思绪转到皇帝曾经狩猎的北方：

> 行在天山外，西风玉帐寒。[44]

我们并不清楚曹寅是心怀愁绪，还是庆幸并未置身其中。

曹寅写了几卷诗，其中有数十首诗在往后的社交场合被传唱，他也致力于写词（纳兰性德是一代词家）。王昶在1803年刊行的清代词选中，就收录了一首曹寅的词。[45] 能被收入，就表示曹寅的词受到肯定；至少他被注意到了，但是只收了一首，也说明了他还称不上是个大词家。这阙词调寄"洞仙歌"，题为"三屯道上题龙女庙"。[46]

> 层峦传翠，盘曲遮行旅。野庙荒凉春不住；统平林，只有午尺游丝，萦晚絮，鸠妇阴阳呼雨。月明辞碧海，一堕红尘；销尽人间寒暑！别泪洒鲛珠。回首孤城，澹烟冷，照

伤心处。都莫管兴亡事如何，但助我乘风一鞭东去。⁴⁷

这首词译成英文之后显得很笨拙，也很难传达乾隆朝文人在审视同朝词人成就时所看到的韵味。不过，曹寅的一首少作就没那么隐晦；这首词是行过元宵喧嚣人群之后所写，成于 1682 年，从题词看来，曹寅有陈维崧作陪。而陈维崧是一代词人，善骈文，⁴⁸ 当时五十六岁，曹寅二十三岁。两人都住在北京。

野客真如鹜，九逵中，烟花刺戳，嬉游谁阻。鸡壁毯场天下少，罗帕钿车无数。齐踏着，软红春土。背侧冠儿捱不转，闹蛾儿，要到街斜处。捶遍了，梁州鼓。

一丸才向城头吐，白琉璃，秋毫无缺，打头三五。市色灯光争快发（正映发）。平地鱼龙飞舞。早放尽，千门万户。蜡泪衣香消不得，倩玉梅手捻从头述。细画出，脂胭谱。⁴⁹

这对曹寅肯定是段好时光，他其他的诗词更进一步勾勒了生活样貌。某日退班，曹寅郁闷不乐，在城内信步闲晃，骤雨突来，街上一片冷清，没有朋友相伴。"一日休沐无所为，槽头马鸣草满墀。一日休沐无所向。"正在家中愁坐，突然叩门声响起；终于有朋友造访，可以喝酒了，又是一片美好。⁵⁰ 他也会去拜访顾景星论书，当然也不会忘记带钱沽酒。⁵¹ 或是结伴走到京西的慈仁寺，以寺内的参天古松赋诗。清初文人凡是自命文才，都会来此一试身手。⁵²

这般惬意的生活，甚至并未因父亲在 1684 年辞世而动摇。曹寅以令人赞叹的方式表达了孝心，巩固、确保他在当时汉族文人之间的名声。

恪尽孝道

曹寅在京城当差时，其父曹玺长期任江宁织造，政绩卓越，自1663年就任，到1684年死于任内凡二十一年。[53]曹玺的夫人曾是康熙皇帝的保姆，两人都有一品的封诰。[54]康熙首度南巡，于1684年12月抵达江宁，亲赴丧家，赐御旨，遣侍卫尊奠。[55]曹玺入祀江宁县学名宦祠，并由前内阁大学士熊赐履写祭文。[56]

曹寅自然得南下料理丧事，到了年底，他已开始着手构思如何纪念父亲。他广邀当朝文人、画官等名流为文，汇集成刊，名为《楝亭图》。[57]楝亭是其父曹玺在江宁织造署内的花园，由曹玺所建，有曹玺亲手栽植的楝树以为荫遮。[58]曹家子弟在亭内秉承庭训，[59]曹玺公余喜在此休憩。[60]楝树可长到十公尺高，树冠延展亦可达十公尺；夏季开淡紫色花，结黄色小果实，风姿幽雅，散发异国风情。[61]楝树串连父子之亲，这套追思集子成为美谈。这个构想开始落实，刊名选定之后，曹寅也把书斋的名号从早先的"荔轩"改为"楝亭"。[62]这套集刊要能顺利进行，曹寅就需得到名家相助，这点做得相当成功。纳兰性德与曹家素有交情，他是最早撰写诗文的文人之一。[63]在另一卷列名第一的作者是尤侗，他与曹寅在北京结识。尤侗写了长篇挽诗，前头还有序：

> 孝子奔丧之后，寄予画册，阅之乃一楝树。司空所手
> 植也……因题一律，以慰其蓼莪之思焉。[64]

此处提及的画可能出自"清初六大家"之一的恽寿平之手，他尤其擅长工笔花虫；"在此领域，时人无出其右者。"[65] 这幅画几乎可以肯定是受曹寅之托而作的，因为恽寿平忠于前明，以卖画养家。曹寅请了恽寿平作画，可见品味卓然，因为恽寿平笔下枝叶栩栩如生，遒劲不失细腻，至今仍令观者印象深刻，[66] 他的许多画作日后都入宫收藏，乾隆还曾为这些藏品作序。[67] 然而，在受曹寅之托而作的画中，恽寿平显然尽情发挥，一棵苍劲楝树拔地而起，凌于茅草覆顶的小亭子，前有翠竹在风中摇曳。这幅画并未题词，只写了"楝亭图"和画家落款。恽寿平只做最少的表示，视请托内容或画酬而定。[68] 1691年，尤侗在另一卷集子里写道：

> 绘图在右，陈诗在左。揭来吴门，卷页盈把，谓"子赋之，
> 以续《南》、《雅》。"予应曰："诺"，援笔敬写。[69]

到了此时，集子的篇幅愈来愈大，其中有许多画作。有一幅系禹之鼎所绘，禹之鼎是御用画师，他为朋友作画，大概也是受托之故。[70] 禹之鼎擅画肖像，仕女画尤为一绝，人物跃然纸上，娟媚古雅。[71] 此外还有戴本孝的作品，他是"金陵八家"之一，其山水画别有奇趣。[72] 他为曹寅画了斜亭阁临溪，荫蔽于新绿楝树之下。有白鹤过得桥来，往凉亭而去；亭阁背倚湖石，远处崚嶒石壁若隐

若现。[73] 程义是曹寅的好友，画了两棵参天巨木，有小亭立于其间，前有石砌小塘，后有篱笆矮树。[74] 或许，这最单纯的构图最接近真实。

尤侗、纳兰性德、程义都是曹家的朋友。恽寿平、禹之鼎、戴本孝可能是受曹家之托。而为这个集子为文作画的第三类人则可能出于对曹寅想法的认同，而自觉应该有所贡献，或是因为他们由衷敬佩曹寅的孝心，又或者因为当代俊彦都共襄盛举，他们不想被排除在外。其中有两人说得很白，自己为何为这个集子写文章。

一个是叶燮，[75] 他是1670年进士，知名文人、官员，后来也结识了曹寅。他在1690年写道：

> 天子乃授司农公以公之官，而移府于苏州，乃绘楝亭以为图，于先泽三致意焉。海内贤大夫士名公卿至传观为盛事，咸作诗歌以称述之。燮最后获观，乐其流风余韵之必传也，乃作而言曰……[76]

另一位是姜宸英，[77] 此人是颇有文名的学者。他在略述曹玺经历与栽种楝树的来龙去脉之后，对曹寅的称颂了无新意：

> 周览旧署，惜亭就圮坏，出资重作，而以手植之楝扶疏其芳叶，遂名之为楝亭；攀条执枝，忾有余慕；远近士大夫闻之，皆用文辞称述，比之甘棠之茇舍焉。

（昔周公小憩于甘棠树下，后来歌谣传诵久远。）姜宸英接着略述织造的沿革，并指明明朝实亡于宦官滥权，然后又把曹玺的官场资历和文人对曹寅的应和重复了一遍，最后写道：

> 辛未五月，与见阳张司马并舟而南，司马出是帖，令记而书之。舟居累月，精力刓敝，文体书格，俱不足观。聊应好友之命，为荔翁家藏故事耳。[78]

姜宸英在这里指称张司马而不是曹寅，这位好友的谦冲虽然可能真的是发自肺腑，但通篇却有一种敷衍的味道，甚至有一丝愠怒。但后来曹寅与姜宸英还是成了好友。

现存集刊系出自五十四人之手，其中有二十六人未列名常见的清人传记史料，[79]所以不能说曹寅只找有名望之士；而在这二十六人当中，泰半可能是曹家的朋友，名并不见于经传。其余之人，可作为用来衡量曹寅在网罗名士方面成功的程度。

结论是曹寅的确相当成功，因为在这部集刊之中，有二十人以上是名重一时的学者、作家、诗人：1673年的廷试榜首韩菼；[80]公认的清代第一诗人王士禛；[81]经师、官员徐乾学；[82]以善于决断疑案著称的宋荦；[83]《明史》的编修王鸿绪；[84]戏剧家顾彩。[85]曹寅延续他在京城的做法，这部集刊的作者除了早年友人之外，至少还有四人应博学鸿儒科中第：严绳孙、吴农祥、秦松龄及徐林鸿。[86]

有关这部集刊的作家，最耐人寻味之处在于除了纳兰性德之外，没有一个是满人。这些参加博学科考的人里头，有些人起初对清朝十分疏离,至少有四人仍忠于明朝:前面提过的恽寿平;毛奇龄是个难相处、不受欢迎的人物,[87]他曾加入明军参战,后来漂泊多年,最后参加博学科及第;杜濬曾为忠于明室的冒襄编纂文集;[88,89]以及陈恭尹。[90]陈恭尹的父亲和三个兄弟于1647年举兵抗清,兵败殉国,他在1658年放弃反清,此后归隐山林,直到1678年被控勾串三藩、为文排满而入狱。出狱之后,陈恭尹第一次开始与新朝官员往来,但始终以"遗民"自居,心向前明,从未出仕。

我们难以得知,像这样的人为何会应允为这部追思集刊题写文章,曹寅又为何去找他们?当代有位作者推断,他们其实是迫于无奈,因曹寅是内务官府的宠臣,大权在握。[91]但是并无证据显示年轻时的曹寅有此能耐。较有可能的原因是曹寅拿钱出来,或是直接出资请画家作画,或是间接通过款待或协助那些写文章的人。历史学家周汝昌聚焦研究曹寅与杜濬、杜岕兄弟的交往。孤介峻厉的杜氏兄弟长曹寅四十岁,且一心向明。周汝昌发现答案在于曹寅天资聪颖,富有魅力。"他就是这样的人。"[92]想当然尔,曹寅若不是与他们志趣相投,曹寅肯定跟他们处不来,而同样有意思的是,他们在某些方面有着共通的背景。

无论曹家此时多么风光,终究不能忘却自身是满人的俘虏,成了满人的奴才。这对一个汉人家族来说,有时是奇耻大辱,就如同忠于明室的人会以替新朝效命为耻。我们知道曹寅不论是作为读书人或醉心戏剧的作家,都对满人主政随之而来的问题非常有兴趣。曹寅的一个友人和雍正朝的一位史家,都提到曹寅曾写过名为《虎口余生》的传奇。这出戏讲的是明朝灭亡以及北京所发生的变化,尤其是一些明朝的文臣武将的效忠，起义军李自成的肆虐蹂躏，以及一些变节官员的阿谀奉承。[93] 曹寅内心敬重忠于前明的文人，但他很可能已经知道如何在私人情谊中找到调和之道，而不是被相互冲突的忠诚所折磨，一如在北京当班和闲暇时那般。

《楝亭集》彰显了曹寅的孝心，其刊刻是一大成功。这套集子让父亲曹玺的名声永垂后世，也拓展了曹寅的交友圈。集刊的内容大多引经据典，但偶尔也透露出关于曹家背景的有趣细节。其中只有纳兰性德这唯一的满人，能料准曹玺的去世对儿子曹寅的前途所造成的影响。纳兰性德的文章写于1685年，最后是这么写的：

> 今我国重世臣，异日者子清奉简书乘传而出，安知不建牙南服，踵武司空。则此一树也，先人之泽，于是乎延；后世之泽，又于是乎启矣。可无片语以志之？[94]

1690年，曹寅奉派南行，督理苏州织造。两年后，曹寅又迁任江宁织造，[95] 而这个职位他的父亲做了二十一年，责任重大，但曹寅在走马上任之前，还有一次最后的机会远离案牍劳形，惬意优游于社交。

苏州社会

曹寅署理苏州织造近三年，从1690年春到1692年冬。[96] 这段期间的记载未见有关曹寅的政绩，但是关于他社交生活以及所处圈子的细节倒是不少。就如曹寅往来友人所写的诗一般,这是一轮理想的饮酒吟诗之会,野游点缀其间。于是我们可以看到曹寅凝视秋收,怡情冬雪,夏季游湖,玩赏荷花,享受沁凉微风,憧憬渔人的简朴生活,或是在春日出游赏花。[97] 每次出游必有诗作,且时常以诗应答。

不过,即使是在此气氛下,曹寅仍不忘精进骑射之术,而我们知道这类诗作只道出部分的事实而已。学人、官员韩菼最能捕捉曹寅自我营造的骑射美学形象,他在曹寅三十三岁生日时应当地文人之请,写了一篇文章:

> 以为读书射猎,自无两妨;间骑快马,拓弓弦作霹雳声,差强闲着车中作贵人;而余矢纳房,与客酬对,捭阖古今,种别文家,源流高下,坐客默然无抗者……[98]

此时的韩菼已归隐苏州,时与曹寅写诗互赠,[99] 所以这番描述有个人私谊为本,应当属实,而这已成为研究曹寅生平的可信材料了。[100]

与曹寅骑射是何许人,不得而知,可能是驻扎当地的旗营官员,也可能就是曹府内的人。不过,我们知道许多曹寅的文友,不只和曹寅为文唱和,也不光是官场上的同僚,或是同样拥有功名而有类似背景的人而已。这些文友出身背景各异,但能一道出游,把酒同欢,不过有时其他人无法配合,曹寅就得一人独饮了。[101] 他还得请朋友宽宥他为何独乐:对于他们北人来说,"苏州乃是天堂"。[102] 这群朋友的往来相当密切,其组成分子颇值得细究,或许可增加我们对当时社会的了解。

不算曹寅的话,这个圈子至少还有十七人,而于1690年到1692年间,住在苏州一带。[103]其中有六人是知名学者:尤侗、韩菼、彭定求、姜宸英、余怀及叶燮。尤、韩、彭三人皆出身苏州府的长洲县。尤侗为1648年贡生,时年三十岁,然后授永平推官,在任四年。1656年,尤侗辞官,在苏州住了二十年,博览群经,文名远播。1679年举博学鸿儒,授翰林院检讨。参与编修《明史》四年后,尤侗告老辞归,不再出仕,卒于1704年,享寿八十四岁。尤侗好享受,深得康熙皇帝赏识,但在取得贡生功名后的五十六年岁月里,他只做了八年的官而已。[104]

韩菼通过顺天乡试,并举1673年廷试状元,时值三十六岁,官场资历完整,供职翰林院、内阁十四年。他于1687年辞官,曹寅任官苏州时,他也住在苏州附近。[105]彭定求是1676年廷试榜首,时年三十一岁,之后在翰林院供职十三年,1689年父丧,辞官归隐长洲三十年,直到辞世。[106]

另外三人之中,余怀曾是南京国子监监生,但满人攻下南城后,余怀就归隐下邳,之后又回南京居住、读书。他写了不少短论,但从未参加科考,也没做过官。他是尤侗的好友,常去苏州看他。[107]姜宸英的学问很好,但是科考未能更上一层楼,在举博学鸿儒科时又被遗漏。不过,他奉派协助编修《明史》,最后在1693年六十五岁时中了举人。[108]最后一位是叶燮,1670年进士,曾在扬州府任官三年,而后辞官游历著述。叶燮最后住在吴江县,而吴江县也隶属苏州府。[109]

这六人由于文学上的成就,全都列传地方志与国史之中。而其他四人虽非名满天下,但是其人其事的一些细节仍可查考。杜岕(1617—1693)是明末生员,满清入关之后即无意出仕。他的哥哥杜濬更负盛名,兄弟俩卜居南京潜心学问;杜岕常去苏州看曹寅,二人过往从密。[110] 郭鉴伦生性严肃,是杰出的画家,当时授业于崇明县学;尤侗在曹府与他认识。[111] 安徽人程义也是颇有名气的画家。[112] 张纯修是正白旗包衣,贡生,后擢为知府;工山水画,藏书楼典藏甚丰。[113]

其余七人几乎无从稽考。只有董麒的名字出现在苏州考生名册中,并登科及第;他在1690年中举,当时曹寅也在苏州,十年后,董麒又考上进士,入国子监为庶吉士。[114] 其余六人既未列名苏州的贡生名册,也不曾在地方任官。他们可能是苏州的秀才,或有功名,或来自邻近府县的胥吏,但也可能没有任何官衔。[115] 叶藩还有钱有闲,多次往来北京和苏州,这可以从曹寅相关酬对的诗作窥知。[116] 其他五人则无可考。[117]

我们无法确实知道,这个圈子究竟有多少人取得更高的功名。虽然他们大多数都已年近古稀,但显然他们都自愿提早辞官(或根本就不愿做官),而蛰居苏州一带,由此可看出清初人才浪费有多么严重。他们各有各的理由——杜岕心怀前明,叶燮好游历,彭定求则出于孝心,而尤侗就只是想过安逸的生活——但他们辞别官场也的确反映出当时的官僚体系存在某些用人的问题。

如何拔擢官员是清初几位皇帝面临的重大课题之一:为了确保

新朝稳定,应该擢用哪些文官?他们的解决之道是在最高一层——总督和巡抚——起用汉军。[118] 低于省级的层次则安置了为数可观的旗人。省级官吏不像京城里的六部、内阁的官员,满人只需在既有的职位再增加员额,所以每个职位可由一位汉官精英和一位旗人精英同时担任。而省级的官职是单一的,大多由旗人精英掌理,汉人精英是通过科举考试而步入仕途,然而只有少数职位对他们开放。这种重要职位的短缺或许会令有心在官场上求腾达的汉官感到泄气。这种情况可以从康熙朝江南(江苏与安徽)省级在职官员窥知:[119]

官职种类	汉官精英	旗人精英
总督、漕运总督、河道总督 从一品到正二品	八	三十一
江苏、安徽的巡抚 从二品	十四	十九
江苏、安徽的布政使、按察使 从二品到正三品	三十三	三十九
盐运使、漕运使 从三品到正四品	二十八	十八
江宁、苏州、扬州知府 从四品	三十三	十七
江宁府七县知县 从七品	七十	十九

以上分配显示,任官受到谨慎的控制,虽然不至于完全排挤汉人平民,然而旗人精英占据了多数高阶职位;在中阶职位,汉官精英与旗人精英其实平分秋色;而低阶职位则大多由汉官精英接任,当然也并非没有旗人精英。我们从省级官员的表列便可以看出,这种平衡是一种明确、有意识的操控,但是方式略有不同。以江苏、安徽为例(取1680年到1715年间),江苏、安徽两省巡抚与布政使的人数列表比较:其中有二十年的满汉人数均等,分别有两名汉官、两名旗人出任这些职位;有八年是由旗人出任三

个、汉官出任一个职位；而在另外的八年里，则由汉官出任三个、旗人出任一个职位。但没有一年是由单一族群垄断这四个职位的情形。[120]

在何炳棣对明、清时期社会流动的研究中，已指出康熙朝的社会流动性较低，在这段期间寒门取得进士非常困难。[121] 何炳棣把这样的现象归因于新朝必须争取既有官僚阶级的支持。[122] 这种状态所带来的挫折感，势必会强化无力将功名转化为高官的挫折感，初步分析康熙朝苏州府官员的条件就能显示，这种无力感是十分常见的。

不仅旗人精英占据许多要职，就算拥有功名的汉人发现自己往往也只能屈就低阶官职。例如江苏、安徽两省七十二位按察使、布政使之中，中过举人与进士的不超过二十四人，而在江宁府的八十九位知县之中，至少有三十六位中过举人与进士。[123] 江都县二十五个在职者之中，有八个举人、九个进士担任县令；而同时，安徽与江苏的三十三名巡抚之中，拥有进士或举人功名的不超过十二人。[124]

旗人不仅以较低的功名出任高官，在康熙朝，地方官职常常授予只有监生资格的汉人，而使事情更为复杂；后来的监生并不具备任官的资格，[125] 但是在康熙朝并非如此。从康熙年间苏州府的知县和知府任官时的功名条件，应可印证上述观点（见下页表）：

就算不同名册的记载有时有些出入，而且并非每一个官员的功名都有稽可查，这张表仍可显示大致的趋势。[126] 此外，旗人精英任官的时间比汉官精英还长：整个康熙朝，旗人精英担任苏州知府的任期，平均是四点三年，知县任期则是平均三年，而汉官精英在这

功名	苏州知府		苏州府的五县知县	
	旗人精英	汉官精英	旗人精英	汉官精英
进士	——	四	一	二十三
举人	——	——	一	二十六
贡生	——	二	二	十九
恩贡生	——	——	——	二
拔贡生	——	二	——	六
岁贡生	——	——	——	二
监生	四	二	十二	十二
例监生	——	——	三	二
生员	一	——	——	——
荫生	——	一	七	一
例捐	——	——	——	——
笔帖式吏员	——	——	一	一

两个职位的任期，平均都是二点七年。

任官的不公自然不限于地方层级的知府与知县。那七位汉人举人想必很难认为眼前的状况是公平合理的，他们长期担任长洲县学教谕（八品），而同时期苏州知府的副职（五品）之中，却有六位监生、五位贡生、一位荫生，而仅有两位举人。[127]

旗人跟汉人一样，也参加乡试与会试，但旗人有自己的录取员额，且员额数有很大的浮动。早在满清入关之前，旗人已于1634、1638、1641年分别举行过举人考试。1651年的举人员额是满人五十名，蒙古人二十名，汉军五十名，而进士员额则是这些数量的一半。[128] 旗人在这两种考试占有十分有利的比例，而且在实际执行上还超过这个数。因为这个员额是用于"满洲进士"科考，在1652、1655年，共有五十名旗人考取进士。但这两年还有五十六名旗人取得一般的进士，所以顺治朝有九十八名满人与蒙古人、五十八名汉军考取进士；[129] 就以全部员额数量来论，旗人组织已与较大省份相当了。[130] 这种额外的旗人考试在1657年到1669年、1676年到1690年两度取消。1663年举行特考，产生了一百一十八名汉军举人，除此之外，仍有九十五名满人进士，四十七名汉军进士；这两个群组都维持着每三个举人出一个进士的比例。[131] 即使某个汉族官员发现某个理应属于他的职位却被拥有功名的旗人所占了，他也会质疑这个旗人晋升之路的严谨度。更进一步说，取得功名的旗人和包衣被列在自己所属的佐领名下；关键是他们的佐领是谁，而不是他们的出身；因此，很可能在旗人精英之间有一个个人效忠的网络，不受汉人进入官僚体系所受之"回避"等约束制度的影响。[132]

因此，在康熙朝的地方治理中，显然存在相当程度的复杂性，或许不在一般认可的清代行政管理系统模式之内：旗人精英与汉官精英之间的关系有时肯定十分紧绷，官僚晋升管道的标准也一定看似模糊不清。这类因素显然与我们所讨论的曹寅生活、任职所在的那个社会有关联，值得我们去分析对当时社会所做的一些描述。

"乡绅"以及相关用语"绅士"和"绅衿"，是一个用来描述这个地方社会结构的关键词。当代学者对这些术语的定义和翻译仍存有争论；由于主题极为复杂，不易概括其间的争论，但或许可概括描述：何炳棣是依据官员与可能成为官员的阶级来定义这些术语的；[133] 瞿同祖则指涉由官绅（official-gentry）与士绅（scholar-gentry）所构成的地方精英；[134] 张仲礼则是根据功名的等第划分上、下两级；[135] 罗伯特·马什（Robert Marsh）则指拥有功名的地方精英。[136] 他们至少都同意，若以官位和功名为基础，是可能做出严谨的定义的。

如果把焦点放在"乡绅"这个词，并让曹寅和其妻堂兄李煦自己来分析的话，这个词很快就会溢出我们的掌握。但李煦曾给过一个明确的列表：他把二十一人称为乡绅，其中两人是翰林庶吉士，十人是四品到七品的退休官员，一人即将走马上任职，六人是进士，两人是举人。[137] 但在其他的场合，他与曹寅又以不同的方式使用这个词，譬如他们在 1712 年上呈的一批奏折里，"乡绅"一词常常出现；这批奏折的内容涉及 1711 年的科场丑闻，以及皇帝所赐的亲笔御书，两人想要描述地方上对这些事件的反应。所以，曹寅与李煦应该对这些社会群体有清楚的认识，也没有理由对相关情况撒谎。再者，两人也十分熟悉当地社会：曹寅在南京、李煦在苏州生活了二十年。[138]

其中一份奏折撰于 1712 年夏天，曹寅奏谢皇帝恩赐御笔亲书。皇帝恩赐御书的消息迅速传开，曹寅写道："阖城进士、举人、乡绅、士庶，皆已周知。"显然乡绅是有别于进士、举人与士庶。曹寅在隔一行又提到等第较低的乡绅与士庶，他说翰林院的官员"率众士庶"，而在两行之后又说："乡绅士庶现在相度地形，遴选碑石。"士庶显然是值得一提的群体之中地位最低者，他们肯定包括受过一些教育、获准参加生员资格考试但未取得功名的童生。曹寅在奏折的结尾还说，他会向扬州的"绅衿"出示皇帝的恩赐御书；不过，因为这个词是单独出现，无助于乡绅的界定。所以，从曹寅的这份奏折来看，我们并不清楚乡绅是否包括官员，或者绅衿是否等同于乡绅。[139]

但李煦在两个月前所写的奏折里，论及地方舆情对科场丑闻的反应，把"绅衿"和"士庶"视为不同的群体。绅衿显然是个宽松的词，只要在地方取得功名都算。[140]

另一方面，李煦使用乡绅一词又很严谨。李煦在恩赐御书的奏折里，先是提到"地方官员乡绅求看"，稍后又说"地方文武官员、乡绅及生员络绎求看"。[141]综合曹寅与李煦所列，我们可以将乡绅定义为某种地方群体，不含文武官员以及拥有进士、举人、生员三种功名的人，也不包括士庶和士民。

从这些列表来推断，曹寅与李煦所谓的乡绅不太可能只包括贡生与监生。这两类通过考试的人明显没有被排除在乡绅之外，但是在此时的公私文牍之中，乡绅与贡生、监生还是有所区隔的。[142]然而，如果不是如此的话，除了少数退休官员之外，曹、李所谓的乡绅究竟是指哪些人？最有可能的答案是他们没有明确的指涉，而是泛称地方上有影响力的人，不过有时会特指拥有功名的人，尤其在他们采取一致行动的正式场合。换言之，对于康熙朝晚期公务繁忙的两位官员来说，乡绅一词并不总是依特定品第或功名而清晰界定的。

曹寅有关科场案所写的一段话支持了这个结论。曹寅在对科场案的舆情反应，以及可能是因总督与巡抚不和而各有支持者表达看法时说道："乡绅及地方有名者两边。"[143]在曹寅的奏折里，"地方有名者"，以连接词"及"和乡绅连在一起，这段文字因而比曹寅、李煦依序排列各类群体，而未使用连接词更有意思。曹寅认为皇帝对乡绅和"地方有名者"的意见可能会感兴趣,但地方上有影响力的人未必只有这两类人;而曹寅也并未分说其功名品秩,因为无此必要,他与皇帝都知道指的是什么人。

这些人是地方精英,没有官位但在地方上具有名望。这些人对政治冲突的反应必须予以关注。诚如本章开头所指出的,地方精英不是一个阶级,而是汉族上流阶级的一部分,通过与其他三类精英群体建立的特殊关系而跻身上流阶级。地方精英的定义必然是宽松的;对阶级的描述并不总能给出精确的定义,这是中国的制度特性之一,但至少汉官精英与旗人精英可以依据职责与品第加以清楚定义。虽然无法精准定义地方精英,但这还是可以用来代表"士绅"一词,这不仅因为"士绅"一词很容易与英文的 gentry 相混淆,[144]而且"士绅"(gentry)一词与"阶级"(class)一词紧密相关。弗里德曼(Maurice Freedman)等人抨击的正是把中国士绅(Chinese gentry)界定为一个阶级的做法,"这是一个奇特的社会,除了皇族之外,人人生来都是庶民,唯有通过科举考试或买官,才得成为士绅的一员"。[145]

把"乡绅"译为"地方精英"(local elite)并不精确,不论是依李煦较严谨的界定,或曹寅最含糊的用法皆然。在两人于 1712 年所上的奏折中,乡绅一词的各种用法显示这个词既无严谨的定义,又无法舍弃不用。我前面所界定的,"地方精英"包括一些(但并非全部的)退休官吏及可望任官的人、拥有功名的人、一些商贾与士庶,以及这些人的部分家人,还有某些在任官吏的家人。曹寅有时是从宽来使用乡绅一词的,但有时又特别排除士庶或拥有功名的人。由于定义的模棱不定，把乡绅转为地方精英似乎也言之成理；但若其意义较窄，通常从上下文也能清楚看出。[146]

就曹寅而言，他在京城结交了这些广义的地方精英，请他们为追思父亲的集刊作画赋诗，在苏州与之论交。就算有些地方精英不愿加入为满人皇帝效命的汉官精英，或是重要职位已被旗人精英占据而认为升迁无望，又或慑服于某个皇家精英，但这并不是说他们就不能把酒言欢；尽管他们之间多所不同，但他们都同属上流阶级。

注释

1 转引自卡勒松（Gösta Carlesson）：《社会流动性与社会结构》（*Social Mobility and Class Structure*），Lund Studies in Sociology. I（Lund, 1958），页 11—12。卡勒松的研究是建立在沈德思（Richard Centers）有关阶级（class）与阶层（strata）的区别上。
2 理查德·沈德思：《社会阶级心理学》（*The Psychology of Social Classes*）（普林斯顿，1949），页 27。
3 前揭书。
4 巴特穆尔（T. B. Bottomore）：《精英与社会》（*Elites and Society*）（伦敦，1964），页 8。
5 何炳棣（Ho Ping-ti）：《中华帝国晋升的阶梯》（*The Ladder of Success in Imperial China*），页 35。
6 《唐土名胜图绘》，第一辑，卷二，页一。
7 前揭书，卷一，页十三，近西华门。
8 前揭书，卷三，页一，内城与旗人区的大致地图。正白旗区域细部地图，见前揭书，页三十四。
9 《曹頫奏折》，页三一，1714 年 8 月 4 日，他列出家产清单。这房舍可能是曹寅或曹頫购得，但他们大都住在南京，所以最有可能的购买者是曹玺，他家财万贯，且直到 1663 年才寓居南京。
10 《八旗通志》，卷一一三，页一至二。自愿依附八旗将军（为奴或为仆）的汉人是例外。皇上（通过摄政王多尔衮）为强制搬迁的不便感到遗憾，不过认为这是确保满汉和平共处的治本之道。汉人可以搬家或卖掉房舍。每搬一间的房间，就给四两银子。这笔钱由户部亲自征收，以避免人谋不臧。
11 前揭书，卷一一三，页二至三。同时，价格也固定，从大宅邸的一百二十两，到普通房舍的二十两（到了 1652 年，最低价格提高为三十两）。
12 《红楼梦新证》，页 157，描述了内城的宅邸。曹家宅邸的可能位置，见周汝昌：《红楼梦新证》，页 137。周汝昌是通过对曹寅的诗作以及孙子曹雪芹《红楼梦》小说里的勾画作彻底研究得出结论，而他相信小说的场景就在北京。周的论证别出心裁，但并非全属可信。
13 花园及其位置在《红楼梦新证》，页 145—151，有所讨论。周汝昌相信这座花园就是《红楼梦》里的大观园；在小说中，曹雪芹将其置于两幢房舍的北面，而这两幢房舍就是小说中的荣国府。
14 《楝亭诗钞》，卷一、二。所有参考数据，可参考《红楼梦新证》，页 59—60。
15 有关他的年龄可参考《红楼梦新证》，页 61—62。周汝昌依据当时他的诗作线索，主张他们是孪生兄弟。尽管这个弟弟存在的说法是可信的，不过孪生兄弟之说的可信度就十分薄弱。曹寅和曹子猷若是双胞胎，那么同时代的人没有理由不提及，并以历史典故和诗文隐喻点出这个事实。曹子猷的卒年推断是在 1705 年（前揭书，页 62），证据来自曹寅于 1709 年的悼念诗。至于曹子猷出任侍卫，参见尤侗：《艮斋倦稿》，卷四，页二六，转引自《红楼梦新证》，页 258。

16 《红楼梦新证》，页 30、60、223—226。有关朱彝尊，参见《清代名人传略》，页 182—185；有关翁方纲，前揭书，页 856—858。

17 《曹寅奏折》，页十八，日期是康熙四十七年四月三日："孙文成与臣弟曹宜……到普陀山。"《八旗满洲氏族通谱》，卷七四，页八 b。《八旗通志》，卷五，页四十，他是 1695 年新编立的旗鼓佐领。关于两兄弟的存在，周汝昌在《红楼梦新证》，页 59，已有令人信服的论证，如果曹宜是在 1658 年（至迟是 1660 年）出生，他不可能成为包衣佐领，更不可能在 1735 年时年七十五岁时出任护军参领，因为这个差事忙碌，并非闲职，若无法胜任，便要退休。曹宜可能出生于 1680 年曹玺去世前不久。周汝昌根据曹玺给儿子曹寅、曹宜命名的特点，猜测孪生兄弟的名字应该是"曹宣"。但仅仅根据这样的讨论，就认定曹宣是一个历史人物（如吴世昌，《红楼梦探源》，页 115 的做法），看来似乎并不合理。这第二个弟弟的字"子猷"，作为他的名字可能更好，而最小的弟弟则是曹宜。少文：《记楝亭图咏卷》，页 23，明确反驳了周汝昌的观点，他肯定说道："筠石乃曹寅弟曹宜"，争论又回到原点。

18 《楝亭词钞》，王朝璩 1713 年序。曹寅是否是侍卫的问题仍有待厘清。虽然王朝璩在 1680 年左右确实写道，曹寅"以期门四姓官为天子侍卫之臣"，但这不是确凿的证据，因为王并非具谈论曹寅的仕宦生涯，可能有夸大之嫌。而张伯行在祭文里概述曹寅生平，不可能忽略这项重要成就。

19 张伯行确实提及曹寅照料豹尾旗、头戴貂冠昂然前行等等之语，并不等于说曹寅即是"豹尾班侍卫"（《中国清末政治组织》，九九·三条）周汝昌亦不能论断曹寅是否为"侍卫"。周在《红楼梦新证》，页 216，提到曹寅是在 1673 年担任侍卫；不过，在同书页 43—45 述及曹寅官职时却漏掉侍卫一职。周汝昌引顾景星说曹寅是"侍中"（前揭书，页 222）；这是元朝之前对侍卫的别称。但侍中亦可指一般朝廷官员，譬如銮仪卫或内务府官员。

20 《钦定大清会典》，页八二九（卷八二，页五）。《中国清末政治组织》，九九条，列出这四个等级。这里另有皇族、汉人、豹尾侍卫。

21 《钦定大清会典》，页八二七（卷八二，页一）。"掣"，是"掣签"的缩写。

22 《钦定大清会典事例》，页一八一二二（卷一一○六，页一）。

23 各项职责的细节，见《钦定大清会典》，页八二七至八三二（卷八二，页一至页十二）。

24 《曹寅奏折》，页十九 b，康熙四十八年二月八日。东华门位于紫禁城的东南侧。

25 《八旗通志》，卷四，页十五，纳兰性德生平，见《清代名人传略》，页 662—663。

26 《红楼梦新证》，证据得自韩菼的文章。徐乾学生平，见《清代名人传略》，页 310—312。

27 曹寅的第一本诗集刊于 1679 年，时年二十一岁，顾景星作序；序文见《楝亭集》卷首。

28　初试、候选和中第者的序等，见《钦定大清会典事例》，页一七五二七至一七五二八（卷一〇四六，页一至三）。卫德明（Hellmut Wilhelm）曾写过一篇论科考的短文：《康熙十八年博学鸿儒科考》（The Po-hüseh hung-ju Examination of 1679），《美国东方学会学刊》（Journal of American Oriental Society），71（1951），页60—66。

29　《清代名人传略》，明珠，页577，纳兰性德，页622。

30　《红楼梦新证》，页231。

31　梅庚的跋，转引自《红楼梦新证》，页219；施闰章孙子施琨在给曹寅诗作的序文中的回忆，前揭书，页29。施闰章生平，见《清代名人传略》，页651。

32　《清史列传》，卷七十，页四七b至四八。

33　曹寅：《楝亭集》，顾景星序文，时间是1679年4月。

34　《清史列传》，卷七十，页四七b至四八。

35　《清代名人传略》，页182—185、103。

36　曹寅：《楝亭诗钞》，王朝璩序，康熙五十二年闰五月。

37　蒋景祈，转引自《红楼梦新证》，页223。

38　传教士张诚对此有全面的描述，他曾于1692年秋随康熙帝北游行猎，见杜赫德，前引书，页四三五八至四三八〇。

39　韦利：《袁枚：十八世纪的中国诗人》，页68。

40　前揭书，页187。

41　《红楼梦新证》，页127。尽管周汝昌在页13提到，满汉冲突是曹雪芹的生活张力之一。

42　吴世昌（Wu Shih-ch'ang）：《红楼梦探源》（On the Red Chamber Dream），页63、109—110。

43　《楝亭诗钞》，卷一，页三。

44　前揭书，卷一，页八b。

45　王昶生平，见《清代名人传略》，页805—807。

46　龙女的故事，见爱德华兹（E. D. Edwards）：《唐代中国散文文学》（Chinese Prose Literature of the T'ang Dynasty）（伦敦，1938），页86—94。

47　收录在王昶：《国朝词综》，册一，卷四，页二b，刊于《四部备要》。

48　《清代名人传略》，页130。曹寅提到他与"迦陵"（即陈维崧的号）在一块，陈卒于同年。

49　曹寅：《荔轩词》，页一b至二。

50　《楝亭诗钞》，卷一，页十。

51　前揭书，卷一，页一b至二。

52　这里是清代文人著名的聚会之所。周汝昌提到，清初诗集几乎都会提到这个地方（《红楼梦新证》，页220）。

53　《江南通志》，卷一〇五，页十。

54 《红楼梦新证》，页 42。
55 前揭书，页 227。
56 《清代名人传略》，页 308—309。祭文全文转引自《红楼梦新证》，页 228—230。
57 周汝昌在北京私人收藏家处发现四卷本的纪念文集、图册，书况良好。《红楼梦新证》，页 33—34。周汝昌根据已知或可能完稿日期，几乎把全部内容依编年方式收录到《红楼梦新证》的"年谱"部分，页 231—300。其中有些可能做于 1691 年之后，因为其中有二十一款没有标明日期。不过，大数是在 1684 年到 1691 年这七年间完成的。前揭书，页 34，周汝昌列出散佚卷中可能的作者名字。叶燮的文章，是的确有第五卷存在的最好证明，见《红楼梦新证》，页 248。这篇文章显然是为《楝亭图》所做，日后收录在叶燮的文集中（本书所征引的作品，都是出自周汝昌所列的卷本）。少文针对《楝亭图》写过一篇特别的文章，题为《记楝亭图咏卷》(《文物》1963 年第 6 期，页 23—25)。本文是为纪念曹雪芹逝世二百周年而做。在未提及周汝昌的情况下，少文重复周的发现，尽管增添不少有趣的细节。少文发现现存的卷本其实是由数量不明的卷子编纂而成——四方形的纸张、纸张颜色不一就是明证。打散后再重新编成书卷的做法并非仅有一例，而是有两例，清代文人陆时化描述出现在卷本中的恽寿平画作；他的描述并非与现有卷本里的内容完全吻合。如果卷本的内容确实重组过，那么《楝亭图》散佚的内容可能比原先设想的还多。卷本可能由湖南巡抚俞明震搜藏，因为上头有俞的印章。参见少文，页 23。
58 曹寅对纳兰性德的描述，《红楼梦新证》，页 234。
59 见尤侗的描述，《红楼梦新证》，页 234。
60 叶燮，《红楼梦新证》，页 248。
61 这种树原生于东南亚，不过适长于亚、澳地区。参见普瑞奥（L. D. Pryor）：《堪培拉的树》(*Trees in Canberra*)，Canberra: Department of the Interior, 1962，页 65；以及卡瑞森特（Babbage Crescent）(Canberra, A. C. T., Australia) 的观察（我要感谢 Helen Spence 提供我这则信息）。
62 他的集子称为《楝亭集》，其他集子如《楝亭十二种》，也都用这个名字。但在北京的熟人仍旧称他荔轩，而后才慢慢改过来；参见杜岕，《楝亭诗钞》序文，页二。
63 《红楼梦新证》，页 234。
64 前揭书，页 33，第三卷，第八个名字。引自前揭书，页 231。
65 《清代名人传略》，页 960—961。根据房兆楹的评断，页 960。喜龙仁（Osvald Sirén）：《中国绘画》(*Chinese Painting*)，卷 5，页 192—200，卷 7，462—466。
66 譬如凌叔华画集中的《山石李花图》，1964 年 5 至 7 月在英国艺术协会展出时，我见过它，以及下述提到曹寅友人的画作。
67 《清代名人传略》，页 960。
68 少文在《记楝亭图咏卷》正对页 22 的第二张图，即是这张画的复制。少文认为（前揭文，页 25），这幅画作得漫不经心，显示恽寿平对捐献一事十分嫌恶，以及曹寅在江苏一带的势力，足让一流的画家可以不顾对清廷的感受为曹寅效命作画。

然而，少文勾勒出曹寅作为内务府的权势者看来肯定是夸大其辞。恽寿平这幅画必定是完成于 1690 年之前（他卒于这一年），但曹寅直到 1690 年之前在江苏并无任何官职。因此，很难令人相信，一个慎刑司的郎中能威吓得了恽寿平。

69 《红楼梦新证》，页 253。
70 《清代名人传略》，页 941。《红楼梦新证》，页 33。喜龙仁：《中国绘画》，卷 5，页 92；卷 7，页 457—458。
71 参见他的《主婢熏衣图》，大英博物馆，艺术协会于 1964 年展出。
72 凡诺蒂（Franco Vannotti）收藏他的《奇景图》，艺术协会于 1964 年展出。戴本孝生平，见《国朝书画家秘录》(1911)，卷 1，页 36。喜龙仁：《中国绘画》，卷 17，页 401。
73 少文：《记楝亭图咏卷》，页 22 对页第一幅图画。
74 前揭文，第三幅图。
75 《清史列传》，卷七十，页三七 b 至三八。
76 刊于叶燮的文集中（转引自《红楼梦新证》，页 248），可能是散佚的第五卷内容。
77 《清代名人传略》，页 135—136。
78 《红楼梦新证》，页 33，以及第二卷，第五个名字，转引自《红楼梦新证》，页 261。
79 即他们的名字不见于《三十三种清代传记综合引得》。
80 《清代名人传略》，页 275，卷 3，诗刊于《红楼梦新证》，页 300。
81 《清代名人传略》，页 831，卷 3，诗刊于《红楼梦新证》，页 289。
82 《清代名人传略》，页 310，卷 3，诗刊于《红楼梦新证》，页 266。
83 《清代名人传略》，页 689，卷 3，序文和诗刊于《红楼梦新证》，页 288。
84 《清代名人传略》，页 826，卷 3，诗刊于《红楼梦新证》，页 250—251。
85 《清代名人传略》，页 435，卷 1，诗刊于《红楼梦新证》，页 235。
86 这四人的生平，见《清史列传》，卷七十，页三四 b、四六 b、三四、四七。
87 《清代名人传略》，页 563，卷 2，两首诗刊于《红楼梦新证》，页 289。
88 《清史列传》，卷七十，页十六 b，卷二，四首诗刊于《红楼梦新证》，页 294。
89 《清代名人传略》，页 566。
90 前揭书，页 88，卷 1，诗刊于《红楼梦新证》，页 292。
91 少文：《记楝亭图咏卷》，页 25。
92 《红楼梦新证》，页 34、232—233 的分析，同样的见解，可参考页 34、233，仅措辞稍有调整。
93 这资料的来源有二，作家刘廷玑和《永宪录》，《红楼梦新证》，页 272—273，亦引相关段落。前揭书，页 271，周汝昌证明此剧又名《表忠记》，但不管是《表忠记》还是原名《虎口余生》，此剧并未流传下来。
94 纳兰性德，卷一，文刊于《红楼梦新证》，页 234。
95 《江南通志》，卷一〇五，页九至十。

96 《江南通志》,卷一〇五,页十。《红楼梦新证》,页 243、269。
97 参见《红楼梦新证》,页 243、251、268 的概述。
98 文章转引自《红楼梦新证》,页 257—258。
99 《清代名人传略》,页 275。《红楼梦新证》,页 251。
100 《清史列传》,卷七一,页六一。
101 《楝亭诗钞》,卷二,页三,在尤侗处餐会所作的诗,行文夹注说:"是日诸君皆不饮。"
102 前揭书,卷二,页二,行文间夹注。
103 他们的名字散见于曹寅诗作的序文,以及尤侗的各类著作。这些名字连同相关材料刊于周汝昌,《红楼梦新证》,页 243—301。周汝昌对清初史料研究十分透彻,甚至可以假定曹寅的好友无一被遗漏,尽管我们亦要承认,清代文集数量多牛毛,周汝昌可能错过有关曹家的参考资料(前揭书,页 29)。友人的名字列了十二个,另外在注 117 中列出五个。这些人大都住在苏州附近,其他人则在此逗留做客。为了排除纯粹形式上的关系,这里并未采纳《楝亭集》中众多的留名者。
104 《清代名人传略》,页 935—936。《清稗类钞》,第十部,页八,以及第五九部,页三至四。《红楼梦新证》,页 244—245。《苏州府志》,卷六三,页一 b。
105 《清代名人传略》,页 275—276;1695 年奉召返回北京,任职礼部尚书,后饮酒卒于任内。《苏州府志》,卷六三,页八 b。《红楼梦新证》,页 251、269。
106 《清代名人传略》,页 616—617;1693 年他返回任内一年,但郁闷不乐,从此辞官归隐。他日后与曹寅一同完成《全唐诗》的编纂。参见《曹寅奏折》,页十二 b 至十四,日期:康熙四十四年五月一日到康熙四十五年七月一日。《苏州府志》,卷六三,页九。《红楼梦新证》,页 268、270。他与韩菼在 1672 年都考取举人(《苏州府志》,卷六四,页七 b)。
107 《清代名人传略》,页 942;《红楼梦新证》,页 243。
108 《清代名人传略》,页 135—136;《红楼梦新证》,页 269。姜宸英是受曹寅友人之托而做。
109 《清史列传》,卷七十,页三七 b。《苏州府志》,卷六四,页六 b;卷六三,页八 b,记载他是 1666 年举人,1670 年进士,被誉为吴江县的荣耀,尽管叶燮是浙江人,参加顺天府试。这是何炳棣:《中华帝国晋升的阶梯》,页 254,点出某种危险的绝佳例,何炳棣指出,地方史家提供取得功名者的人数,往往较官方列出的还多。《江南通志》,卷一〇八,页二一,他是 1675 年至 1677 年的宝应县知县。参见《红楼梦新证》,页 243、247。
110 《清史列传》,卷七十,页十六 b。《红楼梦新证》,页 232、239、241、243。《楝亭词钞》,页五。
111 《红楼梦新证》,页 268—270、285。崇明县 1719 年前隶属苏州府太仓州,《江南通志》,卷一〇八,页三一。他的官职是"学博",七品,见《中国清末政治组织》,八五〇·七条。
112 《红楼梦新证》,页 237、251;《楝亭诗钞》,卷一,页十七 b。

113 《八旗满洲氏族通谱》，卷七四，页一b，列名正白旗包衣，知府，巡抚张自得子。他的父亲十六岁时补博士弟子员，十九岁时从河北丰润迁辽东。在辽阳为满人所俘，纳为包衣。他1647年中进士，历任御史、陕西、河南巡抚。参见《碑传集》，卷六二，页二二，以及《八旗满洲氏族通谱》，卷七四，页一b。张纯修有两个概述传记：《国朝画识》，卷六，页十六b，称张是知县；《清画家诗史》，页四九a，称张是庐州知府。这两段传记都以文学措辞记载，并未提到他是旗人或包衣。不过，两者皆说他是巡抚元公之子，元公是张自得的字。张自得、张纯修一起列名于《八旗满洲氏族通谱》，虽然他的名字与官位与其他史料记载不同，然而，这似乎可以肯定是同一人，除非是十分巧合，名字刚好一样。

114 《苏州府志》，卷六四，页十一b，长洲县人，1690年举人；前揭书，卷六三，页十二b，1700年进士，任庶吉士（《中国清末政治组织》，二〇一条），他的字是观三，出现在《红楼梦新证》，页243、250（后一页提及他的字）。

115 《苏州府志》，卷六四，页十二b至十四，列出康熙举人名册；前揭书，卷六六，页二至四，列出贡生名册，仅有一名姓严的，名字完全不同。前揭书，卷五五至五七，地方官员名册；卷五八，页五，1690年官员名录。

116 叶藩（字桐初），见《栋亭诗钞》，卷一，页九b；卷一，页十一b；卷二，页二；曹寅，《荔轩词》，页二b（1684年），页八、页九b；《栋亭词钞》，页四。这不是《三十三种清代传记综合引得》，页一三二，列出的叶藩（同名），传记分别见3/237/10a和17/7/28a。这些传记所处理的叶燮有两个字，他是乾隆朝进士。当时，苏州昆山县叶家是个显赫家族，家中有二人参加博学鸿儒考试，全部名落孙山（《苏州府志》，卷六三，页一b，行间夹注）。叶藩可能是这个家族的子弟，曹寅参加科考时认识他。

117 这五个人是叶南屏（《红楼梦新证》，页267、270）、梅梅谷（《红楼梦新证》，页268、270）、梅鼎（《红楼梦新证》，页243、144）、严弘（《红楼梦新证》，页269）以及朱赤霞（《红楼梦新证》，页251、268、270；《栋亭词钞》，页五）。梅谷可能是梅鼎的字或号。但"南屏"，不可能是叶藩的另一个字，因为在曹寅和尤侗诗中比较常见的是桐初。这些人的姓——叶、梅、朱、严——频频出现在地方历史文献，但常出现的字，且出现的字或名字，都没有与上述是一致的。严弘可能是后述那位辞官的将军。

118 前揭书，页四、五。

119 主要史料见《江南通志》，卷一〇五，页一至六；卷一〇六，页一b至八；卷一〇七至一〇八。列为"旗人精英"者，在《江南通志》标为"奉天人"，因为核对旗人文献中列为"奉天人"的高官，通常是同义的。在《江南通志》中有两位总督被列为"奉天人"和"沈阳人"；他们是郎廷佐（《八旗通志》，卷三三九，页三b，镶黄旗汉军），以及范勋（前揭书，卷三三九，七b，镶黄旗）。列为河道总督和漕运总督的"奉天人"，有：屈尽美，镶白旗（前揭书，卷三三九，页五）；兴永朝，镶黄旗（前揭书，卷三三九，页八）；靳辅，同前（前揭书，卷三三九，页六 b）；于成龙，镶红旗（前揭书，卷三三九，页七）；王新命，正蓝旗（前揭书，卷三三九，页七 b）。河道总督名册依《江南通志》，载明是 1679 年以来江南省级任命。核对《清史》和《八旗通志》的河道总督名册，显示五位早期的在任者中，一名为汉人，四名是旗人。靳辅是重复任命，所以仅计算八位，而不是九位河道总督。不过，转任者，如于成龙，从总督转职河道总督，每个职位都被列入计算。如果他们任命的时间出现康熙年号，都列入康熙年间计算。如此一来，就会去掉少数由顺治朝过渡到康熙朝的官员，而增加从 1723 年过渡到雍正朝的官员。郎廷佐是例外，因为他不寻常地担任很长时间的总督职，横跨 1656 年到 1671 年。列名《江南通志》十位出身奉天的巡抚，全是汉军；他们列名在《八旗通志》(1795 年)，卷三四〇，从张朝珍（页六 b，正蓝旗）到李成龙（页十八，正蓝旗）。在《江南通志》列为旗人的两位巡抚，于成龙是汉军，正蓝旗（卷三四〇，页十五 b）。他是这个时期同名的第三位高官（《清代名人传略》，页 937），叶夷思也是镶蓝旗汉人。六位旗人江苏巡抚之中，仅有两位是满洲人。在所有布政使和按察史中，很难找到奉天/旗人的相互关系，但是从其他面向着手，我们可以发现列名《八旗通志》，擢升江苏、安徽布政史、按察史的所有佐领，在《江南通志》中都被列为"奉天人"。随机举例：石琳（《八旗通志》，卷十四，页二；《江南通志》，卷一〇六，页四），崔澄（《八旗通志》，卷十五，页八；《江南通志》，卷十五，页八；《江南通志》，卷一〇六，页一 b）。有时，旗人在地方或全国的史料都找不到记载；因此，丁思孔在《江南通志》，卷一〇六，页五，以及《清史稿》，卷二四五，页十一 a，被列为奉在进士。不过，丁思孔又以汉军镶黄旗列名在 1795 年的旗人进士名册中（《八旗通志》，卷一〇四，页三 b）。因此，总体结论是：地方历史编修者往往会模糊高官的旗人出身。

120　《江南通志》，卷一〇五，页四至五；卷一〇六，页二至三。总计为三十七名旗人比对二十九名汉人。汉人之所以人数较少，部分原因出在闻人宋荦长期任职，宋荦从 1692 年至 1706 年担任江西巡抚。

121　何炳棣：《中华帝国晋升的阶梯》，页 111—117，页 112—113 表 9 的数据，显示他 1682 年至 1703 年间的 A 类，是除 1874 年外，整个朝代最低者。不过，何炳棣提醒说，如果十八世纪数据可用，那它或许在总数上比康熙朝更低（页 114）。

122　前揭书，页 185。

123　《江南通志》，卷一〇六，页一至六；卷一〇七，页三至八 b。为了降低偏差，布政使和按察使的数据包括所有在职的汉官，即使他们并无详尽数据，县级的数据仅包括明确载明进士和举人的官员。最高等级的官员被《江南通志》排除，理由不明——可能只是疏忽了。例如，总督、漕运总督董讷并未列出功名，但他是 1667 年进士（《清史稿》，卷二八五，页九 b）。

124　《江南通志》，卷一〇八，页一 b；卷一〇五，页四至六。尽管可以直接参考有关董讷的上一条注释；但仅有十人列出功名，二位汉人并未标明，值得怀疑。

125　马什（Robert M. Marsh）：《达官贵人：中国的精英流通，1600—1900 年》（*The Mandarins: The Circulation of Elites in China, 1600-1900*）（Glencoe, I11., The Free Press, 1961），页 56。何炳棣：《中华帝国晋升的阶梯》，也得出相同的观点："若非进一步取得更高官职，监生作为治者是无法入朝为官。"（页 34）许多监生县令的官位有可能是买来的，尤其是清代财政困绌的时期，功名和官位可以自由买卖，这种现象在 1678 年至 1682 年期间达到高峰（前揭书，页 47）。但不可否认的，有些监生单凭这样的资格而被擢用。例如，在康熙朝，有两位监生、两位官生担任安徽巡抚。参见《江南通志》，卷一〇五，页五。

126　史料出处：《苏州府志》，卷五十五，页一 b 至卷五六，页二五 b；《江南通志》，卷一〇七，页九 b 至十七。《苏州府志》所列要比《江南通志》完整，但时常未给出任期的时间，有时甚至也没有所列之人的资料。所以，名册必须从两种史料来编纂，不过，这也未必完全正确。上述如总督与布政使这类高官，奉天人与旗人有完整的对应关系，但在低阶的知府和知县，则并不总是吻合。例如，有一位苏州知府和一位吴江知县，在《江南通志》被列为奉天人，而在《苏州府志》虽被列为奉天人，但却不是旗人。但大多数都列为旗人，只有一位直隶生员（昆山知县）变成旗人。这唯一的结论是：有关省级低阶官员的资格和身份，应该综合两种（或者最好是更多）地方史料来衡量。

127　教谕（《中国清末政治组织》，八五七条），参见《苏州府志》，卷五七，页七 b；总捕同知（《中国清末政治组织》，八四九条），前揭书，卷五五，页九。瞿同祖（Ch'ü T'ung-tsu)：《清代地方政府》（*Local Government in China under the Ch'ing*），页 9，包括官阶低下的学校督导。

128　《八旗通志》，卷一〇二，页二至四 b。《钦定大清会典事例》，页九六九〇（卷三四八，页三 b），以及页九七一七（卷三五〇，页一 b），显示进士的名额立即提高，虽然日后有所调降，最后远低于原初的名额。

129　《八旗通志》，卷一〇四，页一至七，1652 年和 1655 年的科考。房兆楹和杜联喆：《增校清朝进士题名碑录》，哈佛燕京引得系列，1941，页 13—18。

130　如果百位满人进士，再加上何炳棣《中华帝国晋升的阶梯》（页 228）中五十六名进士，那么顺治朝的旗人进士便超过福建和安徽两省。

131　《八旗通志》（1795 年），卷一〇二，页二至十四，以及《钦定大清会典事例》，卷三四八、三五〇，旗人内部考试制度的各种变化，较之此处的概述更为复杂。善于武术的旗人、监生、生员都是参加顺天府的考试，因此旗人名额也相应加在顺天府的一般名额中。自 1696 年以降，满人和汉人包衣时常获得举人功名，而进士则是从 1700 年以后。这两种考试的中第比例不如普通旗人高，康熙朝有五十七个包衣考中举人，但中进士者仅九人（满人的比例是 301：95，汉军是 150：47）。到了 1733 年，包衣因其汉人血统，规定其列入汉人的考试名额，而不占满人的名额。1738 年，再度严格重申此项规定。旗人学生惹是生非。自 1705 年开始，有鉴于以往的紊乱，几位高阶武官不得不出席旗人的考试，并负责管教旗人考生的秩序。
132 举两个例子：镶白旗包衣赵世勋，1705年举人（《八旗通志》，卷一〇五，页二十），必定与其佐领雷世俊关系密切（前揭书，以及《八旗满洲氏族通谱》，卷十四，页四），他与原先服侍过的亲王关系也不错。赵世勋做了知府（《八旗满洲氏族通谱》，卷七六，页十五），所以他有足够的势力维护上司的利益。索任，正黄旗包衣，也是1705年举人（《八旗通志》，卷一〇五，页十九b），与孙文成同属一个包衣佐领，孙是曹寅的好友，长期署理杭州织造。自从索任担任内务府管理（《八旗满洲氏族通谱》，卷七五，页三），对于须定期向内务府运送丝绸的孙文成和曹寅，彼此之间就有了从事交易的条件。
133 何炳棣：《中华帝国晋升的阶梯》，页38。
134 瞿同祖：《清代地方政府》，页172。
135 张仲礼（Chang Chung-li）：《中国士绅研究》（*The Chinese Gentry*），Seattle: University of Washington Press, 1955，页3、7。
136 马什：《达官贵人：中国的精英流通，1600—1900年》，页54—55。
137 《李煦奏折》，页九五，奏折附件二，康熙五十年二月十六日。几乎相同的名册见前揭书，页九九，康熙五十七年九月二十五日，奏折附件一。
138 这道奏折引用如下。康熙帝送每个人一幅书法，可能是要酬庸他们有关科场案的详情奏折。科场案将于第六章讨论。有关他们的任命，见《江南通志》，卷一〇五，页九至十，后叙第三章。
139 《曹寅奏折》，页二六，康熙五十一年六月三日。
140 《李煦奏折》，页二九，康熙五十一年五月二十二日。有关1684年南巡的描述，进一步将"高低文武官员"与"地方缙绅士民"区分开来（《大清圣祖仁皇帝实录》，卷一一七，页十九）。
141 《李煦奏折》，页三一，康熙五十一年五月二十六日。
142 例如《圣祖五幸江南全录》，页七，于成龙的奏折，见贺长龄编：《皇朝经世文编》（上海：1887年），卷七四，页二五b。于成龙的奏折，在萧公权（Hsiao Kung-chuan）：《中国乡村：论19世纪的帝国控制》（*Rural China: Imperial Control in the Nineteenth Century*）（Seattle: University of Washington Press, 1960），页68—69亦有引用。
143 《曹寅奏折》，页五b，康熙五十一年四月三十日（？）。
144 何炳棣：《中华帝国晋升的阶梯》，页40，以及瞿同祖：《清代地方政府》，页169—170。
145 弗里德曼（Maurice Freedman），评张仲礼《中国士绅研究》，《太平洋事务》（*Pacific Affairs*），29（1965），页79。
146 基于相同的理由，"缙绅"和"绅缙"亦翻译为"地方精英"（local elite），因为至少在曹寅和李煦的奏折里，就像"乡绅"的用法也是含糊其辞。

第三章 织造曹寅

1690年，曹寅奉派署理苏州织造，两年后调任江宁织造，他的父亲曹玺之前久任此职。如今，曹寅在北京内务府担任郎中之后，第一次独当一面，要在地方证明他的能耐。

织造之职

清代共有三大织造，[1]分别设于江宁（南京）、苏州、杭州，职司这三个地方皇家纺织作坊的署理，并将定额的宫内与官用丝织品运至北京。[2]雍正朝之后，织造的俸禄是每年一万两白银，[3]这显示织造（至少在收入方面）是与巡抚和布政使同一等级。[4]不过，织造不同于这类省级官员，并无固定品第，是由皇帝"特简"出任的；[5]他们不是省级官僚体系，而应被视为皇家精英的一员，受自成之相互负责与监督体系之节制。就如皇帝于1706年所说的：

三处织造，视同一体，须要和气，若有一人行事不端，

两个人说他改过便罢，若不悛改，就会参他。⁶

明朝的织造一职由宦官把持。⁷ 满人定鼎之后未久，就不再起用宦寺担任织造，这是因为阉官被视为明朝衰亡的祸因而遭到排斥。⁸ 新朝最早任命的织造是 1645 年的杭州织造、1646 年的苏州织造，以及 1648 年的江宁织造，他们或是满人，或是入关之前就归顺满人的汉人。除了一名宦官在 1656 年到 1661 年出任苏州织造之外，顺治与康熙朝的织造全由这两类人担任。⁹

苏州与杭州的织造作坊在晚明就已没落，清朝官员陈有明则让这两处作坊重新运作。¹⁰ 当时有许多官员戮力把明末腐败的官僚体系改造成新朝有效率的行政机器，这位为人所遗忘的官员必定是其中之典型代表。¹¹ 陈有明在 1646 年到 1648 年这段期间至少上了四份折子，详论织造面临的问题，但他也陈述了他所做的事，从中看到新朝开国之初的官员所展现的创新进取，是颇有意思的。杭州的作坊已经毁坏，陈有明重新组织了整个制造体系，将工人集中一处，而不是任其在家操作。如此一来，作坊可以立即复工，陈有明向布政使司匀借三千两银子。¹² 官丝的样式与价格都予以标准化。¹³ 他还组建了系统的护卫队，来护送押运丝织品的船只，并从队伍中选出两名干练的军官来指挥。¹⁴ 到了 1647 年，陈有明已为杭州的织造业重新修葺了九十五座机房，造了七百五十公尺的围墙，并在苏州接管周奎所属的有着一百一十间房间的宅邸，将之改建为织坊。¹⁵ 同时，他还在省属库银上动手脚，把浙江的盈余拿来填补江苏的亏空。¹⁶ 到了 1648 年，这些重建的织坊生产了一千三百四十卷诰轴织品，虽然质量受人非议，但产量则令人印象深刻。[17]

曹玺所接手的正是这种胼手胝足所重建起来的体系。曹玺在1663年出任江宁织造，而他的任命则标志着曹家开始把持这个职位。而曹家的把持是无人能出其右的；后来的清朝官员在其他职位上的任职也很难与之相比。曹玺从1663年督理江宁织造，到1684年去世为止，他的儿子曹寅从1692年到1712年一直担任江宁织造，曹寅的儿子曹颙则自1712年承袭此职，到1715年去世为止，而这个职位又传给曹玺的继子曹頫，直到1728年。[18] 所以曹家人在六十五年中做了五十七年的江宁织造。

此外，曹寅从1690年到1693年还掌管苏州织造，[19] 而他的内兄李煦又接任，一直做到1723年。[20] 曹寅举荐孙文成（他与曹寅可能有亲戚关系）出任杭州织造，从1706年做到1728年。[21] 在1669年与1692年之间担任杭州织造的金遇知，很可能是曹寅的姊夫或妹夫。[22] 在康熙朝的后半，三大织造形同曹家的禁脔。

前面指出，曹家的优势主要来自满人反对宦官出任要职。康熙无意将织造这样的特殊职位纳入一般的省级官僚体系，但他又不信任阉官（他们在明朝向来是皇帝的心腹耳目，权倾一时），所以他拔擢自己人——上三旗包衣——出任这些职位。曹家与李煦都是正白旗包衣。[23] 杭州织造孙文成是正黄旗包衣。[24] 但是，被任命的包衣也不限于某个家族。在1656年到1733年之间，除了四个曹家人之外，还有五个出身上三旗汉族包衣的人做过江宁织造。[25] 在苏州，除了曹寅、李煦之外，还有四个上三旗包衣担任过织造；[26] 此外还有一名镶白旗包衣跟曹寅一样，曾在内务府慎刑司办过差，[27]

在雍正朝时，慎刑司也有一人出身正蓝旗包衣。[28]在杭州，除了孙文成之外，还有五名上三旗包衣做过织造。[29]这些人都列名在满洲族谱里，系在入关前沦为满人奴仆的汉人家族。织造一职由背景相同的一群人出任显然并非巧合；这是清初满人皇帝决定起用与内务府有渊源的人的例子，而他们作为皇家精英在各省的代理人，亦能与汉人共处。

1663年派任曹玺署理江宁织造的上谕提及"停差江宁、苏州、杭州织造，工部拣选内务府官各一员，久任织造"[30]——这意味着行政管理上的重大改变。先前织造任期——三年，[31]实际施行时虽不乏例外，但无人久任织造之职，自然也没有人像曹家一样久任专差。从工部官员改为内务府成员，这个改变也值得注意，因为织造的任命已由常规的官僚体系转到皇帝手中。虽然早在1652年就有包衣接掌织造之职，[32]但并未出现三大织造全由包衣署理的现象。

到了曹玺承命署理江宁织造时，他的工作细节都已确定。1651年以降的规定决定了不同丝织造品的产量，用于各式诰命的颜色和丝线，诰命上满文或汉文的确切位置，以及符合不同等第之卷轴的样式。[33]1651年圣谕亦废除旧制，旧制规定选定地方上的富室供应定额织品。这种"佥派"制度意味着"机户"或"堂长"不再支付一半织品的金额，从而导致各种腐化现象；此后，织造以朝廷库银"买丝招匠"，支付相当的购丝金额以及织匠的高薪。[34]

在曹玺任职期间唯一的行政变革都是呈报定额之类的小事。因为某些品项生产过剩，因此须待工部另行下订之后，才能生产某些品项的织品。在运输方面的规定也有所调整，新制规定御用织品须循陆路运抵北京，而官用织品则走价廉但危险性高的水路。[35] 其中某些调整是采纳奏折中的建言，所以有可能是曹玺的意见；但是曹玺的署理并无明确记载。

官方的规定让人有行政规定甚为完备的印象，曹玺与其继任者似乎不必多加费心；但是在事关紧要的经费方面，记录却会造成误导。陈有明在分析1640年代的织造财务结构时，所描述的是一种从根就乱的状态，而不只是宦官擅权的结果。除了得自布政使及各省调来的银两之外，他还必须从其他财源补足所需的银两缺口：造船经费剩余的两千两，各府库存的三千五百一十一两，得自关税监督二百两；[36] 其他方面的财源还有鬻爵、卖监生功名、舢板税、盐税和其他的小额地方财源。[37] 浙江十府岁捐十五万四千两银子给杭州的织造业，而江苏七府岁捐五万三千两银子给苏州的织造业。[38] 不过，这些钱很难收到，如陈有明所言："任职雨檄严催，而各府藐抗不应。"[39]

律例载明，1644年朝廷决议，三织造府衙的花销概由户部支应；1651年，三织造隶属工部管辖，律例又做了更改；最终在1664年达成协议，由工部备料，户部筹钱。[40] 而从陈有明在1646年至1648年的辛苦来看，由户部依律筹钱并非事实，所以在看待曹寅和李煦的署理时，必须忘掉完善的法令规章。身为织造，就得时时创新，设法对付彼此抵触的律例。若说这是个有巨利可图的职缺，那么这个职缺也可能累积庞大亏空；处于凶险之中，只能仰仗天生的机敏，而不是依赖法令。

织造曹寅

1692年12月,曹寅离开苏州,就任江宁织造新职。[41] 江宁的织机虽然最少,但三大织造中却是以江宁织造为首,往往先在杭州或苏州历练,才接任此职。[42]

曹寅在江宁职司三大织坊。第一座织坊位于西华门前明亲王的房宅,总计有五百五十五台织机,用来织细丝、绸缎,以及各款式的礼袍;第二座位于常府街的桥边,共有四十六台织机,用于织丝绒和素色缎子;第三座织坊有织机六十八台,用以制作奖掖文武百官的"诰命",以及皇室宗庙的"神帛"。或许是因为原料昂贵,又或者因为要防止这类贵重物品被偷,这些织机全都藏放在邻近北安门的鞑靼城(前明皇城)中。[43]

照料织匠是一大课题。律令明订,除了内务府员额之外,其他织匠的薪俸全由工部支付,而织匠与学徒的薪俸无分夏、冬,都是固定的。[44] 但是从地方官的奏折可以了解,至少在雍正朝时,织匠与学徒的薪俸有时部分出自省级粮仓的公款,或者由布政使拨付给织匠。[45] 苏州织造于1723年上奏,约有两万名织匠受雇于布商,在染坊工作,或者正在谋职,他们无处可谋生。[46]

根据官方造册,曹寅底下有两千五百名织匠。其中有两千人在一般的织机做工,两百人操作织绸缎的织机,三百人制作诰命。而这三群人之中各有缜密的专业分工,显示纺织业的专业化程度之高:有人负责穿线、涂擦、染色,有人专门负责设计图案,有丰富的技术经验。除了织工、技匠之外,衙门的仆役织坊也都有:书记与仓管、轿夫与掌伞、马车夫、信差以及哨卫。此外还有当学徒的孩子，他们一般都是受雇于官家作坊织匠的儿子。[47]

织匠与仆役的等级不同，薪俸也有不同，他们或是收到"口粮"，或是"工价"或"工银"，抑或两者都有，而这些可能是按日、按月甚至按年给付。一个熟练织工的月薪是一两四钱，还有四斗米的口粮。我们可据此算出，曹寅手下优秀的老练织匠每年可挣得二十二两银子。技术较差的技匠，即使天天卖命，也只能挣得十两银子；而我们知道这类技术较差的技匠会遇到季节性的遣散，因此他们的生活想必是极度穷困。[48]

曹寅身为江宁织造，除了检查织机、督导织匠之外，还身负各种例行业务，他与苏州、杭州织造轮流，每三年就必须监督丝绸成品从织坊运至北京。[49]这些织坊也须维护修缮，有时得在荒地或御赐的土地上扩建作坊。[50]用来运送织品到北京的船只亦属于织造的业务范围，必须维持船只妥善可用。[51]而最繁琐的业务当属针对每年要生产各种织品的数量订定配额。各部自然会给出哪种当织、哪种不当织的明确指示；但就曹寅于1708年上呈的奏折可以了解，各部的指示并不总是可行的。曹寅与李煦自1704年起，就轮流出任巡视两淮盐课监察御史 [译注：简称两淮巡盐御史] 的肥缺，[52]从盐务的剩余填补织造的亏空。[53]曹寅在一次觐见皇帝奏报织造的问题之后，[54]奉旨与工部商讨配额与数量。他得到工部的答复之后，上呈"题本"给皇上，因为他觉得再另呈奏折是不当的。[55]由于这是曹寅讨论织造问题仅存的折子，在此我们做大段的引述。曹寅从工部的指令说起：

> 库存大红线罗二百六十二匹半，尚足十年之用。明黄线罗十匹，尚足两年之用。二项暂且停织，库内用完之日，另行派织。制帛虽尚存库五百八十二缎，止敷一岁之用，难以停织……至诰命一项，今部覆：凡遇覃恩，皆由吏、兵二部查明各官应领轴数，行文本部，方行派织，此系现用现派之项。现今诰轴俱不足应用，仍令该织造所派数目，陆续织送。其每年应用若干之处，似难悬定。[56]

曹寅并未公开批评工部编派的指示，但他明言这是不可行的，因为工部若时常随兴所至，或织或停，织坊便无法有效运作。于是曹寅建议，每年配额三千两银子的三十三台织机持续运转，以备从一般的丝转织镶边的丝之需，而每年配额五千两银子的三十五台织机，就一直织造诰命。订量少时，就可把没花用的银子省下来，存在织造府衙，以备日后工部庞大订量之需。

曹寅的建言，主要是着眼于商业效率。之后，他又基于对织匠的同情，提出类似的看法：

> 神帛、官诰两机房，自顺治二年间案经内院臣洪承畴经定。[57]除丝、颜等料照时采买外，其一应匠作工价，比因开织之初，惟期撙节，所订工价甚寡，较之缎匹、倭缎，[58]仅十之二三。此各匠虽有工价名目，实皆民间各户雇觅应工，迄今六十余年。历任织臣，无可动钱粮，惟一循旧例，若竟行革除，则穷匠星散，谋食不能，束腹以待钦工。[59]

历代织造所遵循的"旧例",显然是指1651年名义上废止的旧佥派制度。这些织匠因为另有额外"奉献",所以他们的收入应该勉强只能糊口。光是禁止奉献,并不能解决问题。于是曹寅请求准他调拨盐税剩余,以维持织匠合理的薪资水平。曹寅还提到,即使各部没有下订单,也应该支应织匠的生活。

曹寅最后提到,有三百七十名织匠负责织诰命与特殊的丝绸,他们每年的生活花销是二千七百两银子,[60]并估算这些熟练织匠的薪资和原料的费用是一年一万二千六百二十两银子。这笔钱日后会以盐税的剩余支付,另外,维持江宁、苏州织坊的运作需要一千两银子,运输船费用两千两银子。

像这样一份奏折的存在虽然能让历史学家超越律令去了解度支的细节,但它也只说明了部分的梗概而已。康熙皇帝接纳了织造的建言,自1708年起以盐税剩余贴补织造的用度。[61]但曹寅在这份折子里所提到的数额——给苏州、江宁的两万两——只是贴补部分花销而已。从另一份折子可见到除了这两万两之外,[62]巡盐御史还给这两大织造府衙各十万零五千两(这笔钱在十七世纪时是由省库银支应,后来改由工部和户部提拨)。[63]换言之,在这段期间,这两大织造府衙的营运花销每年约需二十三万两,而1708年之后,这笔钱全来自盐税。

现存有关曹寅执行织造职务的史料多为例行公事,但他也得懂得随机应变。唯有曹寅接任巡盐御史,取得额外的银两,用支的问题才能得以解决。皇帝对此显然很满意,但这也显示即使在前朝的违法乱纪被认为已经根除、新朝的运作已步上正轨的时候,织造府衙仍有挪用银两的弊端。

尽管在花销上有诸多问题，但曹寅无疑是个干练能臣。在曹寅的署理之下，所织就的龙袍质地都很精美，呈现出"刚劲但不复杂，图案素朴，色彩鲜艳"。[64]曹寅的行政手腕无疑颇为高明。为曹寅写祭文的张伯行盛赞曹寅的治绩，[65]但他的看法也显示他很清楚曹寅在1708年的革新：

> 初莅姑苏，则清积弊，节浮费，其轸匠而恤民者，盖颂声洋溢而仁闻之昭宣。继调江宁，则除帮贴之钱，使民不扰；减清俸之入，俾匠有资；[66]其采办而区画者，尤公私两便，而施恩用爱之无偏。[67]

曹寅的行事作为似乎符合一个好官的传统形象。因为当他离开苏州时，当地百姓为表示对他的感念，而在附近的虎丘胜地立了一座生祠。[68]曹寅的友人尤侗于1693年为这座生祠作"记"[译注：即《司农曹公虎丘生祠记》]，生动记录了曹寅这段期间的生活。对曹寅性格与职务的描述，难免会掺杂了一些颂扬好官的陈腔滥调；但因为这是这类文章中写得最好的一篇，所以值得摘录。

> 司农曹公之驻节吾吴，自庚午四月，迄壬申十一月，奉诏移镇于江宁；计前后二载有八月，历年未久也。且公所职者，为天子主衣裳之治，非若督、抚、藩、臬，暨郡、县有司，朝而钱谷，夕而狱讼，日与百姓周旋。

偶然相遭，如宾客然，夫岂有赫赫之名，煦煦之惠哉？然后公之来也，人皆喜而迎之；其实也，人皆悦而安之；及其去，莫不去而留之；留之不得，莫不讴而思之；思之不已，则相与庙而貌之，尸而祝之。

公何以得此于吴民哉？吾观公之为人，固以至诚格物者也；每发一言，制一事，油然自中而出，未尝矜情矫饰，好大强为；其御下宽简，百执事之在公者，鞭朴不施而工程办；既禀常给，而当牧有余，公私便之；然严于律己，绝无苞苴请谒入台使之门，号令所至，虽马当铃走卒，无敢过市尘而问酒食也。

即吾侪小人，聚庐马足之下，但见早衙晏罢，有闻无声，若未有宪府之署存焉者。是以家被其德，户服其教，乐公之来如乐岁焉，思公之去如思父母焉。

惟上以诚感下，故下以诚应上；至诚而不动者，未之有也。盖公之学问优裕，意思深长，亦于此见一斑矣。公之移镇江宁也，天子以公乃父，宣力斯土者，二十余年，功绩犹着人耳目间，故俾公嗣服，克成厥终。吾知公在金陵，一以治吴之道治之，方沐浴咏歌之不暇，而抑知吴之人思公者，流连不忘，至于此极也？

今从舆人之请，建生祠于虎丘。虎丘者，一人万岁楼在焉，公宜扈从于兹，而又三年以来，春秋暇日，公与吾辈一觞一咏之地也。倘亦公之所低徊不去者与？[69]

这篇文章颇为夸张，不过它毕竟是好友为曹寅生祠所写的记。而它也清楚说出织造的地位，虽处于省级官僚体系的边缘，但却有权有势。曹寅的友人叶燮说织造一职"以佐天子垂裳黼黻之治；位近而清，尊而暇"。[70]

清初，织造常为文化高雅之人。譬如，十八世纪诗人袁枚就有两个朋友担任此职。袁枚称许江宁织造刘芳的睿智与诗才，[71]对另一位江宁织造托雍的涵养赞叹不已。[72]或许是感念情谊，才使袁枚如此描绘曹寅：

> 康熙间，曹楝亭为江宁织造，每出，拥八驺，必携书一本，观玩不辍。人问："公何好学？"曰："非也。我非地方官，而百姓见我必起立，我心不安，故借此遮耳目。"[73]

就算曹寅一生或许都在努力维持这种做作的形象，但他也戮力处理新职上碰到的问题。曹寅无疑是受圣眷赏识而被拔擢，也许就如词家纳兰性德猜测，曹寅可能"踵武"父亲的职位，因为曹玺干练，而其子也有相同的潜质；[74]或者因为年轻的曹寅，在内务府慎刑司任郎中时就证明自己的才干（鄂尔泰就是发迹于此）；[75]又或者曹玺的母亲曾是皇帝的保姆，而将保姆之子擢升为织造有时是一种奖掖；[76]也可能只是因为皇帝了解、赏识他。曹寅因圣眷而获拔擢，但这个职位并非闲差，除了得应付棘手的日常公务之外，度支的手腕也要灵活，而具备这个能力的人也会得到额外的好处。

织造的额外收入

曹寅是在1704年开始以盐税贴补织造的开支,结束于1708年,但或许可以假定曹寅任江宁织造的前十二年,也就是从1692年到1704年,他是依常规,用户部和工部的银子来运作织造府衙。[77] 在这段期间,清算账目肯定较1704年之后来得严谨——这时他与李煦兼任巡盐御史与织造,就某个意义上而言,曹、李是中饱私囊,但是在这两个阶段,曹寅不必循粗糙的贪污手段,显然就有好些管道可以从织造一职积累财富。

其中一个管道就是通过操纵收购生丝的价格,曹寅在1708年的折子里提到,"色丝等料依时价购得"。当地家庭作坊先将生丝织成丝线,再由织造买断,接着又由官府的织机织成丝布。[78] 虽然采购的总数项不变,但"时价"却是波动剧烈。李煦在任时奏报的部分价格是:1712年,上等丝线是每盎司八分四厘;1713年,是八分九厘;1721年,是七分二厘;1722年,是七分九厘。同样的时间点,次级丝线分别是七分五厘、七分八厘、五分八厘以及六分三厘。[79] 若遇价廉的年份,他们就有可观的利润可图,或是支出部分款项以符合官方所订定的额度,然后留存剩余的款项;抑或生产高于官方定额的数量,然后将超额的丝线另行卖出。现价的估算取决于织造核对部僚的报价——而部僚自然会像曹寅欺瞒皇上一样对他谎报,也可能在织匠的数据上动手脚。曹寅曾提到要阻止衙门胥吏压榨织匠是何等困难。[80] 但织造要大幅操纵价格的空间是有限的,因为清朝开国头一百年的丝价似乎非常稳定(丝价在十八世纪中叶开始走扬,到了十九世纪末,涨了三倍)。[81]

织造除了可从丝价变化趋势套利之外,还可在适当时点买进赚钱。李煦在就任新职三年之后,曾在1695年的奏折里透露了一种手法。李煦在向皇上解释如何操作时,态度一如1708年时的曹寅,并未嚼舌根,也没有故示大方。李、曹二人都向皇上展现了他们的能力。两人都在努力为朝廷撙节开支。

李煦在1695年上的奏折,重点是:他接获户部要购买三十万匹的蓝棉布,他认为这件差事要在织工无事可做的时节来做,这会让价格下降。李煦写道:

> 但此项布匹出在上海一县,民间于秋成之后,家家纺织,赖此营生,上完国课,下养老幼。若于岁内预将银价发给,则百姓乐有资本,比临时采买可贱数分。[82]

李煦继续说道,关键在于一般是在春、夏、秋天采买,百姓会要求高价,以弥补他们在农事上的时间损失。这个办法让百姓在要用钱时手头有钱,度过寒冬,然后在来年春耕前把工作做完。李煦还说,此举也能避免地方官乱收购,并杜绝中间人抽佣。借此,每匹布可省下六分钱,三十万匹定额总计可以节省两万两银子。

能精算到六分钱着实令人称奇,可见这个方法李煦已经试过了。

如此操作或许能创造庞大利润,但风险也很高。在检视曹寅后来的官场生涯时应当谨记,他从每年的盐税盈余中借支了二十三万两银子,以支付织造府衙的花销,因而获得更大的利润。这是一种极为投机的做法，只要现况稍有变动，后果不堪设想。曹寅的确有能耐维持运作顺畅；但是他在1712年夏天猝死，织造府衙的款项已经支付，而他任巡盐御史的盐税盈余尚未收到。结果就是他留给儿子一笔亏欠官府逾三十七万三千两银子的债务。[83]

李煦的一番盘算在1705年失败。他每年自布政使得到十六万两白银以购买蓝布，而如他所言，他年年都将这笔钱提前支付给织匠。而织匠或是投机炒作原棉价格，或是碰上短缺而造成原棉价格上扬；总之，他们延后交货，并向李煦预支来年工资购买原棉，才能把足额棉布交给李煦。1705年，由于朝廷的库存蓝布仍未用罄，户部下令等到蓝布用完再织。但是李煦已预付了工资，拿不回来了。李煦不能再采购蓝布，因而织工也就没有钱可还李煦。这番意外让李煦损失近二十万两银子。[84]

李煦的盘算以及曹寅在1708年的计划（这可能意味他在上头没有购丝订额时，将织造府衙的公款挪为私用）都可称为半官方性质的投机行为；只要各织造能节撙库银，皇帝就能睁只眼闭只眼，默许他们操作公家银两。

而官府也扮演放高利贷的角色，纵容省级官员进行私人投机。曹寅在1701年向内务府借了三万三千三百三十三两银子，[85]八年后悉数还清，显然并未支付利息。[86]1700年，李煦向内务府借支十万两银子，作为个人花销之用，这笔钱李煦每年还一万一千两银子，分十年摊还——换言之，利息是百分之十。但皇帝对这类事情并无兴趣，因为李煦在探询他究竟应该把钱银还给内务府或江苏府库时，接到皇上以满文所写的辛辣批文：

> 内务府大臣事件，应呈内务府大臣，而三处合议。[87]

这里的"三处"，当指苏州、江宁、杭州三大织造。

钞关

织造的另一项财源来自署理或部分署理长江和大运河上的重要钞关。康熙皇帝往往指派上三旗的汉人包衣掌理这些钞关，以确保他能掌控这个重要的岁入职位，让银两流入内务府。[88] 粤海关监督也多由汉人包衣担任，其中包括曹寅的友人孙文成。[89]

最富有的钞关之一是邻近苏州的浒墅关。浒墅关的每年税额是十九万一千一百五十一两银子。[90] 浒墅关在雍正朝额外贴补苏州织造，而这两个职位前后由胡凤翚、高斌、李秉忠同时兼任。[91] 1726年，高斌将盈余提高为十二万零一百八十八两，得到皇上的称许；1729年，尽管两个月间水位低下，没有船只行驶，李秉忠还是将盈余提高为十六万八千三百九十八两。[92] 除了这些公开的盈余之外，未公开款项想必相当可观，使得钞关的肥缺令各方觊觎。[93] 李煦就曾三度想要拿下这个位置。李煦在1716年第一次尝试合并这两个衙署，理由是两者的工作关系密切。李煦提到，织造衙署的"乌林达"接管钞关衙门的"笔帖式"，由他们管理税款十年，并将钞关的盈余以银两而非先前官府征收的粮米来支付给织匠。"在织匠按月给领，甚属妥便，"李煦写道，"而每一年又可为朝廷节省粮米九千余石。"可惜李煦信息错误，康熙仅批了几句："各关笔帖式都裁了，此议无用。"⁹⁴ 1720 年，李煦又再度尝试，提议每年发放全部定额十九万两银子，加上最大额度的盈余。但皇上竟然不置可否，仅说现任监督皆有繁重公务在身，李煦应该安心养病，无需承担新责。⁹⁵ 监督一职于秋天出缺，李煦不但没有得到这个职位，还奉命转传奏折给处理关务的新任监督，⁹⁶ 此举无疑是在李煦的伤口上撒盐。1722 年，李煦三度叩关，提到他若接掌监督之职，会挑选织造府中的衙吏出任钞关较低的职位，除了清偿织造府衙的亏空之外，每年还上缴五万两银子。⁹⁷ 但康熙并无批示，此事自然不了了之。⁹⁸

但是曹寅就比较走运。如他所言：

> 缘于康熙四十年启奏，情愿承办各关铜觔，为皇上节省，以效犬马之力。蒙圣恩赏办龙江、淮安、临清、赣关、南新五关铜觔，共一万一百担零。⁹⁹

因为在这段期间的铜价每担介于十两与十两五钱之间，¹⁰⁰ 这意味着曹寅每年须额外经手十二万五千两的官银，以购买京师铸钱局每年四分之一用量的铜。¹⁰¹

曹寅提到的这五处关衙属华东地区十四大钞关。¹⁰² 龙江关年收四万六千八百三十八两税银，¹⁰³ 有时由江宁织造兼管。¹⁰⁴ 淮安的定额则有二十四万五千四百七十九两银子，清朝中叶又增加了十二万一千两银子；所以，淮安关每年可望供应三千零七十六担又九十斤的铜。¹⁰⁵ 临清关可收三万七千三百七十六两银子；¹⁰⁶ 而临清关位于山东,曹寅不易抵达,但轮到他押送运丝船循大运河北上进京时,大概都会经过临清关。[107] 赣关可收四万六千四百七十一两银子,[108] 南新关(后来由杭州织造兼管)可收三万零二百四十七两银子,[109] 而用于购铜的金额是三千零七十六两又九钱银子。[110] 这些关衙的税收是来自通关的船舶,各船依大梁宽度、船身长度、货物的重量和性质、运行方向等各种标准课税。

这五大钞关的税额总计约为四十万白银,而曹寅并非这五大钞关的监督,所以他没有必要提高赋税。曹寅形同官府购铜的中间人,运用钞关的种种资源与便利条件购铜。朝廷为了铸钱,一直很需要铜,满清入关以来铜料即告短缺,到了1700年已达危机爆发的程度。[111] 清初法令,准于某些钞关每年自税收中提拨一万两银子购买铜料送至户部。由于这笔款项并不够,所以1664年,从芦床税另外提拨十六万四千五百二十两银子,到了1679年又从盐税追加了六万五千两银子。[112]

曹寅接管购铜事务时,虽然自日本进口的铜料已大幅增加,[113] 但铜料持续短缺,使得户部放弃了原有的金属纯度标准,允许监造将含铅量高达百分之四十的旧铜器上缴。到最后甚至连旧"版块"也准拿来充数。[114] 这么一来,曹寅有了各式来源的资本供他调度,也有相当程度的变通空间,购足他的定额。他买的铜价越便宜,收益当然也就越多。1709年,曹寅奏报皇上他的经营之道时,语带自满地说:

除按年数办解交部无误外,每年节省银三万九千五百三十两,内除赣关少办一年,八年共交过节省银三十一万二千七十两。又自康熙四十五、四十六、四十七年奉旨,将各关铜觔银两改归藩库支领,共交过节省脚费银八千四百七十两,俱已解交内库讫。[115]

曹寅所说的"节省"是指他以低于拨款总款项的金额,购买并运送了定额的铜料。他回报康熙的是这个差额。至于他中间赚了多少,我们不得而知。康熙也许对这个数字感到满意,但曹寅在同一份折子里,试探性地请求再给他八年任期,康熙并未应允。

从这件事可见康熙牢牢控制省府财政。1699 年的法令赋予内务府向商人购铜的权利,而不是把这些权利交给民间商人,这正如论者所言,此举"目的显然是要由官府牢牢控制铜的采购"。[116] 但让人意外的是,购铜的权利不仅给予受内务府所控制的商人,同时也给了江宁织造,而他是皇上的心腹包衣。

稳定米价

康熙朝的织造都是包衣,他们是皇帝的人,而不是一般的官僚。而且,几乎可以肯定的是,正因为曹寅的身份是包衣,才能得到五大钞关的购铜权利。康熙一旦把他的包衣安插在有责、有利的省级职位上,而要包衣经办一些与其官职没有明显关系的额外差事,也就不足为奇了。

曹寅署理江宁织造期间,承办最重要且最费时的额外差事就是查核、稳定米价。在这方面,就如曹寅在奏折里所说,他一方面代表皇帝,一方面又要与省级官员合作。

1660年的法令确立了粮仓的基本国策。秋、冬两季购米,当春、夏两季米粮供应不足时,再以限定的价格售出。此举既是体恤民瘼,也是有利可图的投机;就如法令所示:"平价生息,务期便民。"但是若遇灾荒,则须开粮仓以赈饥民。到了1691年又进一步修法,曹寅就是按新法来行事的。大县储粮五千石,小县则是三千石。到了三、四月(即晚春、初夏),余粮皆以当时的市价出清;然后在九月,县府官员须购新粮储存粮仓。[117]

这些业务都是依户部指示由省府官员办差的。[118]但是法令的叙述太过简要,容易引起误会。其实,内务府与皇帝的代理人在维持这繁复的体制有条不紊地运作,扮演吃重的角色。

织造的基本职责之一是随时让皇帝了解当前的米价,而且他们几乎是每个月上奏折呈报米价。[119]这些奏报无疑能让皇帝核对巡抚循常规管道呈报米价的真实性。尽管一直要到1736年,巡抚才正式承担负责奏报米价的责任,[120]但康熙常催促个别巡抚奏报米价与天候。[121]而织造也会按月奏报气候状况。[122]

除了上奏米价、天候之外,曹寅身为江宁织造,亦积极投入赈济灾荒。1697年,冬天气候异常恶劣,曹寅奉内务府大臣之命押运四千石储粮前往淮安,并亲自移交给漕运总督桑格。[123]在与桑格估算受灾范围之后,曹寅上了一份折子,并着手分发米粮:

桑格遴委勤慎官员,臣寅复雇本处船只分载,按地发遣。

> 漕臣桑格严行诫谕，载米到彼，只许升斗零星粜与贫民，不许求速趸售，滋贩卖之弊，以负皇恩。

因为许多老百姓连每石米现价八钱都付不起，所以曹寅将这及时米的价格订为每石四钱八分五厘。如同曹寅的奏报，这个价格非常便宜，百姓同声感恩戴德。[124]

在采购、赈济等事情上，康熙给予曹寅很大的裁量空间。1699年12月，曹寅接到买米的谕旨；但因南京雨雪交加，粮船无法从江西到湖广，他便上奏说等待天候好转、米价下跌再行采购。[125]

1704年4月，曹寅奉内务府之命趁低价购买湖广、江西的米；他须与总督阿山配合，从织造府库里取出一万两银子购米。但曹寅在隔月向皇上奏报，湖广、江西两地的米价确实便宜，但消息迅速传开；无数山东商人蜂拥而至，米价又涨回每石九钱二两。所以他要等到下次收成再行购买。康熙以惯常的和蔼语气朱批，问他问题，提出意见，并下达指示。康熙的朱批是这么写的：

> 知道了。今岁春麦收成如何，速速报来。京中春景是好，但病多些。[126]

稻米收成后，曹寅依约回奏。他已派人前往汉口，以每石六钱三分的价格买到米；他语带自豪地说，他以一万两银子买到一万五千八百石米（假使4月买的话，就只能买到一万一千石米）。如何运用这次购买的米，是皇上与其代理人之间私下讨论的问题。

在奏折的结尾,曹寅问道他该如何处置刚买到的米。"此米原欲为山东之计,"皇上回说,"今东省大熟,无处可用,到明春再奏。"[127]

表面上看来,这件事显示曹寅在商业上的精明,以及对在地米价的灵通,替皇帝获取利润。不过,唯有深入表象,才能看清这类操作手法能为织造本人带来多少好处。以这个例子来说,从播种到收成这几个月,曹寅账下多了一万两银子;这个节骨眼正是老百姓缺粮缺钱的时候,若在此时从事短期放贷,就可能获取暴利。这也有可能只是不老实而已。李煦至少有一回私吞了赈米的款项,而在1723年经查属实。审讯官员奏报:

> 李煦于康熙二十三年内奉内务府行文,着动备用银两千两买米四千一百余石,此项动用银两已经报销讫,所买米石并无存贮在仓,明系亏空。[128]

如果监管松懈,又放任织造自行其是,就容易腐化。

若是在荒年,曹寅便丧失了裁量权,仅能充当省府官员与户部自京城派来钦差的协调人、联络人。1708年即有一例。去岁,江苏大旱,米价逐渐攀扬。[129] 及至1707年12月,米价涨至每石十七钱,[130]超过正常价格的两倍。1708年3月,曹寅随同六名平抑米价的钦差官员自京城南归。曹寅奏报,朝廷平抑米价的消息惊动米商,那些囤积米粮的商人立刻抛售米粮。曹寅亦奉命与漕运总督桑格商议应对粮船未到的状况,并把康熙的指示转达给总督邵穆布。[131]

尔后,曹寅上呈为官生涯中分量最重的奏折之一,描述如何因应大旱的措施。4月6日（阴历三月十六日），曹寅奏报，桑格决定截留备用的漕米，粮船很快就会自江西、湖广抵达，而六位平抑米价的钦差官员正在访察民情。[132] 七日之后，桑格截留漕米十万石，停泊各口岸，而曹寅正在等待米价的议定，再行释出储藏在织造府衙内的米。康熙显然对事态有所顾虑，要曹寅俟六位平抑米价的钦差官员一有决定，便速以密折奏报。[133] 5月2日，曹寅自作主张，以每石八钱售出储粮，低于市价两成。两周后，总督将米价订为九钱；曹寅奏报平抑米价的钦差官员滥权欺瞒，但他又说彼等所犯之错并无大碍。然后，曹寅又呈了更多的折子：6月1日，奏报米价跌至八钱；6月4日，奏报储粮已告用罄；7月5日，奏报所有的平价米都已售出，且江西、湖广各口岸已禁止米销往江苏，所以米价再度上涨。而在这份折子，曹寅也指出他的处境左右为难：

> 臣无地方之任，惟谆谕州县官呈文督抚，一面晓谕客商，一面移文江广开禁，自可接济无虞。[134]

曹寅于7月12日奏报禁令已除，逾两百艘商船泊靠各岸，而总督、巡抚亦下令购买来年储粮，可见江西、湖广官员显然也承受了压力。[135]

于是，同样的事情再度上演，不过这显然是个警示，集各省、织造及漕米的数量，还是无法支应江苏一省超过一年的粮食需求。但曹寅的作用不容小看。1708年10月23日，朝廷敕令，命曹寅亲自押送扬州、淮安等三地的米至京城。起初督导米价稳定只是临时派差，如今却成了固定司职，以稳定官府岁入，而包衣也证明了有其辅佐省级官员的价值。[136]

这种临时派差既可树立威望，又能带来好处，不过也会制造额外的工作负担，甚至有可能带来灾祸。曹寅号召在地盐商，以未雨绸缪：

> 同李煦、运司李斯佺商量，公同捐赀买米往来平粜。两淮商人亦感沐天恩，情愿于江、广卖盐买米，戴平回粜。[137]

由此可见，官员抢先盐商自愿捐赀买米；不过，来年因暴雨再起，造成江苏米价涨到十四钱，官商之间的合作有了好的结果。因为这回已有储粮，风向转变，船只可达，最后当地米谷亦告丰收。[138]

终康熙一朝，再无如此重大灾情。情势虽有告急之时，但是并没有出现饥荒或大范围的灾害，这当然得归功于织造、省府、官员、平抑米价的钦差官员以及漕运总督拟定有弹性又广泛适用的策略，在康熙的关注之下，或多或少共同合作。皇帝迅速而公开地扮演护民的角色，但他只有在耳目畅通、命令贯彻的情形下，才能扮演这样的角色。

办皇差

曹寅身为织造、介入购铜、协助赈济米粮，而涉入一般官僚体系的运作，以及省府的日常业务，但他实为替康熙办差。此外，他和其他织造还要替康熙办一些与省级官府无涉的差事。

其中一件差事就是为康熙搜罗珍品。李煦进献了不少罕见物品给朝廷：外国的漆器盒子、碟子、笔筒，镶金嵌银的珠宝盒，各色的柠檬、荔枝、木瓜、肉桂油及玫瑰油，刚摘下的早春新芽或冬蔬，衣领、袖口镶刺华丽的芍药图案，蜜饯水果，珍稀书籍。[139] 有一回，康熙告诫他的奢华挥霍，但另一回却特别褒扬他的精致物品。[140]

有时，康熙会对这类事情有特殊的兴趣。譬如，1693年，李煦"寻得几个女孩子，要教一班戏送进，以博皇上一笑"。康熙听说之后，派出宫中知名的音乐教席叶国祯南下教唱。[141] 康熙告诉李煦与曹寅之子曹颙，说他有一回还亲自教授丝竹乐理：

但令做器好竹，尔等传于苏州清客周姓的老人，他家会做乐器的人并各样好竹子，多选些进来，还问他可以知律吕有人一同送来。但他年老了走不得，必打发要紧人来才好。

李煦回说他已找到这人，名叫周启兰。可是他年纪太大，无法长途跋涉，于是推荐了两个人，今已护送他们进京。"好竹"产自浙江，最好能在冬季砍下，不过，今岁好竹已售罄，不过一旦新竹砍下，他会即刻采购。[142]

有一次，皇上谕令三织造遴选合适人选，前往东瀛访察。他们从杭州织造府找了一位"乌林达"，他是汉族包衣，名叫穆尔森。[143] 后来，圣方济各会修士康和之（Franciscan della Chiesa）说穆尔森是"有远见的探险家"，或许是溢美之词。[144] 当他们回报已经准备就绪时,收到批示:"千万不可露出行迹方好。"[145] 1701年7月9日,穆尔森扮成商人,秘密自上海乘船出发。11月,穆尔森返回宁波,随即动身北上进京,向皇上奏报。[146] 二十七年后,雍正还想起穆尔森这趟东瀛使命。穆尔森的奏报多有不实,说日本人"软弱而顺从"(雍正写道),但他这趟使命拓展了中国人对外国的了解。从朱批来看,穆尔森显然观察过日本的海运和贸易活动。[147]

1695年,曹寅向朝廷进献一锭墨[译注:即兰台精英墨],为罕见精品,[148] 除此之外,没有记载曹寅曾献礼给皇帝。但是曹寅的孙子曹雪芹在《红楼梦》中多处提到西洋物品,史家推断曹寅可能与洋商时常往来,也可能曹寅身负向朝廷进献罕见洋货的任务。[149] 贾府所使用的洋货有令来访村妇大惊失色的大钟,[150] 精雕细琢的鼻烟盒,上头饰有"黄发赤身女子,两肋又有肉翅"。[151]

《红楼梦》有一段似乎指涉曹寅是为皇上采买西洋奇货的总代理。要是认为曹雪芹笔下的情节都是取材自曹家的往事,恐怕会有贻笑大方之虞,[152] 但这段情节可能是真有所本。曹雪芹提到甄家曾四度接驾,这显然是指康熙南巡时曹寅曾接驾四次,[153] 而且《红楼梦》里重要的情节鲜少与甄家有关。与曹雪芹同时代、学识最渊博的评论家脂砚说书中所提涉及甄家的事是"真有是事",[154] 并说底下这段说的是真的且极为重要的。[155] 家里的赵嬷嬷在此说道:

> 还有如今现在江南的甄家,嗳哟哟,好势派!独他家接驾四次,如不是我们亲眼看见,告诉谁谁也不信的。别讲银子成了土泥,凭是世上所有的,没有不是堆山塞海的……

王熙凤回说她也听说了,但始终不明白甄家为何如此富有。

> 告诉奶奶一句话,也不过是拿着皇帝家的银子往皇帝身上使罢了!谁家有那些钱买个虚热闹去?[156]

"虚热闹"是指洋货。就在上述这段话的前面,这几人也提到南巡。王熙凤先说:

> 我们王府也预备过一次。那时我爷爷单管各国进贡朝贺的事,凡有的外国人来,都是我们家养活。粤、闽、滇、浙所有的洋船货物都是我们家的。

赵嬷嬷回说:

> 那是谁不知道?如今还有个口号呢,说"东海少了白玉床,龙王来请江南王",这说的就是奶奶府上了。

另外还有四项证据显示曹寅与洋人有相当的接触,而充当皇帝与洋人的中间人。第一,江宁织造衙门旁边就是基督教堂。[157]第二,康熙至少有两次南巡在作为临时行宫的江宁织造衙门召见传教士。[158]第三,康熙皇帝特别谕令包衣要习于陪同洋人,[159]而织造也被招来与洋人商议。[160]第四,与江西传教士有不少馈赠往来,主要品项是葡萄酒。[161]这种状况大概在江苏也很盛行。

不过，曹寅的奏折里并未提到洋人。后人所知曹寅最不寻常的差事，就是把御赐礼品分送给佛寺。有时三大织造会一同行事，在1708年送了一尊佛像给普陀山就是一例。李煦与曹寅护送佛像至扬州，然后曹寅再亲自护送佛像到杭州，交给杭州织造孙文成。经过一番讨论之后，孙文成先启程前去普陀山准备安置佛像事宜，然后曹寅的堂弟曹宜再护送佛像循海路运至岛上的寺院。[162]

这类事情通常是由曹寅亲自安排的。他们经手的大批御赐礼品大多是送给邻近扬州的金山寺和高旻寺，康熙特别喜爱这两大寺庙，甚至在南巡时以这两处寺庙作为驻跸的行宫。[163]金山寺位处镇江府附近的岛上，房舍错落岸边，后有巨大石阶通向十层宝塔。[164]高旻寺则在扬州南方十五里处，建在林木蓊郁的崖岸之上。寺院里祭拜三世佛，并特辟新殿供奉康熙御赐的金佛。[165]天宁寺位于扬州西北方，该区以花市、茶坊闻名，[166]寺内供奉阿弥陀佛，御赐的礼物通常是由李煦处理，李煦甚至还向当地商人募得一万四千两银子的"善款"修缮天宁寺。[167]

1703、1704年，曹寅赍御笔亲书至金山寺。[168]如果这些字真的都是康熙所写的，那么这仅仅花费他的时间和纸张而已，但曹寅付出的辛劳则相当大。他先要将御书摹印在匾额上，挂在寺内供人瞻仰，然后再刻在石头上，并公开展示。[169]1704、1705年，皇帝钦赐高旻寺御书；[170]皇帝特别指示曹寅速速进呈1704年御书的碑文拓墨，[171]这或许是皇帝想要瞧瞧自己碑文摹勒的功力。

递送皇帝的钦赐御书和其他礼品多是例行公事，[172]但是也有例外。1704年冬，康熙钦赐高旻寺一尊金佛，曹寅必须入山带回一位顽固的隐僧。曹寅奏报：

> 但寺内无僧主持……访得马迹山有臣僧纪荫，避世焚修，可以胜任。臣寅会同臣李煦率扬州文武官员商民人等，具启延请，臣僧纪荫再三固辞，随又敦致高旻寺乃皇上临幸之地，且赐有金佛，关系重大，主持必须得人，此正和尚报恩之时等语。臣僧纪荫遂欣然就道。

而今，一切安排就绪，"晨钟暮鼓"，而曹寅或代表僧众向皇上谢恩，或奉皇上之命要僧众自行谢恩。[173] 但这位隐僧却自有主张：

> 今臣僧纪荫具折谢恩，据云昔曾见驾，蒙恩准其具折奏闻。臣寅不敢壅于上闻……[174]

曹寅会感到心烦并不令人意外。得知深山隐僧竟得皇上恩准，可以上呈有关他的密折，曹寅肯定感到沮丧。然而，不到四年之后，曹寅也获准上密折奏报他人之事，他心里又平衡了。这段期间，康熙南巡，曹寅奉命接驾，又署理巡盐御史，他的声望与财富都平稳攀升。

注释

1. 《中国清末政治组织》，八四五条。本书不采取 Brunnert 和 Haglestrom 的译法，把"织造"翻译成"Superintendents of the Imperial Manufactures"，因为织造一词在本书里反复出现，若采取这种译法显得很笨拙，此外，这种译法的另一个缺点是它隐约指涉像是其他的制造行业（譬如，瓷器，它也是皇家的作坊，但与织造并无相关性），同时"Superintendent"这个词也会误导是定期督导作坊的工作。所以全书以"textile commissioner"翻译为"织造"。
2. 织造的组织架构，见《钦定大清会典事例》，页一六五三九至一六五四一（卷九四〇，页十五至十八），以及页一八九五四至一八九五九（卷一一九〇，页十二 b 至二十二）。
3. "两"，指银两，清代中国的基本货币单位。两的进一步换算如下：千厘为一两；百分为一两；十钱为一两。有关银两的购买力文本亦有例证，不过值得注意的是某些外国人对其价值的评估。1695 年，李明（Le Comte）神父估计一两等于四里弗（livre）、二塞尔（sel）、二丹尼尔（denier）；详见李明：《中国近事报道》(*Nouveaux mémoires sur l'état présent de la Chine*)（巴黎：1696 年），页 110—111。而傅圣泽（Pelisson）神父于 1700 年 12 月在广州写道，一两等于五里弗（参见 *Lettres édifiantes et curieuses,16.411.*）。另外，在克兰默-宾（J. B. Cranmer-Byng）编：《中国使节团》（*An embassy to China*）（伦敦：1962 年），页 242—246，记载了马戛尔尼勋爵（Lord Macartney）在 1793—1794 年出使期间，就有趣地记下有关中国各种商品的价格和中国货币的批注。马戛尔尼认六塞尔、八丹尼尔等于一两，并估计中国农民一天只要五十厘，一年十八两白银就可以过活。
4. 《钦定大清会典事例》，页八五六三（卷二六三，页二）。雍正朝之后，总督年俸一万二千两白银，布政使年俸九千两白银。
5. 《钦定大清会典》，页九〇九（卷八十九，页十 b）。
6. 《曹寅奏折》，页十四 b 至十五。谕旨是由孙文成口述，曹寅将之引述在他康熙四十五年七月一日的奏折里。从曹寅随后在奏折里的评述，似乎有可能该由他和李煦来为敖福合在杭州去官一事负责，而他们乐见孙文成的任命，因为曹、李、孙三人是好友。
7. 《江南通志》，卷一〇五，页九。该文献并未指明开始任命的时间，大体上应该是明朝时期。
8. 《钦定大清会典事例》，页一九一九二至一九一九七（卷一二二六，页一至十一），有关遇到太监的规定。有关这些问题的探讨，见第一章。最近对明朝太监的分析，可参考克劳福德（R. B. Crawford）：《明朝太监的权力》，《通报》，49（1961），页 115—148。

9 《江南通志》，卷一〇五，页九至十，列出苏州和江宁两织造及其略传。《浙江通志》，卷一二一，页九，杭州织造列表并无略传，但是前三位织造中，陈有明是奉天人，周天成是满洲人。这个太监是邓秉忠。而其余有案可稽的人都标为满洲人、奉天人或旗人。
10 彭泽益：《清代前期江南织造的研究》，《历史研究》，82（1963年第4期），页91—116，一文对织场的重建有出色的描述。我要感谢吴秀良（Silas Wu）让我注意到这篇文章。
11 他并未列名在《三十三种清代传记综合引得》中，但《江南通志》确实提到他。
12 《明清史料》，第3辑，页286。
13 前揭书，页286b。
14 前揭书，页291。
15 前揭书，页295。
16 前揭书，页294。
17 前揭书，页297。某些参考数据是引自陈有明上呈的奏折。有关他工作的细节，可参考《苏州府志》（1748年），卷十四，页六，以及彭泽益：《清代前期江南织造的研究》，页93—98。
18 《江南通志》，卷一〇五，页九。
19 1692年至1693年他同时署理江宁和苏州织造。
20 《江南通志》，卷一〇五，页十。
21 《浙江通志》，卷一二一，页九。《曹寅奏折》，页十五，康熙四十五年七月一日。《红楼梦新证》，页91。周汝昌根据曹寅母亲姓孙，推断她和孙文成一样，也是出身上三旗包衣。
22 《浙江通志》，卷一二一，页九。《红楼梦新证》，页91，周汝昌的假设是曹寅的姊妹之一嫁给一个姓金的人。
23 有关曹家，可参考《八旗满洲氏族通谱》，卷七四，页八b至九；有关李煦，可参考《红楼梦新证》，页99—100。
24 《八旗通志》，卷四，页三五、三八。
25 江宁包衣织造有：张嘉谟，1656年，镶黄旗（《八旗通志》，卷三，页三六b，是旗鼓佐领；《八旗满洲氏族通谱》，卷七五，页十二b，名字最后一个字载为"谋"，但属同一旗，又是同样官衔，显然是同一年）；周天成，1656年至1663年，镶黄旗（《八旗满洲氏族通谱》，卷七四，页五）；桑格，1684年至1692年（因为有七个相同的名字列在《八旗通志》，而《八旗满洲氏族通谱》有二十四个，所以无法分辨是哪一个）；许梦闳，1731年至1732年，正白旗（《八旗满洲氏族通谱》，卷七七，页四，名字最后一个字记为"忠"，但指明他是郎中；《江南通志》，卷一〇五，页九b，提到他是内务府郎中）；高斌，镶黄旗，1733年（《八旗通志》，卷三，页三六b，以及《八旗满洲氏族通谱》，卷七四，页三b）。
26 张嘉谟、周天成、高斌在署理江宁之前都在苏州任官。马偏俄，1656、1658—

1680、1663—1664 年,正白旗(《八旗满洲氏族通谱》,卷七十四,页八)。
27 雷先声,1666—1776 年(《八旗满洲氏族通谱》,卷七四,页三 b)。
28 李秉忠,1728—1730 年(《八旗满洲氏族通谱》,卷七五,页十一 b)。日后他出任河南按察使。
29 周天成从苏州到杭州,许梦闳去江宁前任职于杭州。还有一个桑格,比那位署理江宁织造的桑格早二十年,因此可能是不同的人。李长春,1658 至 1659 年,正黄旗(《八旗满洲氏族通谱》,卷七五,页八),日后出任福建布政使。陈秉正,镶黄旗(《八旗通志》,卷三,页三十七 b;《八旗满洲氏族通谱》,卷七十四,页四 b)。
30 《大清圣祖仁皇帝实录》,卷八,页七。
31 《钦定大清会典事例》,页一八九五四(卷一一九〇,页十二 b),1644 年上谕。1661 年上谕限制任期仅一年,但又被 1663 年的规定所取代。
32 张嘉谟这年同时署理苏州和杭州织造。
33 "诰命",《中国清末政治组织》,九四五条。《钦定大清会典事例》,页一六五三九(卷九四〇,页十五)。有关诰命的详细描述,见傅吾康(Wolfgang Franke):《清代荫袭品级和赐赠名衔》(Patents for Hereditary Ranks and Honorary Titles during the Ch'ing Dynasty),《华裔学志》(*Monumenta Serica*),7(1942),页 38—67。1652 年,满人对朝服做出明确的规定,参见卡曼(Schuyler Cammann):《满大人规矩的发展》(Development of the Mandarin Square),《哈佛亚洲研究杂志》(*Harvard Journal of Asiatic Studies*),8(1944—1945),页 81。这篇文章附有精美的清朝服饰的图片。
34 彭泽益:《清代前期江南织造的研究》,页 93—95。
35 《钦定大清会典事例》,页一六五四〇(卷九四〇,页十七)。关于曹寅如何处理相同命令详见本章下述。前揭书,页一八九五四(卷一一九〇,页十二 b),时间是 1667 年。
36 《明清史料》,第 3 辑,卷 3,页 295。
37 前揭书,页 286。
38 前揭书。
39 前揭书,页 294。这些卑下的府位于江苏境内,他们直接把钱送到织造。浙江各府则是将钱送至布政使,而且必须准时。相较于常设性官员,这里简单勾勒出在地方行政中织造权力的弱势。
40 《钦定大清会典事例》,页七四八二(卷一八二,页二十三)。
41 《红楼梦新证》,页 269。时间出自尤侗的一首诗。
42 例如,张嘉谟在 1656 年就任江宁织造前,同时署理苏州和杭州两织造。周天成,1653 年为苏州织造,1656 年为杭州织造,1658 年为江宁织造,直到 1663 年,才由曹寅继任。《江南通志》,卷一〇五,页九至十。《浙江通志》,卷一二一,页九。织机数据的比较,见彭泽益:《清代前期江南织造的研究》,页 99。
43 《红楼梦新证》,页 212,转引自《续纂江宁府志》,卷十一,页十三;又《红楼梦新证》,页 158,转引自卷十三,页九。曹寅署理期间,并不能保证同一时间、同一地点的所有织机都能同时运转，但前述应该是对江宁官府丝织业者规模较为精准的描述。彭泽益：《清代前期江南织造的研究》，页 99，得出稍有出入的数据，江宁织机数量从 1645 年的五百三十八台，到了 1745 年增加为六百台。彭泽益的分析显示，唯有江宁的织机数量是增长的，苏州、杭州的织机数量都缓慢下滑。

44 《钦定大清会典事例》，页一六六四〇（卷九五二，页四 b）。
45 《雍正朱批谕旨》，第四十册，页五八。浙江巡抚李卫奏折，雍正五年二月十七日。前揭书，第五三册，页七 b，浙江布政使许容雍奏折，雍正五年三月十三日。
46 前揭书，第四八册，页一〇一 b，胡凤翚奏折，雍正六年四月五日。
47 彭泽益：《清代前期江南织造的研究》，页 100、103—104。曹寅手下有多少织匠不得而知；最少二千五百人，最多三千人，因为 1738 年，有二千九百三十六名织匠，1745 年有二千五百五十名织匠。另可参见《户部则例》，卷七八，页八三。
48 彭泽益:《清代前期江南织造的研究》，页 97、105—108。根据曹寅 1708 年的奏折（后述讨论），彭泽益估计一个穷苦的织匠，平均一年的工钱是七两三钱银子，再加上特定工作时期给予的口粮津贴；前揭文，页 109。为使口粮津贴等值折算成现钱，我把这时期的一石米（十斗）定为一两白银（有关康熙时期的米价，参见本书附录二），因此，一个月四斗米约等于一年五两银子。
49 《李煦奏折》，页六六，康熙五十四年九月十日："今秋……龙衣进京，让轮臣煦解送。"这段引言显示，织造必须亲自担纲这项任务。陈有明曾派人代行其劳；参见：《明清史料》，第 3 辑，卷 3，页 291，顺治四年七月（1647 年 8 月）。在明朝，这项任务自然由太监执行。利玛窦（Ricci）自南京北上京城时，即与押解丝船的太监同行。邓恩（George Dunne）:《巨人的世代》（Generation of Giants）（伦敦：1962 年），页 71，及页 8，注一。
50 《李煦奏折》，页七，康熙四十年三月，以及页八，康熙四十年八月，奏报维修工作的细节。当织造以这类维修工作为由向地方官员索钱就会出现弊端；《雍正朱批谕旨》，第十三册，页四六。
51 《李煦奏折》，页二三，康熙四十七年六月，曹寅与康熙讨论时提到它。
52 参见第五章的讨论。
53 《盐法通志》，卷五一，页八 b，首度提到以盐税用于织业是在 1704 年。《曹寅奏折》，页九 b，康熙四十三年十月十三日，显示以其他巡盐御史上缴的余钱三十万两银子，用以平衡织造衙门的度支。
54 《李煦奏折》，页三，康熙四十七年六月，曹寅说他和皇上讨论过织造的问题，并大体解决；他如今要处理剩余的部分。
55 这份奏折（《李煦奏折》，页二三至二四 b，康熙四十七年六月）虽由曹寅和李煦共同执笔，但在觐见皇上时讨论它，并且在为文时称"臣寅"，并未提到李煦，因此显然是以曹寅为主。曹寅，康熙四十七年六月十六日奏折档案原件（第二七九二号）写道:"今部文已到，现在与李煦商酌，公同具本题请，不敢另奏。"由此可知，这份长折是一份"本"，尽管它和其他奏折印在一起。有关奏折的分析，见第六章。

56 《李煦奏折》，页二三 b。
57 1593—1665 年，明清之交的重要官员，见《清代名人传略》，页 358—360。
58 "倭缎"，卡曼译为 "Japanese Satin"，见《中国龙袍》(*China's Dragon Robes*)（New York: Ronald Press, 1952）。织丝缎的织工，每月仅能得到七斗米的口粮，因此，这些穷苦的织工每天口粮不足一升，一年仅有四到五两白银。《户部则例》，卷七八，页八三。
59 《李煦奏折》，页二四。
60 通过相距一个半世纪的数据对比，可以看到皇家督管的织场并没有增长。曹寅在 1708 年的奏折提到，估计三百七十个织工须二千七百两白银；《户部则例》，卷七八，页八三 b，列出三百六十一个人须二千六百三十四两白银。
61 《李煦奏折》，页一一三，康熙六十一年三月八日，授权李煦依 1705 年任两淮巡盐御史时的办法处理。盐务史料提到变更的时期是 1704 年。曹寅说 1708 年就已完成了。这有可能自 1704 年（曹寅始任）以降，巡盐御史逐渐将余钱用于织场上，不过是在 1708 年以后，才全部用于织场各个方面。
62 《曹寅奏折》，页二八 b 至二九，曹頫康熙五十二年十一月十三日奏折的附件，涉及李煦对家产处置的问题。
63 《明清史料》，第 3 辑，卷 3，页 294。彭泽益：《清代前期江南织造的研究》，页 100，显示 1660 年代，两部支付苏州、江宁每年逾二十二万五千九百九十二两白银。
64 卡曼：《中国龙袍》，页 181。这段并非专指曹寅，而是对清初织业与乾隆时期做对比。曹寅和李煦在各自任所的城市，是织品质量的最终负责人。卡曼这段文字仅是以织品质量的高低来看清朝的兴衰，为朝代循环的惯见论述提供有趣的补充。
65 见前述第一章所引祭文。
66 这里清楚显示曹寅的动作最终结束旧制，而以盐税贴补织业，见前述 1708 年奏折的分析。
67 《红楼梦新证》，页 388。
68 《红楼梦新证》，页 301。
69 尤侗：《艮斋倦稿》，卷十，页二至三。《红楼梦新证》，页 303—304，全文引述这篇文章。
70 《红楼梦新证》，页 248，为曹寅所写的一篇文章。
71 袁枚：《随园诗话》，页四三〇，论及他作诗的造诣，当刘芳获罪入狱时，袁枚曾用以作为支持他的例证，以及页五一九，论及他的才智。
72 《袁枚：十八世纪的中国诗人》，页 89—90，描述两人的会面。
73 袁枚：《随园诗话》，页四二。
74 纳兰性德为曹玺所写的祭文，转引自《红楼梦新证》，页 234，以及前述第二章。
75 1680 年至 1745 年，雍正朝的大政治家；他的生平见《清代名人传略》，页 601—603。有关他任职慎刑司（《中国清末政治组织》，八一条），参见《永宪录》，页一一五。

76　海保即是一例，他是皇帝保姆之子，1730 年署理苏州织造（虽然这年他服毒自尽）；参见《永宪录》，页二六六，及《江南通志》，卷一〇五，页十。

77　十七世纪末，虽然织造显然从巡盐御史收到钱，但还是再从盐商拿了三十万两白银，据说用以贴补织场开销。《曹寅奏折》，页九 b，康熙四十三年十月十三日。

78　曹寅并未上奏丝的价格（至少从现存的奏折里没有发现），但李煦在每年五月或六月，都会奏报时价。见以下注释。

79　《李煦奏折》，页二九 b、四四、一一四。有关这几年等的丝价，见书后附录一。

80　《李煦奏折》，页二四。

81　《钦定大清会典事例》，页一八九五五至一八九五九（卷一一九〇，页十四 b 至二二）。1745 年的价格：上等是每两八分二厘，次等是每两七分五厘。1755 年：分别是每两一钱三厘、八分二厘。1886 年：分别是每两二钱六分五厘、二钱三分三厘。

82　《李煦奏折》，页三，康熙三十四年九月。

83　前揭书，页六八，康熙五十五年二月三日。详细讨论见后述第七章。

84　《李煦奏折》，页六四，康熙五十四年六月十五日。李煦详细奏报复杂的运作细节，并卑微地恳请朝廷再下新的蓝布订单，因为剩余的布肯定在十年后用罄，皇上批示要仔细思考，因为这事很复杂。

85　三万三千三百三十三两这个数字看似有些奇怪，很可能是他以百分之十的利息借贷三万两，为使文字好看，再加上三百三十三。三万三千三百三十三两也有可能指"一大笔银两"，别无他意，就如同杨联陞（Lien-sheng Yang）:《中国制度史研究》(*Studies in Chinese Institutional History*) (Cambridge: Harvard University Press, 1961)，页 77，所讨论的，只是一个虚数。

86　《曹寅奏折》，页二十 b，康熙四十八年二月二十八日。

87　《李煦奏折》，页六，康熙三十四年四月。满文朱批由《文献丛编》的编纂者翻译成汉文。

88　上三旗署理钞关的例子：董殿邦，1695 年，旗鼓佐领（《八旗满洲氏族通谱》，卷七四，页五 b；《八旗通志》，卷四，页四十 b）；李延禧，1706 年，正白旗，后出任内务府总管旗鼓佐领（《八旗满洲氏族通谱》，卷七四，页二 b；《八旗通志》，卷五，页五二）；华善，1709 年，正白旗，三等侍卫（《八旗满洲氏族通谱》，卷七八，页三 b）；刘武，1711 年，正黄旗，后来出任知县（《八旗满洲氏族通谱》，卷七六，页二）。刘武可能是浒墅关监督，家族系谱显示他们是康熙朝晚期才入籍的包衣。如果他的名字连同上任知县的时间出现在地方志里，且两个时间大致吻合，才称得上有明确答案。早期龙江关汉族包衣监督有：马尔汉，1681 年，正白旗（《八旗满洲氏族通谱》，卷七五，页五；《八旗通志》，卷四，页三 b）；尚志杰，正白旗，郎中、佐领，后来出任内务府总管（《八旗满洲氏族通谱》，卷七十四，页七 b；《八旗通志》，卷五，页四一，及卷五，页四二）；他进泰，1685 年（？）正蓝旗（《八旗满洲氏族通谱》，卷八十，页九 b）。在他之后，《江南通志》并未载明任官者的日期和数据。不过,总体而论,任钞关监督的满人较汉人多。《江南通志》,卷一〇五,页十一至十四列出的监督,和《八旗通志》,卷三至十列出的包衣佐领和管领,有许多同名者(这些名字并不包括在《八旗满洲氏族通谱》的汉族名字中),这亦支持一般性的假设,即钞关监督大多由上位满人包衣把持。但满人的名字通常都很相似,而且频频出现,所以无法明确说明。

89 《广东通志》,卷四四,页一至三,粤海关监督下,参见《中国清末政治组织》,八三三 A 条。1703 年,孙文成出任粤海关监督。在 1687 年至 1712 年间,有十二名包衣的名字也出现在《八旗满洲氏族通谱》和《八旗通志》的汉人包衣名册中。除孙文成之外,还有萨哈达,1700 年监督(《八旗通志》,卷五,页三八;《八旗满洲氏族通谱》,卷七五,页一 b,正白旗);安泰,1704 年监督(《八旗满洲氏族通谱》,卷七七,页十八 b)(日后出任江苏布政使);李国屏,1710 年监督(《八旗满洲氏族通谱》,卷七四,页二 b),正白旗;萨克素,1722 年监督,1687、1689、1693、1699、1701、1717、1721 年,他们的名字经常见于《八旗满洲氏族通谱》和《八旗通志》汉人包衣的部分,但出现的频率太高,以致无法看出明确关系。马士(H. B. Morse):《中华帝国对外关系史》(*The International Relations of the Chinese Empire*) (3vols., London: 1910-1918),注意到监督总是用满人出任,他们也都是"包衣,皇家世袭的奴仆"。至少在康熙朝,这可以改为"满族和汉族包衣"。

90 《钦定大清会典事例》,页八二〇三至八二〇四(卷二三四,页九 b 至十一 b)。

91 高斌自称苏州织造,兼浒墅监督,雍正朱批谕旨,第四七册,页三九 b,第四八册,页一〇四。

92 前揭书,第五十册,页六五,第四七册,页三九至四十。

93 如闵明我(Friar Domingo Navarrete)于 1665 年写道:"根据同行的官员告诉我们,两名鞑靼人在(大运河钞关监督位置上),每人每天能得到通关者所致赠的五百两礼金。我们驳斥这个说法,认为此数额实在太多;但是他们对于上述说法,给出各项极具说服力的理由。"见卡明思(J. S. Cummins)编:《闵明我纪行与礼仪之争》(*The Travels and Controversies of Friar Domingo Navarrete*),卷二(剑桥大学出版社,1962 年),页 207。

94 《李煦奏折》,页七十,康熙五十五年闰三月十二日。

95 前揭书,页一〇六 b 至页一〇七,与同折附注。

96 前揭书,页一〇九 b,康熙五十九年十一月四日。

97 前揭书,页一一三,康熙六十一年三月八日。

98 在《江南通志》(卷一〇五,页十二至十四)的浒墅关历任监督名单里,李煦并未列名其中。

99 《曹寅奏折》,页二十 b,康熙四十八年二月二十八日。

100 《钦定大清会典事例》,页七九四五(卷二一四,页十九)当中有 1684 年每斤几钱的铜价。《曹𬱖档案》(奏折原件编号二八五〇,康熙五十八年六月十一日)则记载当时铜价,为每斤一钱二五,而此价格在运抵北京之前,还需要另加五分钱的运输费用。曹𫖯可能对价格略有夸大，因为当时他正试图以此手段暗中破坏其他竞争者的行情，以为自己谋求这个职位。参照后文第七章。在这个时候，长崎的日本商人正以每石十一点五两的价格（每斤一点一五钱），贩卖质量相当不错的铜，参见约翰·霍尔（John Hall）：《论清代前期与日本的铜贸易》(Notes on the Early Ch'ing Copper Trade with Japan)，《哈佛亚洲研究学报》(Harvard Journal of Asiatic Studies)，第 12 期（1949 年），页 454，注 33。我有得益于这篇论文之助，而找到《皇朝文献通考》当中关于铜的部分。

101 《皇朝文献通考》，页四九七六 a，记载了在 1716 年，铸钱局的年度铜需求量为四百四十三万五千两百斤。

102 前揭书，页四九七六 c。书中列出十六处钞关，不过龙江与西新、北新与南新合起来各算一处，共计十四处。

103 《钦定大清会典事例》，页一六五四四至一六五四五（卷九四一，页七至八）。

104 至于到了 1733、1734 年之时，则是由高斌掌理，参见《雍正朱批谕旨》，册五十，页八六。

105 《钦定大清会典事例》，页八二〇四（卷二三四，页十一 b 至十三）。上缴盈余定额的变化，是从嘉庆一朝来估算的。因此这十二万一千两的定额银子，适用于十八世纪晚期的情况，可能也同样适用于估算康熙朝的状况。《皇朝文献通考》，页四九七六 c。

106 《钦定大清会典事例》，页八二〇一至〇二（卷二三四，页五 b 至七）。临清关是开征盐税与粮船特别项目的钞关之一。参见《钦定大清会典事例》，页一六五四四（卷九四一，页七）。

107 织造押运丝船可行陆路或水路，而在押解至京师后，通常会获召觐见。《李煦奏折》，页六六，康熙五十四年九月十日，奏折里继续引用上述关于护运丝船入京的内容："至若漕河水枯……臣煦动身改由陆路赴都，而因得观天颜。"

108 《钦定大清会典事例》，页八二一五（卷二三五，页九至十）。

109 前揭书，页一八九五八（卷一一九〇，页二十）。

110 前揭书，页一六五四七（卷九四一，页十二 b）。《皇朝文献通考》，页四九七六 c。

111 约翰·霍尔：《论清代前期与日本的铜贸易》，页 446。

112 《钦定大清会典事例》，页七九四四至七九四五（卷二一四，页十八至十九）。由盐税支付购铜至 1681 年停止。所征收的芦床税金额，则达到一个令人吃惊的数字：在江苏每年可征得十五万三千二百两，安徽五万零三百四十七两，江西六千零五十三两。

113 约翰·霍尔：《论清代前期与日本的铜贸易》，页 452—454。

114 《钦定大清会典事例》，页七九四五（卷二一四，页十九）。官府于 1684 年，终于准许使用这些旧"版块"。

115 《曹寅奏折》，页二十 b，康熙四十八年二月二十八日。

116 约翰·霍尔：《论清代前期与日本的铜贸易》，页 454。[这篇论文中有一处注释（注

35）引用页数有误，1699 年的法令见于《皇朝文献通考》页四九七六 b，而不是页四九七。]
117　《钦定大清会典事例》，页八七四六（卷二七五，页一）。
118　至少所有价格的稳定，皆由该部统筹办理，如上引《钦定大清会典事例》，卷二七五。
119　对此，曹寅似乎颇为随意，在报告里对于米价通常只写"正常"或者"如常"。不过档案中也保存着若干他的请安折子，他先是简短地向皇上请安，接着便记下确切的米价。参见《曹寅档案》，编号二七九七与二七九八，康熙四十八年八月三日与九月二日。李煦则断断续续地呈进这类价格报告，一直到 1712 年；自该年起，他每个月报告一次，直到康熙朝结束（《李煦奏折》，页三八折页）。对于米价的变化，也请参看书后附表二。
120　《钦定大清会典事例》，页七四二三至二四（卷一七七，页十八 b 至十九）。1736 年皇上颁旨，江苏与安徽巡抚于六月回报夏季收成，于十月回报秋收。这是在早熟稻种的引进之后才开始的；参见本书第七章。
121　康熙谕令江西巡抚佟国勳（1712—1717 年任该省巡抚），未注明日期，故宫博物院档案，台湾台中，第七十六箱，九十六包，编号二六〇〇："嗣后，须亲手书折呈进，将雨水与米价情形清楚报来。"前揭档案，第七十七箱，八十八包，皇上在康熙四十九年八月二十日之奏折中谕令河南巡抚鹿祐，嗣后所有奏折，需报告米价。
122　织造按月奏报气候状况，见《李煦奏折》，康熙五十二年：六月，页四五 b；七月，页四六；八月，页四七；九月，页四八；十月，页四八 b。未见曹寅这类的折子，不能确定是否他于此方面并不经心，或者是奏折遗失了。《曹寅奏折》，页二十，日期为康熙四十八年二月八日的折子说明，曹寅正随折附上一月的气候状况以供御览，皇上朱批"知道了，江南米价，有人来必以奏折奏阅"。这表明，不论曹寅以何种方式报告其他方面的事务时，皇上只要他呈报米价即可。
123　"漕运总督"衔，《中国清末政治组织》，八三四条。然而，这里提到的桑格，似乎与前面提及的两位同名织造并非同一人，因为漕督官职是官僚体系中最高级的职位之一，区区一名织造没有道理便能获得此头衔。
124　《曹寅奏折》，页八，康熙三十六年十月二十二日。他另附带说明，尚送了一份详细的报告，分呈内务府。同时，巡抚宋荦正于押运后续赈粮与赈银前来的途中。此四钱八分五厘的赈米价格（合零点四八五两），约为平日冬季米价之半。通常，各织造均乐意呈报冬季米价，去壳的低至八钱，未去壳的低至七钱。而在这个情形当中，想必不但是米粮供应短缺，百姓的生活也已经到了山穷水尽的地步。
125　《曹寅档案》，编号二七一一，康熙三十八年十二月十二日，引用同年十一月十六日的诏谕。
126　前揭书，编号二七三六，康熙四十三年四月一日，引用同年三月二十日奉到之部令。
127　前揭书，编号二七四〇，康熙四十三年九月十六日。

128　《雍正朱批谕旨》，册四八，页一〇一，雍正元年三月二十二日。这道奏折为新任苏州织造胡凤翚所呈。
129　《清稗类钞》（第八十七类，页十）里，有一个关于此次干旱与其对随后各年米价一般影响的讨论，对于米价的比较研究，提供了若干实用的事例。米价在1707年高至每石二两四钱银子，而至1709年时仍须一两七钱银子。平均价位则应该是每石七钱左右。在雍正朝与乾隆朝期间，米价的均价为一两。十九世纪初期，均价约为一两五钱，不过在嘉庆二十年（1815）发生的蝗灾当中，作物颗粒无收，米价飙高至三两五钱一石。十九世纪的平均米价在二两七钱与三两五钱之间；到本世纪结束之际，均价为八或九两一石。
130　《李煦奏折》，页十八，康熙四十六年十二月。
131　《曹寅奏折》，页十六 b，康熙四十七年三月一日。
132　《曹寅档案》，编号二七七一，康熙四十七年三月十六日。
133　前揭书，编号二七七二，康熙四十七年三月二十一日，奏折与朱批谕旨。
134　这一系列的五道奏折都收在《曹寅档案》中：编号二七七四，康熙四十七年闰三月十二日；编号二七七〇，康熙四十七年四月一日；编号二七八六，康熙四十七年四月十三日；编号二七七五，康熙四十七年四月十六日；编号二七七六，康熙四十七年五月十八日。
135　《曹寅奏折》，页十八，康熙四十七年五月二十五日。
136　《曹寅敕》，完整的出处请参见书后参考书目。我要感谢凯斯勒先生送给我这份档案的抄件。
137　《曹寅奏折》，页十八 b，康熙四十七年五月二十五日。
138　前揭书，页二，康熙四十八年三月十六日。
139　提及这些物品的出处，按照正文中的顺序，分别是：(一)《李煦奏折》，页二 b，康熙三十二年十二月。当时对于"外国的"（foreign）的对应中文字是"洋"字，字面意谓"海"，若依照文意，则有"来自外洋"之意，此处所指，可能是来自于日本。(二) 前揭书，页一 b，康熙三十二年十月。(三) 前揭书，页五，康熙三十七年十月。这些水果和花草油的特殊组合，可能是为了要酿造水果酒或其他佳酿而呈进的。这类配方，近似于冒襄的妾在1640年代为他特别调制的饮料之成分。参见《影梅庵忆语》，英译本《董小宛回忆录》（*The Reminiscences of Tung Hsiao-wan*），潘子延译（上海：1931年），页61—63。(四)《李煦奏折》，页十二，康熙四十五年二月；页十三 b，康熙四十五年十二月十三日；页十七，康熙四十六年十月十日。(五) 前揭书，页一一〇，康熙六十年四月十一日。这个特殊案例是李煦由北京南返时，于途中遇见自己的家仆，当时他正携带刺绣的衣领进京；因此李煦特地命他停下，重新查验其质量后方才放行。(六) 前揭书，页十四，康熙四十六年六月。(七) 前揭书，页六三，康熙五十四年五月六日。
140　前揭书，页四六 b，康熙五十二年八月二十一日奏折上的朱批，以及前揭书，页八四，引自康熙五十六年六月二十二日的朱批。

141 前揭书，页二，康熙三十二年十二月。叶国桢这位弋阳腔专家，于康熙三十二年十二月十六日抵达苏州，李煦还补充说："切想昆腔颇多，正要寻个弋腔好教习，学成送去。无奈遍处求访，总再没有好的。今蒙皇恩，特着叶国桢前来教导。"是以皇上此举，特别受到欢迎。此事在《红楼梦新证》页 301、304 两处有所讨论。

142 《李煦奏折》，页四七 b，康熙五十二年九月十八日，援引同年八月八日收到之谕令。李煦于十二月购入两千段竹子，送入京师。参见前揭书，页五十，康熙五十二年十二月二十四日。

143 《八旗满洲氏族宗谱》，卷七五，页六 b；他是汉军镶蓝旗人，后官至六品。

144 《中国方济会志》(*Sinica Franciscanan*)，卷 5，页 441。

145 《李煦奏折》，页七，康熙四十年三月，援引康熙三十九年十一月奉到谕令。李煦、曹寅、敖福合三位织造间的讨论，事在康熙四十年元月。

146 前揭书，页七 b，康熙四十年六月，以及页八 b，康熙四十年十月。

147 《雍正朱批谕旨》，册四一，页六一，于李卫奏折上的朱批，雍正六年八月八日。皇上将"穆尔森"名字的"莫"字，误写为同音的异字。两处中姓名的第二、三字都是相同的。

148 这锭墨，长七点三公分，仿汉代石碑造型制成，上头刻以十分精美的楷书，镶以金漆，墨质黝黑而绵润。参见《红楼梦新证》，页 307—308。

149 《红楼梦新证》，页 241，在此处，周汝昌也就方豪对这个问题的探讨进行讨论。吴世昌：《红楼梦探源》(*On the Red Chamber Dream*)，页 355。

150 《红楼梦》，乔利（H. Bencraft Joly）节译本，卷一，页 97—98。

151 引自吴世昌：《红楼梦探源》，页 355。

152 如同周汝昌在整部《红楼梦新证》当中所作的，通过小说中角色的比对以及大事年表，来证明曹雪芹（即曹雪芹）的确就是《红楼梦》的创作者。周汝昌在这里所下的工夫，是一项十分精细而又严谨的学术成就，很难出错；而他所搜集来的资料，更是无价。只是，在若干更为精确的对比上头，令我们产生了一些疑问：举例而言，为了与曹雪芹的生涯相符合，周汝昌宣称宝玉的第一个绮色春梦，以及随后和他的侍女发生的性事，是发生在宝玉七岁（虚岁八龄）之时，见《红楼梦新证》，页 176。在《红楼梦八十回校本》里面（页 59），对于此事具体细节的描绘，却是语焉不详。一说宝玉在初尝云雨时，很可能年已十二三，而若是如此，则不是曹雪芹的诞生要早过周汝昌所称的年份，就是《红楼梦》这部小说并不是对曹雪芹生涯的严谨记录。

153 分别在 1699、1703、1705、1707 年，参见本书第四章。

154 关于"真有是事"，参见吴世昌在氏著《红楼梦探源》页 198 当中，对于脂砚评语的引用以及讨论。

155 《脂砚斋红楼梦集评》，页 199。脂砚在"如今在江南的甄家"的字里行间作评，认为甄家实乃紧要关键之处，不是随意闲笔。

156 《红楼梦八十回校本》，页 156。

157 荣振华（Joseph Dehergne）:《18 世纪前华中南京教区的地理》（La Chine centrale vers 1700.I. L'évêché de Nankin, étude de géographie missionaire），《耶稣会历史档案期刊》(*Archivum Historicum Societatis Iesu*)，第 28 期（1959），页 309。本文对织造衙门的"织"字部首有误植，不过很明显的就是指此处无误。
158 见本书第四章。
159 身为当时的皇子，雍正皇帝在给江苏巡抚陈时夏奏折上的朱批里，回忆起这件事来。见《雍正朱批谕旨》，册五，页一〇七 b，雍正五年十一月二十四日。
160 如 1727 年，葡萄牙使节麦德乐（Metello）来访时即如此。《雍正朱批谕旨》，册四十，页八六，雍正五年九月十九日李卫奏折朱批。
161 郎廷極奏折，《康熙朱批谕旨》，页四十 b 至四二。
162 关于此佛像的护送，有两道奏折可以相互参照：《曹寅奏折》，页十八，康熙四十七年四月十三日，以及《李煦奏折》，页二二 b，康熙四十七年三月二十九日。
163 《扬州画舫录》，页一〇二。同书（页二四）里将天宁与高旻两寺（虽然不是金山寺）列入"扬州八大名刹"之中。
164 《南巡盛典》（卷九八，页二）里有对此寺的略图以及简短叙述。
165 《扬州画舫录》，页一六一至一六二；《南巡盛典》，卷九七，页二一。
166 《扬州画舫录》，页八二至八六。
167 《李煦奏折》，页一一二，康熙六十年十月十四日。李煦分别于康熙四十六年九月（前揭书，页十五）以及五十六年七月（前揭书，页八七 b）将御赐礼品送至天宁寺。在皇太后重病期间，该寺合寺僧众为她诵经祈福一周，李煦也参与其事（前揭书，页八九，康熙五十六年十一月七日）。
168 《曹寅档案》，编号二八一四，康熙四十二年七月三日。御笔亲书由高士奇自宫中携出，曹寅率僧众叩谢天恩，并收入寺中珍藏。《曹寅奏折》，页九，康熙四十三年二月十五日。
169 这是于 1704 年随后的事，当时满洲将军马三奇奉命协助曹寅。
170 《曹寅奏折》，页十一 b，康熙四十三年十一月二日，以及页十三 b 至十四，康熙四十四年十月二十二日。
171 前揭书，页九，在康熙四十三年十月十三日奏折上的朱批。
172 如曹寅经手负责将皇上赏赐的一批菩提树南运，这些菩提树经他分配，分别栽植在他自己的织造署衙门，以及高旻、天宁、金山等寺院。《曹寅档案》，编号二七一三，康熙五十年三月一日。
173 如发生在 1717 年的事：当时李煦替僧广明转达对皇上赏赐礼品的谢恩之意，不久后他便收到朱批："知道了。广明如何无奏folder？"下个月李煦回奏：广明之谢恩折已经递出。《李煦奏折》，页八六 b，康熙五十六年七月二十七日奏折朱批，以及前揭书，页八七，康熙五十六年九月九日。
174 关于僧纪荫与钦赐金佛一事的首尾始末，俱见于《曹寅奏折》，页十二，康熙四十三年十二月十日。

第四章　南巡

康熙皇帝于 1684、1689、1699、1703、1705、1707 年，六次南巡。[1] 曹寅以江宁织造的身份，接驾了后四次的南巡。根据曹寅相关日记 1705 年那次南巡的记载，以及曹雪芹《红楼梦》里的刻画，是有可能为曹寅奉命接驾所带来的回报与负担勾勒出一幅清晰的图像的。

康熙皇帝六次南巡

在正史里，南巡主要是为了检阅河工，史书写的大多是河道整治的争议与谕令。省级官员定期觐见皇帝，而皇帝则是兴致勃勃地与官员或当地文人交谈。寻常百姓只会出现在"欢声雷动"或恳请皇帝留驾的画面中。不过，十七世纪的洋人是不会看到南巡的行政管理面向的，而把焦点放在皇帝爱民的一面。对洋人来说，南巡是要让皇帝能亲自与穷苦百姓交谈，听取冤情，惩治贪官污吏，伸张正义。[2] 在叙述康熙南巡时，一定要兼顾这两个面向。皇帝的日常政务势必大多只和文武百官接触,南巡让皇帝有机会亲自考核官员;我们在后面也会看到,皇帝有时的确接见了百姓。

第一次南巡其实是在 1681 年,彼时三藩之乱刚平定,康熙巡视全国各地。如同后来一名汉人笔记作家所说的,1662 年,国事蜩螗,皇帝幽居深宫不出,待天下安宁,他便四处巡视。[3] 1683 年,皇帝与皇太后巡视山西,这是康熙的第一次西巡。[4] 1684 年,皇帝接着北巡,9 月 9 日返京。[5] 然后便宣布东巡,所以康熙这时很可能正在计划巡视四方,但光是巡视山东,大概意义不大,所以就将之纳入南巡之中,而不称为东巡了。[6]

1684 年开始南巡之前,下了多道谕令,严禁趁机滥权。沿途供用预先储备,户部备妥草秣,工部贮藏木炭,光禄寺负责必要食材。[7] 严禁沿途官吏借名摊派,所有供用事先精算,以时价购买。[8] 而随行扈从规定如下:陪同皇帝的有亲王和皇族、侍从、侍卫、军械士、上驷院与銮舆卫人员、京城八旗兵丁;跟随在后的有衙门侍从官,从内阁大学士、翰林院、各部尚书、各司郎中、监督、御医、起居注官员遴选九十人,再由小吏、杂役轮流陪同这九十人。[9] 总人数必定上千,而曹寅很可能列名其中。[10]

皇帝所到之处想必有官员和百姓群集。根据 1675 年的规定,皇帝凡有出游,百里内的官员都须前来迎驾;若有违者,初犯罚一年俸禄,再犯贬降两级并调职。[11] 1684 年,鸿胪寺官员遵守律令,先行骑马指挥百里内的官员,召集当地乡绅和士民,跪迎皇帝驾到与离开。武将与兵丁亦同。[12]

1684 年 11 月 5 日,皇帝与扈从离京,循陆路南行,途经永清县、任丘县、献县，11月10日渡阜城县大运河。翌日，山东省德州官员跪迎皇帝圣驾。接着皇帝登泰山，在山顶的寺庙题字。官员以1684年乃大吉之甲子年，奏请康熙以此年为新纪元之始，结果为康熙所拒。[13] 康熙继续南行，过新泰县和沂州，11月24日抵宿迁县大运河。隔日，康熙在桃源县登船顺大运河而下，过长江于12月2日抵达苏州。12月7至9日，康熙驻跸江宁，并自江宁循水路回桃园县，再走陆路返德州，然后再依原路线返京，而于1685年1月3日，历经六十天的行旅回到宫中。[14]

　　康熙这趟南巡无疑是要衡量这些重要省份对满人统治的态度，所以审慎安排巡行路线。譬如，康熙南巡便绕过1645年清兵屠城的扬州，[15] 他也没前往经历惨烈战况的杭州，明朝遗民冒襄（此时仍健在）曾在此亲眼目睹满门仆役全遭杀害，家产被洗劫一空。[16] 南京曾是明朝的国都，与前明有深厚的渊源，如今则是明朝遗民抗清重镇，康熙很注意当地百姓的感受。12月7日，康熙先是遣内阁大臣至明太祖陵致祭，后来又决定亲谒明陵。[17] 江宁知府于成龙因治绩卓著而特受褒扬；此举既有助于抬高南京的地位，也因于成龙是旗人，而提振了满人治理的威望。[18] 皇帝还特别提到自己在学汉语，并告诉名士高士奇，[19] 他自八岁登基，但是读经不辍，至今每晚仍必读《史记》到深夜方休。[20] 康熙到了江宁城外的句容县，还停下队伍，询问当地知县庄稼收成的情形，并敦勉知县要爱民如子。[21] 这类的垂询建构出圣君的形象；这件事在民间传开，变成皇帝快马驰入知县衙门，突然缓辔勒马，垂询民间疾苦。[22] 皇帝甚至称许当地舟船的精致。[23] 康熙虽然刻意要营造受爱戴的形象，仍然处处小心和务实，与鞑靼将军驻跸在江宁防备森严的满城内。只有在后来的巡视，康熙才冒险进江宁城，驻跸在织造衙门。[24]

在某种意义上，第一次南巡是康熙的一种远行巡察，他虽然关注河工，[25] 不过一直到1689年第二次南巡才严肃面对这个问题。康熙在第二次南巡出发前，下了一道谕令，他决意顺应民情，亲自督察河工。他一再重申，南巡花销不得额外向百姓征税，所有供用都须依市价事先备齐，地方官员不许馈赠随行扈从。[26] 每次巡行都会反复下达类似的谕令，说明了百姓深受地方官员骚扰。官员深恐自己不能给皇帝好印象，扰民之举被告发反而是次要的。

1689年1月28日，康熙在皇长子胤禔与于成龙（1684年深获赏识，当时署理直隶巡抚）陪同下，循陆路南行抵宿迁县，这是黄河与大运河汇合的枢纽。在此，康熙开始认真督导河工；根据《实录》（康熙朝）的记载，他"下马，坐堤上，出河图，指示诸臣"，[27]皇帝的做法非比寻常，《实录》（康熙朝）的措辞也异乎寻常。之后针对河工进行漫长的讨论，康熙便乘船巡视清河县，[28]继而顺大运河而下，过长江，两天后至苏州，2月28日抵达大运河的终点——杭州。[29]

康熙本想继续南行视察河工，不过到了杭州东南方数里处的萧山县时接获奏报，水位太浅，舟船无法通行，而陆路也极为难行。不论奏报是否属实，或是官员惟恐皇帝知情太多而捏造的，康熙接受奏报的说法，在杭州多待了两天，然后启程北行。[30]3月16日到21日停留江宁，3月23日到24日，驻跸扬州。然后即刻循大运河北上，仅花两天检阅河工，4月7日即抵达天津，因为这天是康熙寿诞，皇太子胤礽率诸皇子、满朝文武出京迎接,护送皇帝回宫。[31] 第二次南巡总计花了七十天的时间。

这次南巡显然比第一次更加不正式。上回的扈从阵仗庞大,这次南巡则缩至三百人,[32] 仪仗亦较少,但非官式的迎接则较少受限。街头七彩旗飘扬,夜晚点亮各色灯笼。[33] 第一次出现了百姓群集行宫,恳请皇帝留驾的景象;[34] 后来留驾成了惯例。皇帝巡视虽然确实会扰民,但在1689年这次,百姓或许是真心恳请皇帝留驾。1684年,皇帝展现出严肃学士之姿,而这回则凝视早春盛开的曼妙梅树,以手轻触,流露出对美之敏锐感受的面貌。[35] 税赋减免,轻罪获赦免。[36] 就连商贾也大受鼓舞,因为皇帝通过漕关时得知商贾付清税款后仍被扣留;皇帝谕令商贾付清税款即应放行。[37]

第三次南巡是在1699年,阵仗庞杂,康熙不仅有皇太后陪同,还有至少七位皇子随行:皇长子、皇三子、皇五子、皇七子、皇八子、皇十三子以及皇十四子。[38] 康熙一行人于3月4日起驾离京,但队伍移动缓慢,康熙因而前行前往视察河工,3月31日再与家人会合,陪皇太后过黄河。然后,皇帝再次独自行动,乘小舟仔细视察堤防,再回头继续悠闲的行程(这次巡视过后,康熙针对河道应维持之水位,下了详细的指示)。[39] 南巡队伍驻留苏州六天,在杭州、江宁各待了七天,然后仍是缓缓北归,于6月14日抵达北京,这趟南巡总计花了一百零二天。

康熙这趟南巡,对自己的满人身份安心了许多,他不再引经据典,也不用故示美学素养。康熙这趟巡行的主要形象是善骑射的勇士。先前几趟的巡行,康熙已牛刀小试箭术,几次亲自弯弓射箭,[40]

但在 1699 年这一次，他首度展现骑射之术，意在给武将看看，但显然也让文官十分叹服。4 月 26 日，皇帝抵达杭州，领着皇子与箭法最精的侍卫骑马射箭。康熙一箭就命中目标，然后挑战难度更高的练习：他松开缰绳骑马瞄准靶子，正当准备射箭时，坐骑突然受惊向左扭。康熙改变握弓，将箭射出，命中靶子。[41]《实录》(康熙朝) 在描述这段插曲时，很不同于一般仅一笔带过"上初骑射中的"，显示康熙的表现令人侧目。皇帝这次显然是有意露一手，而他化险为夷，更赢得美名。

也有证据显示，1699 年这次南巡，皇帝曾丢下随扈，几乎是独自与百姓交谈。4 月 30 日和 5 月 1 日，皇帝驻跸苏州，5 月 5 日到望亭。但是 2、3、4 日这三天的时间，《实录》(康熙朝) 完全没有任何记载，甚至连日期也没有提到。[42] 这块脱漏只有笔记来补，上头提到 5 月 2 日康熙离开苏州，遇见几个渔夫，亲自钓了几条鱼，独自与巡抚宋荦上了两艘木舟。上岸后，两人与乡民话家常，聊到庄稼与当地的困难，康熙说道："凡事必亲见也。"[43] 这段情节或许纯属虚构，是以圣君形象塑造出来的，但这位笔记作家利用正史的空白，以支持他皇帝微服出巡的说法。但这段空白也可解释为没有起居注官在场，而朝廷史官也乐于忽略皇帝在没有官僚在场的情形与民亲善的例子，而笔记作家则抓住这点大做文章。

1702 年，皇帝四度南巡，在 11 月 14 日偕同胤礽（太子）、胤禛（日后的雍正皇帝）、胤祥（皇十三子）离开京城。当一行人抵达大运河畔的德州时，太子身染重病。康熙留在此地，等太子康复，以写字、射箭打发时间，处理政务。太子病了半月余，复原之后，康熙决定中止南巡返京。⁴⁴康熙显然乐于扮演慈父的角色；就如他写给耐心候驾的李煦所写的朱批："不意皇太子偶感风寒，病势甚危，幸而朕留心多方调整，以致痊愈。"⁴⁵

第四次未竟的南巡于次年完成，3月3日，皇帝与上回随行的三位皇子离开京城，匆匆巡视，前后只花了五十八天，走陆路往桃园县，之后经水路抵扬州、苏州、杭州、江宁，然后折返天津。这趟巡视除了几件小事之外，并无留下任何记载，例如：皇帝派侍卫到一个穷村灭火；针对河工下达了几则简短谕旨；送了几名女子给高丽国王当妃嫔。《实录》（康熙朝）里对这次南巡草草几笔带过，或许是日后登基为雍正的皇四子在场的缘故；雍正出于后世所未知的原因，后来有可能把这趟南巡与他接触官员的相关内容予以删去，只留下大略。⁴⁶

最后两次南巡是在1705、1707年，两次都很悠闲，分别花了一百零八天、一百一十七天。⁴⁷康熙这两次南巡都走水路，循大运河和南方河道，因为他认为走水路最经济。⁴⁸前四次南巡留下了巡视路线与停留地点可遵循，看来康熙也无意更新。他召见地方官员，视察堤防、讨论地方状况，谘諏归隐名士，减税赦罪，操演骑射，加开科考，犒赏扈从与在地驻军，若有百姓祈请，则照例留驾一天，而百姓几乎总会祈请留驾。仁君的形象容易深入读者心里，所以值得稍加叙述一件事，呈现康熙的另一面。

话说1707年3月23日，皇帝视察河工，邻黄河与大运河的几处湖，水位较高，河道总督张鹏翮建议以开凿之法来降低水位。康熙不满意，视察之后谕令所有扈从、随行文武官员、地方各级官员，以及张鹏翮和其治河下属,跪在行宫之前。康熙问张鹏翮,开河是何根据。张鹏翮并未直接答复,而是说:"吾皇爱民如子,不惜百万币金拯救群生,黎民皆颂圣恩。"康熙一听到话,更是责骂张鹏翮,提醒他援笔虚幻与操持实务大不相同,最后说道:"河工系尔等专责,此事不留心,何事方留心乎?"张鹏翮无言以对,伏拜在地。[49]

两天后,康熙又再度斥责,谕令所有官员列队跪在岸边,听他自舟上训诫。康熙又再次责备张鹏翮无能,要他说出个道理来:"今大小臣工,齐集于此,有何说,可于众人前直陈。"张鹏翮摘去顶戴,祈请皇帝降罪。康熙还是不肯饶过张鹏翮,继续滔滔不绝,讥讽他会说漂亮话,然后提出他自己的解决办法。最后,康熙说道:"着张鹏翮率领在河能员,确看,定议具奏。"[50]根据《实录》(康熙朝)记载,曹寅当时也在场;[51]这件事一定是个有用的提醒,康熙要的是精准的信息。

南巡显然是康熙个人治术的一环;就跟包衣与奏折的作用一样,南巡让康熙既能监控,又能绕过常规的官僚体系。不过,南巡既费时又累人。1707年最后一次南巡后,皇帝回程速度极为缓慢,频频停下来休息。当时康熙已届五十三岁,显然难耐南方的酷暑;[52]或许正因为康熙已意识到自己无法再亲自南巡,才让曹寅从1708年之后上呈密折(后面将会详述)。所以,从可信的管道取得信息就变得愈来愈有必要了。

康熙与耶稣会修士

南巡是康熙个人治术的一环,这一点可从他利用南巡的机会保持与华中的天主教传教士接触而得见。到了十七世纪末,中国已有许多传教士,但并无专责机构与之往来。通过定期召见传教士,康熙能与传教士维持非正式关系,而不必正式承认传教士的地位。反过来说,传教士又因受康熙关注而洋洋自得,而几次南巡也让传教士为康熙塑造出讨喜的形象,并将之传回欧洲。

1684年,皇帝驻跸江宁时召见汪汝望(Valat)与毕嘉(Gabiani)这两位耶稣会修士。康熙以"鞑靼人的方式,盘腿坐在王座上"接见他们,垂询其姓名、年纪,在中土待了多久,是否研究过哲学,能否说出最近出现的新星。康熙御赐一杯京城里耶稣会士酿的酒,他们跪在皇帝面前一饮而尽,旁边还有赐给他们的绸缎与黄金。这两位传教士向康熙出示十字架,皇帝礼貌性地表示感兴趣。还有一次,康熙派人到汪汝望家里探病(他犯头疼而病倒了),后来皇帝经过江宁街头,还停下来与"依民间的方式,于皇上必经之路摆好案头并熏香"的汪汝望说话,[53]皇帝在路上也探询其他教派。在江宁城内,除了耶稣会士之外,当然还有圣方济各会和多明我会修士;耶稣会士引介圣方济各会修士觐见皇帝,令他们心怀感谢。[54]

耶稣会修士洪若翰(Jean de Fontaney)留下1689年皇帝江宁之行的见闻,显示耶稣会士迎驾的方式与地方官员是一样的。3月15日,即康熙抵达江宁的前一天,洪若翰与毕嘉走了约六英里路到城外去恭候圣驾。

> 次日，我们见到皇上经过；他仁慈驻足，并用世上最亲切的口吻与我们交谈。他坐在马背上，后头跟着侍卫和两三千名骑士。全城以旌旗、旗幡、高台、华盖，以及不计其数的装饰品来迎接他。每隔二十步就在道上竖立一道牌楼，上头包覆织锦，并装饰旗帜、缎带、丝结，皇上从底下通过。街上万头攒动，但他们深怀敬意，安静得听不到一丝声响。[55]

根据毕嘉的说法，他们每天去行宫观见康熙，并在他们的提议下，康熙在黄昏时分前往古观象台观看卡诺帕司星（Star Canopus，老人星），皇帝派人前往他们的住处，他们给皇帝送上温度计和气压计。[56] 传教士为皇帝送行，礼仪恰如其分：

> 他在3月22日离开江宁返京，基于职责，我们陪他几天，随他走了约九十英里，然后我们在岸边等他（皇帝去探访金山寺）。他看见我们，仁慈地要我们的小船靠近，由他乘坐的大舟拖行六英里余。他坐在台上，先看了我们的奏本，我们依中国惯例，以书面表示谢意……他问我们如何过长江，以及他会不会在途中经过我们的教会。他给我们看几本他带在身边的书，并在我们的面前谕令他所召见的官员；他要人把桌上的糕点和各式食物放到我们的小船上，周到地把我们送走。[57]

康熙与耶稣会士的接触模式成了惯例。1699年，白晋（Bouvet

自法国返回中国，直接从广州前往扬州，当时正是皇帝第三度南巡。白晋与张诚（Gerbillon）引介新来的传教士，他们献上各种奇玩，轮流被召到龙船旁与皇帝说几句话，然后皇帝将桌上的佳肴与银两赏赐给他们。白晋两度获召见，奉命在康熙返京前陪同他巡游。[58]耶稣会士自然会在寄回欧洲的信里大书特书与皇帝会晤的情景，而这类未经事先安排的巧遇确实发生过。譬如，康熙第五次南巡时，随行汉族官员在日记中提及在江宁的一次事件，时间是在1705年5月18日：

> 皇上行在碑亭巷，有天主堂门首恭进西洋字册页，履历黄折。钦奉皇恩停车顾问良久，又御试西洋语文，龙颜大悦，随命御前太监李某带领，随驾入行宫。[59]

传教士十分重视这类觐见，因为这是康熙公开表达圣眷。就如洪若翰所言：

> 圣恩垂顾，令吾等甚感荣幸，皇上当着满朝文武和邻近省份官员的面表达关切，彼等受此影响之后，会泽及吾教圣律与宣道士。[60]

同时，康熙南巡时注意传教士的密切程度也超乎他们设想。虽然康熙认为洋人基本上品行端正，[61]也讨他欢心——"只要我在位，就不必担心他们；我善待他们，他们爱戴我，尊敬我，设法取悦我。"[62]——但康熙对他们仍有所提防。1703 年第四次南巡,皇帝碰见了许多传教士,他不知道有这些人存在,十分震怒,一来担心酝酿政治活动,二来担心传教士随意来去。久居中土的传教士闵明我(Grimaldi)只能安抚康熙,同意将所有耶稣会士的人员与财产编目造册,并为其他修会切结保证。[63] 1707 年最后一次南巡,皇帝又仔细核实江宁城内的传教士是否登记在册并领"票",承诺遵循利玛窦的做法;若有拒绝情事,将会被逐出中土。[64]

在南巡的描述中所具有的情形,也可在康熙处理耶稣会士的方式中看到——在慈祥和蔼之中透着精明干练,若对皇权有任何威胁,不论是真有其事或出于想象,那种闲适马上就消失无踪。

曹寅与南巡

负责料理南巡诸般事宜可不是一件轻松的差事,而这就是曹寅于后四次南巡期间在江宁所必须执行的任务。他之前在江宁就见过皇帝了,因为他的父亲曹玺自 1663 年起即署理织造,直到 1684 年 7 月死在任上。如前所叙,皇帝在 12 月抵达江宁,亲临抚慰丧家,特遣内大臣以尚尊祭奠,并钦赐丧家御书。[65] 曹寅身为曹家长子,主持治丧事宜,应该接待过康熙。

十五年后,康熙三度南巡,由曹寅接驾。曹寅视事江宁织造,织造衙门和宅邸被移作行宫。皇帝第一次驻跸织造衙门是在 1689 年,当时是桑格担任江宁织造,往后四次南巡,均以此为行宫。[66] 1699 年,皇帝驻跸江宁一周,[67] 就是在这次巡行时,康熙召见曹寅寡母，亲切话家常，并御书"萱瑞堂"三字送给她。时人视之为浩荡天恩；年迈老母常奉召觐见，并得到皇帝称许，甚至御赐绸缎；而老母得到皇帝钦赐御书，更是无上恩宠。皇太后亦与曹母交谈，更增殊荣。[68]

康熙在这趟巡行交代曹寅一件特别的差事。1699年5月14日谕旨提到皇帝亲祭洪武陵寝时发现墙垣多倾圮，命江苏巡抚宋荦与曹寅会同修缮。康熙还御书"治隆唐宋"四字，命曹寅制匾勒石。[69]曹寅在6月23日的折子里奏报，他与代理总督陶岱、宋荦及地方大小官员踏勘，并预估所需工料，委派江防同知丁易监工，共同议定动支"官吏俸工"银两进行修缮。不过，因为这年夏天多雨水，要等到秋凉时节才动工兴修。俟修缮完竣后，即将御书制匾勒石。[70]曹寅分工委派相关官员，动用公共银两支付，整个任务筹划得十分利落。

南巡结束后，曹寅又上了两道奏折，一则恭谢天恩，轸恤百姓，一则代表母亲感谢皇恩，写道："臣寅母子焚顶捐麋，难以上报。"[71]康熙针对这两道奏折并无特别指示，不过在1703年四度南巡之前，皇帝下了一道指示：

> 朕九月二十五日自陆路看河工去，尔等三处千万不可如前岁伺候。若有违旨者，必从重治罪。[72]

由此可知，1699年的那趟巡行，曹寅的接驾安排奢华铺张，康熙并不认同，而在密折里表达此一意见，很可能是真心反对。1699

年的南巡确实很奢华——"视甲子（指 1684 年那次的南巡）已逾十倍矣。"[73]

不过，1705 年这趟南巡时，曹寅已位居要职（接任两淮巡盐御史），而康熙显然已经精于品味，也乐于接受曹寅的奢华款待。这趟南巡可以特别仔细研究，因为一位无名氏——显然是扈从之一，或是深知内情的人士——留下一份关于这趟南巡的记录。[74] 如果再辅以大学士张英的回忆，我们便能相当详细地勾勒出 1705 年曹寅的行迹。张英曾于 1689 年随同南巡，并留下他沿途吃足苦头的有趣描述。[75]

1705 年 3 月 3 日，皇帝离开京城，3 月 25 日抵达鲁南大运河畔的鱼台县。[76] 江南文武百官在此恭迎皇帝大驾。诸臣之中有自江宁兼程赶了两百五十英里路来接驾的曹寅。显然康熙的每一次南巡，曹寅与江南的文武百官都得这样千里跋涉，而且一定也所费不赀；而且，他们还得比皇帝早到——他们在鱼台县已经等了十天，皇帝才终于现身。[77] 百官接了驾之后，便随皇帝南行，原本就已可观的扈从队伍更形庞大，造成相当的混乱。这就是张英在南巡时晚上就寝时所碰到的问题：

> 余先一日曾遣辎重、僮仆、帐幕至宿处相候。此时昏黑中见家人来迎，深幸有即次之安。俾其指视，而彼已恍惚不能记忆原处。盖于幕一色，空旷之地顷刻又增营幕，最难记识。

> 又军中例不许高声呼唤，至夜尤严，故但低声问之。

有顷,一仆远闻,疾趋而前。盖已越数十幕;仓卒来迎,一旋转间,而彼又茫然矣。饥疲已极,求息肩不可得。又越数刻始得达账房,已漏下三鼓矣。[78]

这件事发生在启程之后未久,而张英先前也没有露宿野外的经验。曹寅可能不曾有过这么狼狈的时候,但许多巡行的规矩一定令他十分厌烦。所有参与南巡的人都必须自备辎车,自行载运帐幕、寝具、炊具,但在皇帝整装启程之前,所有辎车不得离开营地。结果到了入夜,辎车都还无法抵达,而随扈只能呆坐枯等,愈坐愈饿。就算辎车到了,也还有麻烦;十里之内的井水、泉水都留给康熙和随扈,其他的人只好老远去找水喂马炊饭。他们还得等康熙就寝之后才能休息,而在黎明前收拾好帐幕、用具,在行宫之前静候。[79]

1705年3月底,曹寅与皇帝缓缓南行,狂风骤雨令之无法渡黄河,也困住了他们与随扈,皇帝还得从自己的储备中拿出额外的粮食。[80] 3月30日,皇帝抵达江南,当地绅衿与驻地官兵恭迎圣驾;[81] 他们应该也跟在阵仗之后。4月1日,随扈渡过黄河。[82] 寥寥数语却是蕴含复杂;以下是张英陈述他在1689年渡黄河的情景,曹寅肯定也碰到类似的难题:

> 自宿迁五鼓启行,岸上行四五十里,闻上已登舟。予靠四五人亦登舟,然舟行稍迟,又五六十里闻上已登岸。予辈四五人又登岸,行至清河已将日落。盖是日行二百余里。余僮仆八人皆又不及至,随一仆,牵一马。予令其前,尾

之而行，先是予与京江、厚庵、运青同行，[83] 予坠马、湿衣。
而诸君已疾驰，予力追之不能及。

　　至清河，闻上已渡河，且令侍从臣皆于今日渡。予携
一仆三马，至河边，已昏黑。已无可如何，有礼部笔帖式在
此相候。予遂偕之渡河，留三马一仆于泥沙间以待后人。

张英的麻烦还未结束。这个笔帖式派人另外找船，而仆人竟然迷路了，于是笔帖式就去找他，结果自己也迷路了。最后，张英独自一人拖着沉重的步伐在黑夜里寻找皇帝的踪迹。[84]

1705年3月底4月初，曹寅一定是跟着康熙；因为他在常规的官僚体系里并无一定品秩，又不在自己的辖区，他在扈从行列中的地位很可能并不重要。4月2日，漕运总督桑格奏请康熙进入淮安城，先遣侍卫在前开道，太监抬的三十多顶轿子紧随在后，后宫女眷坐于其内，而曹寅不太可能在这阵仗之中扮演角色。[85] 两天后，曹寅开始与大吏重臣并列，因为此时康熙已进入扬州巡盐御史和江宁织造的辖区范围了。

4月4日晚上，皇帝在扬州附近登岸，接驾的不仅有官吏，还有扬州城的盐商，进献古董、古玩、书册、字画，皇帝纳之。[86] 翌日，曹寅以巡盐御史的身份，祈请皇帝移驾至盐商在一处园林里特意安排的行宫。皇帝欣然同意，偕太子、皇十三子、宫女一同前往。戏码、宴饮已准备就绪，皇帝一行人在此地稍作休息。[87] 这般排场自然手笔不小，皇帝估计应要花上数千两白银，[88] 这笔花销是由盐商支应，曹寅并未出一文钱。

4月7日，曹寅联同两位大臣设御宴百桌，这是曹寅头一笔大的花销。说来奇怪，设宴的这三位大臣本身刚好代表三大统治集团——八旗精英、汉官精英和皇家精英——鞑靼将军马三奇、中堂大人张玉书和曹寅。这三位大臣也进献礼物，皇帝收下马三奇的一套古书、两只西洋瓷杯、一篮鲤鱼，曹寅的一只玉杯、一架白玉鹦鹉，张玉书的几本书。[89] 南巡的惯例是官员进献各色礼物，皇帝挑选几样，其余归还。但盐商的待遇又有所不同。在曹寅等人进献礼物之后，扬州盐商又进献皇帝六十件古董，太子四十件古董，皇帝、太子全部欣然接纳。[90] 盐商自然没收到任何回礼；曹寅和官员获赐御制诗词（大概是皇帝亲书的）等小礼物。[91]

4月10日，康熙至苏州；城外几英里处已设好戏台，皇帝在八驾马车簇拥下骑马进城，随从有女眷乘坐的轿子，城内家家户户门前设案焚香，撑起五颜六色的篷幕，沿街悬挂五彩缤纷的灯笼来迎驾。皇帝的行宫设在李煦的织造衙门，正是李煦联同江苏巡抚宋荦祈请皇帝进城的。江南、山东、福建的官吏前来见驾之后，普陀山的一个和尚继之奉召觐见，李煦设宴、安排几出知名的戏。[92]

翌日，阴历三月十八日（阳历4月11日）皇帝寿诞，气氛更为欢庆。邻近各省文武官员、告老还乡的大臣、乡绅、学士、和尚前来向皇帝贺寿，进献礼物。皇帝以内务府供用周备为由，婉拒了许多礼物，并赐宴省级大员，钦赐礼物，总值不超过一千两银子的扇子、竹器、丝绸、糕饼。曹寅获得钦赐对联："万重春树合，十二碧云峰"。还有琉璃物件、墨以及饮宴用之羊肉。这顿饭应该是李煦出的钱，但他却什么也没收到。[93]

这时驻跸苏州的康熙，交代李煦和曹寅办一桩差事。李煦奉命募资以供应原总兵严弘的二子读书，这时的严弘既贫且病，无力负担。严弘二子长大后可报部擢用。[94] 曹寅则奉命编修刊刻唐诗。曹寅后来提到他是在4月12日奉旨编修刊刻唐朝诗集的，[95] 但是正史关于这一天的记载，甚至详细描述这趟巡行的日记，都没提到这道谕旨。可能皇帝起初是私下交办的，因为这毕竟不是包衣和织造的职掌范围。皇帝要确定此举能成功，才会昭告天下。

康熙自苏州起驾前往松江府，从4月18日至4月22日驻跸该地。[96] 曹寅再度随侍皇帝，皇帝命曹寅等人核实御赐张云翼的礼物。张云翼是松江府提督，[97] 在康熙驻跸松江府时，以宴筵、戏剧、骑射操演的铺张排场博得皇帝欢心，但又能维持睿智、正直的声名。曹寅与两位僚臣奏报礼物清单，而清单上的袍子、帽子等衣物都是皇帝穿戴过的，这表明皇帝十分赏识张云翼的接驾（几天前，皇帝才将坐骑赐予张云翼，张云翼是1705年南巡蒙受御赐最隆的官员）。[98] 要曹寅等人将礼物编目清楚，一来避免礼物给错人，二来也昭告世人皇恩隆重。

4月23日，康熙离开松江府前往杭州，在此停留七天；5月2日离开杭州，又在苏州驻跸一周。[99] 这段期间并未提及曹寅，他可能在清点完御赐张云翼的礼物后，先回江宁去打点皇帝回銮江宁的事宜。

5月14日，皇帝回銮至江宁，曹寅主持接驾。午时，皇帝通过西华门，谕令侍卫不得驱离百姓，任之围观南巡行列，然后进驻织造衙门。当地文官武将都到织造衙门来迎驾，仪典一结束，曹寅随即设宴。宴后，驻地官兵进献礼物，然后又赴总督阿山筹备的另一场宴席。第二回宫筵结束后，各官晚朝觐见皇帝。

曹寅似乎很懂得送礼讨皇帝欢心的门道，他又进献樱桃。皇帝龙心大悦，说要送至京城进过皇太后后他才用。于是便挑了差官带着樱桃骑马进京，居然短短不到两天，樱桃就送到了（樱桃应该是由官差骑马，接续在沿途驿站换马传送，到京城总计两千三百里路，平均时速十六英里，这是当时传递文书急件所规定速度的两倍）。这里，皇帝的炫耀作态迎合了满人快马疾驰的喜悦，以及汉人对彰显孝道的崇敬。那晚稍后，曹寅再次进宴搬戏。[100]

翌日，5月15日，大员早朝后，皇帝遣户部尚书徐潮致祭洪武陵寝，[101]总督阿山进献皇帝一百六十匹不同花色的华丽绸缎、三十件珍稀古玩、三十四匹骏马等，另进献太子二十件古玩，送给嫔妃香袋、梳妆用具、香水，这些全都一反惯例，照单全收。地方官员、学士则进献字画、书册，江苏巡抚宋荦奉命审查。由于狂风大作，暴雨欲至，取消原订的箭术操演。将官又进献更多的古玩和马匹。是晚，曹寅再设宴搬戏。[102]

这种从容悠闲的节奏贯穿了1705年的南巡。例如，5月16日，细雨绵绵，皇帝待在行宫，召集地方官吏、学士前来赋诗，午后，皇帝同太子宫眷前往织造机房看匠人织机。当晚，曹寅又设宴搬戏。[103]5月17日，净空街道，以让皇室家眷前往报恩寺；命僧侣回避，皇帝在正殿礼佛。僧侣已备妥行宫，供皇帝休憩赏景。回銮织造衙门之后，曹寅又设宴，并招来江宁盐商入行宫觐见皇帝。[104]

皇帝驻跸衙门时，曹寅做了一件受汉族官员和学士称赞的好事，就如同昔日他在苏州显扬孝道、树立官声的典范。[105] 当时，总督阿山参江宁知府陈鹏年贪腐、违反仪典，依律处以极刑。某日，皇帝过行宫庭院，见到曹寅之子曹连生（后来改名为曹頫）嬉戏，问他江宁有好官否？曹连生回说知有一人，便是知府陈鹏年。这个回答说明了曹寅必定不同意对陈鹏年的判决，曹寅随即恳求皇帝宽宥陈鹏年。由于曹寅的恳求，康熙饶陈鹏年不死。时人认为这件事尤其要得，因为曹寅和陈鹏年并无深交，而曹寅为求公理，显然是赌上了自己的前途。[106]

皇帝离开江宁之后，曹寅稍有喘息，但等到皇帝抵达扬州，曹寅又得安排皇帝的起居。5月23日随扈至扬州，曹寅和为首的盐商祈请皇帝驻跸三叉河，皇帝同意，登岸视看设于庭园中的行宫；盐商在行宫上耗费巨资，设计精巧机械与古玩，令龙心大悦，而招来宫眷、扈从一同见识。[107] 这显然是曹寅大出风头的时刻，尤其是皇帝南行驻跸龙潭行宫，工匠粗糙的工艺和不舒适的居住环境，令龙颜震怒，尽管巡抚再三恳求，皇帝拒绝回程再进驻。[108] 虽说康熙先前告诉曹寅，不必特别在扬州修葺行宫，[109] 但他显然还是期待纵情享受、舒适安乐，也不希望曹寅把他有关花销的训诫当真。

5月23日晚，盐商设宴搬戏。次日，曹寅以巡盐御史的身份也设宴搬戏。5月25日，皇帝去另一处行宫，这可能是曹寅和盐商共同营建的；在此，他们于花园中央另造了一座假山，皇帝登临，可以放眼远眺。康熙用膳观戏，再次表现出愉悦之情。5月26日，或许为了表示谢意，皇帝命侍卫将盐商带至行宫；当晚，在开满莲花的湖边，观赏彩灯船的表演，随后进宴搬戏。这一天是曹寅与盐商伴随皇帝欢宴三日的高潮，也难怪《实录》（康熙朝）只字未提了。[110] 康熙欲如期返京，但应盐商恳请又留驾，5月27、28日两日都在宴筵、演戏、进献礼物中度过。皇帝终于在5月29日起驾回京。[111]

是日稍后，皇帝驻跸宝应县，下了一道谕旨：

> 因江苏织造预备行宫，勤劳诚敬，江宁织造曹寅加授通政使司；苏州织造李煦加授光禄寺卿。[112]

然后，就如起居注官员记载："两人谢恩，先回。"这是曹寅官宦生涯的巅峰，不难想象他骑马领着官员返回时的心情。一个家产万贯的人，受皇帝公开褒扬，又有三品的新头衔，奉命编修钦定的文集。这对传统中国官僚体系中想要出人头地的人全是重要的目标；曹寅虽非这个体系中人，却一一实现了。

《红楼梦》中的南巡

关于曹寅公开参与南巡事务，正史和野史都没有更多的记载。若是曹雪芹没有写下《红楼梦》，是无从了解南巡对个人造成何等的影响。《红楼梦》第十八回写的是元春回贾府省亲。这一回细腻铺陈省亲的细节，贾府里大手笔筹备元春省亲，元春随扈的阵仗，形同将皇家巡行写入小说。

贾府的辉煌精准反映出曹寅为康熙安排一场又一场的宴筵与演戏。[113]虽然曹雪芹从未清楚交代贾家如何积累家产，这份空白或许可以从曹寅身为康熙家臣经营丝、铜、米来填补。[114] 曹家虽然没有出皇妃，但曹寅的两个女儿都嫁给郡王，[115] 皇帝还亲自过问这两门婚事，命正白旗包衣佐领主持曹家长女的婚事，[116] 并赐御宴。[117] 所以，贾家的社会地位和财产都在提升，并为皇帝所垂顾。

曹雪芹必定听过家人说起这些事情，而把昔日的辉煌写入小说里。曹雪芹当然也会用自己在家里亲历的事情作为小说题材，极有可能他那嫁给镶红旗郡王讷尔苏并产下子嗣的姑母，[118] 回曹家省亲时给年幼的曹雪芹留下不可磨灭的记忆。[119] 有时，曹雪芹的描述也会如实反映往事，显示除了家族相传和个人亲身经历之外，也可采撷史料。比方说，曹寅在第五次南巡前上了一道奏折，"臣同李煦已造江船及内河船只，预备年内竣工（在康熙抵达之前）"；[120] 曹雪芹在《红楼梦》某一回里如此描述南巡："咱们贾府正在姑苏扬州一带监造海船，修理海塘。"[121] 如果我们把下面的描述看成史实、家族传说以及后来个人经验的混合，并经过小说家可能会用到的手法，加以夸大渲染或是轻描淡写，或可从中窥见南巡对曹家的影响。为求慎重起见，此处讨论的省亲主要是用曹雪芹笔下的元春回贾府省亲的情节，而不是史家所载的康熙驻跸曹家。

当贾府确定元春省亲的消息后，便挑了相邻的两府邸之花园，方圆约三里半大的地方，命人彩绘图样，以修葺作为省亲别院。同时还派人聘歌女、教席，置办乐器、道具；[122] 这就花了贾府三万两银子，另外花两万两银子置办花灯、花烛及各色帘帐（曹雪芹暗指派去置办的人在中间吞了不少银两）。[123]

此后，工匠、石匠络绎出入贾府，将金、银、木料、砖瓦等所需建材搬进贾府。原有的墙垣、楼阁,以及下人住所尽行拆除以为施工开道;所幸此处已有河道,不需再引新水道。诸如竹树、山石、亭榭栏杆等物,可以自园中他处挪用;善用手上已有的材料,改建也可不必花大钱。[124] 墙垣亭阁俱用水磨砖砌成,白石台矶凿成西番莲花模样。[125] 房屋内部布置华丽,四周是雕空玲珑木板,或流云山水,或翎毛花卉,雕五彩,销金嵌玉。[126] 小说中借众人之口,一语点出为何这般炫耀景象的理由:"虽然贵妃崇节尚俭,然今日之尊,礼仪如此,不为过也。"[127]

工事持续了夏、秋两季。到了十月,一切准备就绪:挑选十二名歌女,在教席教导下已学了二十几部戏,十二名妙龄道姑、尼姑也学会诵经念佛。[128] 这些事花了三万两银子;另外又花了两万两银子采办织品:妆蟒绣堆、刻丝弹墨并各色绸绫大小幔子一百二十架,金丝藤红漆竹帘、墨漆竹帘二百挂,椅搭、桌围、床裙、桌套一千二百件。[129] 古董文物具备,匾额对联悬挂,鹦鹉鸟兽等点缀眼目,口福之物亦买全。布置妥备后,贾政上呈题本,奏报色色斟酌妥当。[130] 贾政接获谕旨,元春将于正月十五日省亲。[131]

元春归宁前一周,宫内太监前来检视各种安排,一一查看元春更衣、休息、用膳和接受家人问安的房间。另有太监巡查各处,以确保防备无虞,并隔离所有禁区。还有太监详细向贾家人讲解必须遵守的礼节。府外有工部官员与当地警卫,[132] 查看街道是否洁净,是否有闲杂人等。[133]

元宵当日五更,历经一夜无眠,贾府家人依品位穿戴整齐在门外静候,经过几次误报后,十来个太监飞报贵妃驾到。随后不久,先后有十来对太监骑马缓缓前进,继之是元春的随驾,一对对龙旌凤翣,后有销金提炉,焚着御香,然后是七凤黄金伞迎面而来,又有执掌太监手捧香珠、绣帕、漱盂、拂尘等物。最后是元春本人,坐着一顶由八名太监抬着的金顶金黄绣凤版舆。[134]

元春更衣后,又上舆进园玩赏。此刻已是黄昏,成千五彩灯笼闪耀。值此季节光秃的树枝,黏上各色绸绫纸绢和通草为花;原本空无一物的池塘,有荷荇凫鹭诸灯,皆以螺蚌羽毛作成。[135]正式接见过后,元春与家人话家常,并开筵席,之后是家人的诗文竞比;宴后上演四出戏,彼此交换厚礼。[136]

《红楼梦》里关于贾妃省亲最重要的部分,大概是对安排接驾事宜的描述。但仔细推敲其中细节,却会得到显然不太可能的结论:对曹寅而言,接待南巡所费不赀,但几乎可以肯定,这并不像某些作者所讲的那般可怕。[137]《红楼梦》中提到特别花销用了五万两银子;这个数目对读者来说虽然是笔巨款,但检视曹寅家产的结果显示,这个数目完全在他的能力范围之内。[138]曹雪芹也指出,只要稍稍整顿家产就可以匀出款项,而所需的人力则从家中仆役调遣。再者,营建省亲别院的花销,只需一次支出;建成之后,只消隔一段时间修缮即可。既然皇帝在1689年曹寅视事织造前驻跸江宁织造衙门,而营建的费用可能已由曹寅的前任桑格支出了。无论如何,南巡的花用是由公费支借,尽管皇帝反对这样的做法。[139]至于古玩、奢侈之用的开销,正如小说中的人物所说的:"也不过是拿着皇帝家的银子往皇帝身上使罢了!"[140]最后,曹雪芹还提到,元春回宫后,奏闻皇帝家人如何尽心接待她。皇帝龙心大悦,谕令发内帑彩缎金银等物赐贾家。¹⁴¹ 这些赏赐形同现银。康熙可能也是以如此的方式奖赏曹寅；这类奖赏不见得为人所知，也和南巡记载中的马匹、诗句、扇子和笔墨等御赐颇为不同。

曹寅与《全唐诗》

　　1705 年 4 月 12 日，曹寅奉旨刊刻《全唐诗》，时值第五次南巡。¹⁴² 于是，康熙开启了清代编纂大型文集的先河，清代以此闻名；由此可知康熙的自信心和稳定感：镇压吴三桂、噶尔丹而获致"武"的威名，如今他要树立"文"名——文治的皇帝，尽管康熙不是汉人，但他要证明自己有能力鉴赏汉人的诗作传统。选择曹寅承办这件差事，而非知名的儒士或官吏，也有其意义，曹寅正可出入不同的身份：他是特派至地方办差的满人包衣，也是汉族文士颇有声望的赞助人。选择这样的人来主持这项计划，显示即使康熙在位了四十年，还是只重用真正称得上是心腹的人。

　　曹寅署理苏州织造时，属于一个文人圈子，其中包括多位著名汉族学者，¹⁴³ 即使他调升江宁，也还是持续文艺生活。¹⁴⁴ 他写了许多诗文，¹⁴⁵ 也造福地方，留下可供人传颂的事迹：他修建江宁的学塾、修缮寺庙，应人之请撰写碑文，甚至出资修建水闸，这被认为是儒者应该承担的责任。¹⁴⁶

　　1705 年奉旨之前，曹寅从未经手过任何大型刊刻工程，不过他曾协助顾昌搜罗、刊印顾昌的父亲顾景星的作品，¹⁴⁷ 而有一些经验，并与施瑮协力编纂施瑮的祖父，著名诗人施闰章的著作。¹⁴⁸

曹寅怀抱极大的热忱投入这项新任务，从他留下的奏折即可追索卷帙浩繁的《全唐诗》从最初构思到刊印付梓的整个过程。

在曹寅奉旨督导刊印的同时，还有九位翰林院学士承命校对诗作。九位翰林院学士以侍讲彭定求为首，[149] 他编纂清初皇帝的圣训，是朝廷的起居注官，曾建议将《孝经》译成满文；彭定求辞官十一年后，为皇帝下诏所起用。[150] 其余八人是翰林院的编修 [译注：这八人是沈三曾、杨中讷、潘从律、汪士鋐、徐树本、车鼎晋、汪绎、查嗣瑮]。[151] 曹寅从5月29日加授通政使司新衔以来，[152] 即稳居他们之上，看来他是单独一人主导编修的工作。

曹寅有关这项工程的第一道奏折是在1705年6月21日进呈的。曹寅头一次以通政使司的头衔上奏，感念皇恩浩荡，命他刊刻《全唐诗》，此时尚无要事奏闻：

> 臣寅已行文（指给校刊的九员翰林院学士）期于五月初一日（公历6月21日）天宁寺开局，至今尚未到扬，俟其到齐校刊，谨当奏闻。[153]

天宁寺坐落在扬州拱宸门外，是一座有参天林木、雅致林园的精工古刹，曾作为南巡的行宫。[154] 天宁寺建有码头，所以对于汇集如此庞大工程所需的材料想必特别便利；僧侣不能继续住在康熙曾驻跸之处，而刻印的工作有可能曾在此进行。

虽然奉旨校刊的翰林院学士尚未抵达，曹寅还是继续进行工作，这时来了一位名叫俞梅的翰林院庶吉士，口传上谕说他奉旨就近校

刊。[155] 曹寅显然不乐见此事,而恭请圣旨确认。于是,曹寅在 6 月 21 日的奏折最后是这么写的:

> 钦遵咨行江苏巡抚臣宋荦,移咨吏部、翰林院衙门。
> 俟刊刻完日,该衙门一并具本奏闻。

这说明了曹寅经常得面对的难题:由于他是皇帝钦点以非正式的形式办差,所以他往往缺乏适当的管道与常规的官僚体系沟通。

到了 8 月 19 日曹寅上第三道折子时,除了汪士鋐尚未抵达,其余翰林院学士全员到齐,并按次分与诗作:"皆欣欢感激,勤于校对。"然而,曹寅友人写的诗里,却呈现出截然不同的图像:

> 子清诗局本书巢,校勘生憎亥豕淆。[156]

所幸,曹寅不必为这枝枝节节的细琐所困扰。他的职责是刻版,在这方面他务求尽善尽美:

> 除一二碎细条目与众翰林商议,另具折请旨外。臣细计书写之人,一样笔迹者甚是难得,仅择其相近者,令其习成一家,再为缮写,因此迟误,一年之间恐不能竣工。再中晚唐诗,尚有遗失,已遣人四处访觅,添入校对。臣因制盐往来仪真、扬州之间,董理刻事,随校随写,不敢少息……[157]

从这道奏折可清楚看出，编修工作是如何进行的。诸翰林院学士搜罗各种版本的唐诗诗集，一一核勘，以找出真正的版本。其间，曹寅还命人四处寻访私人藏书，以补缺漏。他也让缮写的人练习相同字体，使其能以统一的字体誊录翰林院学士们校勘的诗集版本，然后再由熟练的役匠刻成木版刊印。曹寅为这部集子选用的字体清雅，而在他主持之下所刊印的这部集子堪称木版印刷的杰作。[158] 然而，更令人惊讶的是，曹寅居然想在一年之内完成这项浩大工程。他显然是真的这么做，所以觉得有必要在开工之后不到两个月，就为有所延误而致歉。整个工程是在极大的压力之下进行的，曹寅赌上了自己的声望，而不只是承揽一件学术工作而已。

康熙在曹寅进呈的第一批样稿的奏折里称许："凡例甚好。"[159] 曹寅在10月2日上的折子奏谢皇恩，并呈报工作进展顺利。才过了一个月，曹寅又进呈唐太宗及高适、岑参、王维、孟郊四家的两部校本；他还奏报说尚有数十诗家的作品正在装帧，待他赴京奏报盐务时，再进呈御览。[160] 曹寅不在的时候，进展显然也很顺利，等到1706年4月1日南归时，他即奏报，校修唐诗一事，年内可竣工。[161]

曹寅在8月8日的奏折里奏报可以提前竣工，刊刻全唐诗集的工作只剩五百余页，大约月内可以刻完。除了春季进呈的两套之外，又已另校对完六套。整部书总计有十二套。曹寅到这个时候才提到这部书的篇幅，显示他在开工之初根本无法预料这部书的规模，他只能尽力办差，每完成一部分就刊刻，期使能在他自订的期限完工。这是清代编修的第一部大型文集，曹寅在奏折的结尾处，以生动的笔触描绘了惊人的进度：

> 所有众翰林有病及告假者，俱令回本籍，无事者俱在扬州校刊。编修汪绎素有血症，在诗局陡发旧恙，即令回籍调养，于五月内身故，臣已为料理营护后事讫。目下在扬州校刊者，彭定求、杨中讷、汪士鋐、徐树本、俞梅共五人。[162]

换言之，起初奉命校勘的十名官员仅有半数做完。有始有终的官员或许会因皇帝的一番温言而感到欣慰："刻的书甚好，等细细看完序文，完时即打发去。"不过，从整个编修过程来看，文人的生活不必然是悠然闲适的。

1706年10月21日，第九、十套印本校勘完毕，并进呈皇帝，余下两套印版也已刻好。[163]虽仍有不少小问题，但1706年春有段出奇的好天气，这或许有助于印好的书页在户外晒干，随后在6月14日的奏折里，曹寅奏报，已令众翰林散归返京，咨覆吏部。[164]在曹寅的主持之下，总计九百卷，包括四万八千九百首诗作，逾两千两百位作者的《全唐诗》善本[165]以将近两年的时间就完成了全套校勘、刻版的工作。

曹寅在奉命刊刻《全唐诗》之前就薄有文名。一旦他办完这份差事，自然是声名鹊起。他博得刊刻家的美名，十九世纪的藏书家还在搜寻他所刊刻的几种珍本的宋版书；[166]据传他"竭力以事铅椠"。[167]曹寅最为人所知的作品是《楝亭五种》、《楝亭十二种》的稀世宋版书，以他的书房"楝亭"为名。

细看这两部集子则可见,这两部作品没有想象中那般耗费曹寅的银两和时间。这两部集子刻印精致,《楝亭十二种》是用上等双层白色插页薄纸,《楝亭五种》则有曹寅自己设计样式隽雅的透明扉页,不过每册的最后都有扬州诗局独特的窄手印。想来曹寅是利用了在扬州主持刊印《全唐诗》的资源,为自己的私事而"借用"一些纸张、人手也不无可能。三部集子似乎都是在1705年构思,而在一年多之后完成。[168]《楝亭五种》第四卷末列有三十二名"同校"。其中可稽考者,似乎都只是稍有名气的文人,他们参与了这件事,不是为了沾光,就是想要挣点钱。在整部集子的最后,开列了两名"全校"。[169]

曹寅除了可利用扬州的刊刻材料和当地文人的协助之外,也经常得到朱彝尊的协助。朱彝尊是当时最有名的文人之一,[170]他为《楝亭五种》写了短跋,就《全唐诗》的疑义与曹寅商榷,[171]受曹寅之托,为两淮盐区作史[译注:该书并未付印,但所列的参考资料颇为知名,这部书即为《醝志》,又名《盐书》,是以研究盐税为主要内容的经济史专著],[172]并将自己的文章交由曹寅刊刻,但曹寅在完成之前便告辞世(这部文集即《曝书亭集》)。[173]朱、曹两人常赋诗唱和,来往密切。[174]得此翼助,曹寅在学识上就不会犯大错。

这并不是否定曹寅编修《全唐诗》的成就。康熙或许很清楚这件差事有多艰巨,因为在编纂《佩文韵府》的时候,谕令三织造前去扬州书局督导印务。曹寅遴选匠手百人,孙文成采办纸张,李煦经办刊刻。[175]三织造无须操心辞典的材料,此事是由大学士张玉书主持,花了超过八年才编纂完成。[176]

1707年6月,曹寅进呈最后一批《全唐诗》集印本,并散归众翰林。他一直要到 1711 年才从翰林院得知，皇帝谕旨确立参与编修者的官衔及先后顺序。于是，曹寅在 4 月 27 日上了一个谢恩的折子：

> 奉圣谕并钞列臣等衔名，刊刻款式到臣，谨遵旨补列入刊刻。但臣系何人亦得列名其上，永垂不朽，臣不胜感愧无地，不知何幸得至于此……[177]

这是皇帝一种勖勉的姿态，曹寅在奏折里恭谢天恩虽然夸张，但也说得过去。因为，曹寅被赋予中国文学传统上独特的不朽地位。虽然曹寅只是个包衣，只是编修工程的监督和刊刻者（诚如他在谢恩折里所表明的），收录其中的诗作乃是中国文学传统的荣光，而他却在《全唐诗》卷前编修者中列居首位。

注释

1. 《大清圣祖仁皇帝实录》,卷一一六,页三十b;卷一三九,页三b;卷一九二,页七;卷二一一,页三b;卷二一九,页七;卷二二八,页四b。
2. 参见:白晋(Father J. Bouvet),《康熙传》(*Histoire de l'empereur de la Chine*)(海牙,1699),页52;以及李明(Louis Le Comte),《中国现状新志》(*Nouveaux memoires sur l'état present de la Chine*)(巴黎,1696),页36—37。对于白晋的《康熙传》最好的评价,参见赫伦(J. J. Heeren),《白晋神父的康熙皇帝图像》(Father Bouvet's Picture of Emperor K'ang-hsi),《亚洲》(*Asia Major*),系列一,第7期(1932),页556—572。
3. 《康熙南巡秘记》,页一。文中所露出的讽刺,似乎并非是有意为之。
4. 《钦定大清会典事例》,页九二六一至九二六二(卷三一一,页十六b至十八b)。其他几次的西巡,分别在康熙三十七、四十一、四十二以及四十九年。
5. 《实录》(康熙朝),卷一一六,页十二。
6. 《钦定大清会典事例》,页九二三四(卷三一〇,页六b)将此次出巡列为第一次南巡,不过在页九二五三(卷三一一,页一)又指皇上由南方返驾,途经山东亦称东巡。此为唯一一次载入的东巡。《实录》(康熙朝)(卷一一六,页三十b)则称康熙二十三年那次出巡为东巡。
7. "光禄寺",《清末中国政治组织》,九三四条。
8. 《实录》(康熙朝),卷一一六,页二三b至二四。
9. 《钦定大清会典事例》,页九二三四(卷三一〇,页七至八)。
10. 当时他正在北京内务府供职,参见本书第一章。我们知道纳兰性德此次亦随驾南巡;参见《红楼梦新证》,页227,以及在《纳兰词》(香港:1960年)里(页106—107),他所作歌咏江南的热烈诗词。
11. 《钦定大清会典事例》,页九二三三(卷三一〇,页六b)。
12. 前揭书,页九二三四(卷三一〇,页八)。"鸿胪寺",《清末中国政治组织》,九三五条。
13. 关于皇上至泰山游览,可参见沙畹(Édouard Chavannes):《泰山志》(*Le T'ai Chan, essai de monographie d'un culte chinois*)(巴黎:1910年),特别是页59以及页392—393(感谢芮沃寿教授告知有此项资料)。
14. 《实录》(康熙朝),卷一一六,页三十b,至卷一一七,页三三。
15. 前揭书,卷一一七,页九b,绕过扬州;卷一一七,页二十,回程时直接由仪真到江都县。王秀楚(扬州屠城的见证者)的记载《扬州十日记》,其翻译可参见《清代名人传略》中明末将领史可法的参考书目(页六五二)。
16. 冒襄在此次战役当中的惨痛遭遇,可以参见潘子延译:《影梅庵忆语》(上海,1931),页66—83。冒襄的生平见于《清代名人传略》,页566—567。

17 《实录》(康熙朝),卷一一七,页十三至十五 b。恢复祀典的谕旨,于四天之前下达(前揭书,页十一)。
18 前揭书,页十八 b。于成龙的生平传记见《清代名人传略》,页 938—939。皇上在此次南巡行将结束时,拔擢其担任安徽按察使 [《实录》(康熙朝),卷一一七,页二五]。此时的两江总督,与这位于成龙同名同姓,容易造成混淆。
19 高士奇是著名的学者,同时也是康熙皇帝的心腹密友,参见《清代名人传略》,页 413—415。
20 《实录》(康熙朝),卷一一七,页十九 b。
21 前揭书,页十三。
22 《清稗类钞》,类十一,页一。
23 《实录》(康熙朝),卷一一七,页十。
24 《上江两县志》(同治十三年),首卷一,页一。
25 《实录》(康熙朝),卷一一七,页六至七、二一、二二 b。
26 前揭书,卷一三九,页二、三。《钦定大清会典事例》,页九二三四至九二三六(卷三一〇,页八 b 至十一 b)。
27 《实录》(康熙朝),卷一三九,页十。
28 前揭书,页十 b 至十三。
29 前揭书,页十七。
30 前揭书,页二十至二三。
31 前揭书,卷一四〇,页十 b。
32 前揭书,卷一三九,页十四。《钦定大清会典事例》,页九二三五(卷三一〇,页九 b)。
33 《清稗类钞》,类十一,页一。《钦定大清会典事例》,页九二三五(卷三一〇,页九 b)。
34 《实录》(康熙朝),卷一三九,页二五 b,这个场面发生在苏州。
35 《清稗类钞》,类十一,页一。
36 《实录》(康熙朝),卷一三九,页十三。《钦定大清会典事例》,页九二三五(卷三一〇,页九 b 至十 b)。
37 《钦定大清会典事例》,页九二三六(卷三一〇,页十一)。
38 在这七名从驾皇子里,皇太子胤礽与未来的雍正皇帝胤禛都不在其中 [《实录》(康熙朝),卷一九二,页七]。康熙皇帝在 1684、1689、1703、1705 以及 1707 年的五次南巡中,都携皇十三子胤祥伴驾同行,没有其他皇子能获得如此频繁随驾的殊遇。这似乎有助于我们修正"胤祥并未获得父皇垂青"的观点,《清代名人传略》,页 923。
39 留下皇太后,见《实录》(康熙朝),卷一九二,页十二;与其会合,见卷一九二,页十三 b;搭乘小舟离开,见卷一九二,页十七;指示河道水位,卷一九二,页十九。
40 前揭书,卷一一七,页十六;卷一三九,页二三、页三一 b。
41 前揭书,卷一九二,页二九 b 至三十。

42 前揭书，卷一九三，页一 b 至三。
43 《清稗类钞》，类十一，页二至三。
44 《实录》（康熙朝），卷二〇九，页二三，至卷二一〇，页七。
45 《李煦奏折》，页十，康熙四十一年十月奏折朱批。
46 第四次南巡，记载于《实录》（康熙朝），卷二一一，页三 b 至二一。此次为期达五十八日的南巡，却只占了《实录》（康熙朝）区区十八页的篇幅。1684 年的首次南巡，为期六十日，在《实录》（康熙朝）中有三十四页篇幅；1689 年的南巡为期七十日，有四十一页记载。1699、1705、1707 年那几次长时间的南巡，分别各占有三十七、三十八、三十七页的篇幅记载。虽然这也表示康熙四十二年那次南巡，与这几次南巡相比，在页数与天数上的比例大致相当，情形仍然大不相同，因为很自然的，在这些步调缓慢的南巡行程里，许多用来休憩与游宴的日子，在《实录》（康熙朝）当中便无记载，而对于处理公务日子的记录，则总是巨细靡遗。皇四子胤禛唯一一次伴驾南巡，便是 1703 年这一次（去年中途放弃的那次除外），这次南巡也是相关信息匮乏的唯一一次。
47 《实录》（康熙朝），卷二一九，页七，至卷二二〇，页二十（康熙四十四年三月三日至六月十九日），以及卷二二八，页四 b，至卷二二九，页十七（康熙四十六年二月二十四日至六月二十一日）。
48 《钦定大清会典事例》，页九二三七（卷三一〇，页十四）。
49 《实录》（康熙朝），卷二二八，页十至十一 b。《清代名人传略》（页 50）有对此事的简要描述。
50 《实录》（康熙朝），卷二二八，页十七至二一。
51 前揭书，页九，言及江宁织造曹寅于 3 月 16 日（康熙四十六年二月十三日），在藤县恭迎皇上御驾。
52 他在《实录》（康熙朝）（卷二二九，页三、十）当中提及极度的酷热天气，并且由藤县启驾，只花了十六天的时间，便回到北京 [《实录》（康熙朝），卷二二九，页十六至十七]。
53 引文来自耶稣会教士汪汝望写于 1685 年（康熙二十四年）5 月 19 日的信，刊载于约瑟夫·史托克连（Joseph Stöcklein）编：《新世界：耶稣会士往来书信全集》(*Der Neue Welt-Bott mit Allerhand Nachrichten deren Missionarien Soc. Iesu, 1642-1726*) [校订版，奥格斯堡（Augsburg）与格雷斯（Gratz），1728 年]，页 48—49。同时也参见：费赖之（Pfister）：《在华耶稣会士列传及书目》，页 317。汪汝望的生平，参见费赖之：《在华耶稣会士列传及书目》，第九十六则；毕嘉的生平，见前揭书，第一一八则。关于赐酒这段插曲的详细情节，以及皇上此次南巡期间赏赐给耶稣会士的馈赠，可在约森（H. Josson）与威勒特（L. Willaert）编：《耶稣会北京钦天监监正南怀仁书信集》[*Correspondence de Ferdinand Verbiest de la compagnie de Jésus（1623-1688），directeur de l'observatoire de Pékin*, 布鲁塞尔：国立学术院（Palais des Académies），1938]，页 499 当中找到。波士曼斯（H. Bosmans）在他那卓越且至今仍难以被超越的南怀仁研究论文《北京钦天监监正南怀仁》(Ferdinand Verbiest, directeur de l'observatoire de Pékin) 当中，翻译了这封信，见《科学问题》(Revue des questions scientifiques)，第 71 期（布鲁塞尔，1912），页 195—273，以及页 375—464。

54 《中国方济会志》，卷五，页 397—398，康和之 (della Chiesa) 日期标为 1699 年（康熙三十八年）8 月的信函。盖拉德 (Gaillard)：《南京古今历史与地理概述》也列出了当时在江宁的圣方济各会与多明我会修士（页 243—244）。
55 《耶稣会士书信集》(Lettres édifiantes et curieuses)，卷 17，页 273—274，关于洪若翰，参见费赖之：《在华耶稣会士列传及书目》，第一七〇则。
56 盖拉德：《南京古今历史与地理概述》，页 244—245。《耶稣会士书信集》，卷 17，页 245。杜赫德：《中国通史》，卷 4，页 343—353。
57 《耶稣会士书信集》，卷 17，页 275—276。
58 前揭书，卷 16，页 384—389。关于白晋，参见费赖之：《在华耶稣会士列传及书目》，第一七一则；关于张诚，参见前揭书，第一七三则。
59 《圣祖五幸江南全录》，页三九。
60 《耶稣会士书信集》，卷 17，页 275。
61 《赵弘燮奏折》，页三七 b，康熙五十四年四月二日奏折朱批。
62 根据宋君荣 (Gaubil) 神父留下的手稿，他在与其他人一同觐见雍正皇帝时，皇上曾向他们宣读了若干其父皇的治国格言。刊载于《神学研究的哲学与历史》(Etudes de théologie de philosophie et d'histoire)，第 2 期（巴黎：1857 年），页 493—494。
63 卢勒神父 (Francis A. Rouleau S. J.)，《铎罗：罗马教皇特使在北京朝廷》(Maillard de Tournon, Papal Legate at the Court of Peking)，《耶稣会历史档案期刊》，第 31 期 (1962)，页 296—297。
64 安东尼奥·西斯托·罗索 (Antonio Sisto Rosso, O. F. M.)，《十八世纪教皇派往中国的使节》(Apostolic Legations to China of the Eighteenth Century) [加州南帕萨迪那 (South Pasadena)，1948]，页 171—176。
65 《红楼梦新证》（页 227—231）使用熊赐履为曹玺所写的祭文作为主要的材料。关于皇上御驾抵达江宁的情形，参见《实录》（康熙朝），卷一一七，页十三。"内大臣"衔，见《清末中国政治组织》，九八条。
66 《红楼梦新证》对于江宁织造衙门的地点位置进行了详细研究，并且结束了之前对于三织造处（丝织工场）与织造署（曹寅的办公处与居所）之间难以厘清的混淆，见该书页 157—159。织造署与周围的园林，构成了皇帝驻跸的行宫。1751 年，该处成为皇帝的永久行宫，直到 1768 年，购入了更多土地，织造才另辟办公处所。
67 《实录》（康熙朝），卷一九三，页四至六 b，由康熙三十八年四月十日至十六日。
68 《清稗类钞》，类十，页十一。《红楼梦新证》里提供了与曹寅同时之人所留下的纪录（页 316—319）。前揭书也讨论了皇太后的这次谈话（页 205）。
69 《实录》（康熙朝）（卷一九三，页六）略述了此道谕旨的概要。学者张玉书有更为完整的记录,并为《红楼梦新证》所引用(页 316)。张玉书版本的谕旨里面,有两处提及曹寅的姓名,为《实录》(康熙朝)简版当中所无。饶富兴味的是,康熙皇帝挑选出明太祖,作为他特别欣赏与尊崇的对象。明太祖朱元璋——也就是洪武皇帝(1368 至 1398 年在位)——是位残忍而有效率的专制暴君,他将中国专制政治的发展推向高峰。可参见牟复礼(F. W. Mote):《中国专制政治的发展》(The Growth of Chinese Despotism),《远东学刊》(Oriens Extremes),第 8 期(1961),页 1—41;在这篇论文中,朱元璋被描述为"中国历史当中,最为严酷且最不讲理的暴君"(页 20)。然而,康熙皇帝作此姿态,很可能只是为了对残余明朝遗老作出(他自认为)怀柔安抚的姿态,而不是对明太祖这位个性、特质都与自己截然不同的君主有什么特殊认同。不过,也应当要承认,这两位皇帝都颇能吃苦耐劳,并且都缺乏更高深的知识、教育涵养,从而使他们与那些更有学养的臣僚之间,发展出奇特的关系。

70 《曹寅奏折》,页八 b,康熙三十八年五月二十六日。在此折中,他补充道,因为自己身为皇上家奴,因此在向上级递交正式的题奏(红本)之前,先以折本向皇上报告审议的结果,较为合适。在奏折里本段的用词显示出,"红本"此时还未递出,而红本也不必然是已经由皇帝御览的奏本。陶岱此时署理两江总督职务,这是因为现任的总督张鹏翮已受命在皇上南巡途中,全程扈从。参见《清史》,关于"官吏俸工",可以参见孙任以都,《清朝行政术语》(四二三条)当中有不同的措词。

71 《曹寅档案》,编号二七八七与二八〇九,两件均为康熙三十八年五月二十六日奏折。

72 《李煦奏折》,页九 b,康熙四十一年八月奏折朱批。《红楼梦新证》当中对此道指示也有讨论,见页三二五。

73 《清稗类钞》,类十一,页二。

74 《圣祖五幸江南全录》,佚名,刊载于《振绮堂丛书》,辑一。

75 张英:《南巡扈从纪略》,收于《昭代丛书》,集五。

76 《实录》(康熙朝),卷二一九,页七与页十二 b。《圣祖五幸江南全录》中使用的名称是南阳(页五),所指应该是南阳湖一带、鱼台县以东的区域,参见《钦定大清会典图》(光绪二十五年,台湾 1963 年重刊),页三一八七。

77 《圣祖五幸江南全录》,页五。曹寅的姓名,在当中并未被提及,而仅以"盐员"称之,这指的是他新近获得的两淮盐运御史任命。按照往例,织造必须跋涉四百公里以迎接皇帝驾临,进一步的证据可见《李煦奏折》,页九 b,康熙四十一年十月,李煦于此折中讨论该年中止的南巡,并写道:"十月十一日抵宿迁县地方,因(听闻)皇太子金体偶尔违和……臣煦不敢向前复往。"也就是说,未能继续向北前进。此外尚有《实录》(康熙朝)(卷二二八,页九),在江南迎驾官员之中列出曹寅、李煦与孙文成,他们于 1707 年,在鱼台县渡过运河,到山东省南境的滕县迎候圣驾。在《圣祖五幸江南全录》(页五),皇上询及阿山:在南阳停留已历几日?阿山回奏:"十余天。"

78 张英:《南巡扈从纪略》,页一。

79　前揭书，页一 b 至二 b。
80　《圣祖五幸江南全录》，页五 b。
81　《实录》（康熙朝），卷二一九，页十三 b。
82　《圣祖五幸江南全录》，页五 b。《实录》（康熙朝），卷二一九，页十四。
83　这三人皆为著名的康熙朝大臣，在《清代名人传略》当中都有传略，分别是页 65—66、473—475、49—51。张英分别以"京江"（张玉书的故乡）、"厚庵"（李光地的号）、"运清"（张鹏翮的字）来称呼他们。
84　张英：《南巡扈从纪略》，页四至五 b。
85　《圣祖五幸江南全录》，页六 b。
86　前揭书，页七，在此"三月十一日"被误植为"三月十六日"。
87　前揭书，页七 b。
88　前揭书，页八，在三月十三日。
89　前揭书，页八 b。
90　前揭书，页九。
91　同上。
92　前揭书，页九 b 至十。《实录》（康熙朝），卷二一九，页十七 b。
93　《圣祖五幸江南全录》，页十至十一 b。《实录》（康熙朝），卷二一九，页十八至二二。皇上今日也处置了大量公务，并且与臣属们就河道治理的各项问题进行长时间的讨论。关于曹寅所收礼物的更详细类别，可参见《圣祖五幸江南全录》，页十八，其中琉璃、砚台以及羊肉等基本类别，在赠送给阿山的礼物清单当中有更详细的分类。
94　《实录》（康熙朝），卷二一九，页二三。《圣祖五幸江南全录》，页十四。
95　曹寅在刊刻《全唐诗》的前言当中提到，他是在康熙四十四年三月十九日奉到这些旨意的。
96　《实录》（康熙朝），卷二一九，页二三至二五。
97　"江南提督"，《清末中国政治组织》，七五〇条。张云翼系山西人氏，自康熙三十五年起担任此职，直到康熙四十八年。参见《江南通志》，卷一一一，页十七，以及《清代名人传略》，页 788 提及之处。
98　这三位臣子是于三月十九日受命，他们在当日便向皇上回奏初步的核实情况。关于皇上赏赐御马，见《圣祖五幸江南全录》，页十八，页十六 b。
99　《圣祖五幸江南全录》，页十九至三一。《实录》（康熙朝），卷二二〇，页十六至十七 b。
100　皇上抵达江宁，见《实录》（康熙朝），卷二二〇，页七 b。本日的细节情形，详见于《圣祖五幸江南全录》，页三一 b。差官快马递送入京，共花了二十四个时辰，相当于四十八个小时。关于官驿递送，参见费正清、邓嗣禹：《清代行政三论》，页 10。
101　《清史》，页二五八九。参见《清代名人传略》，页 602。
102　《圣祖五幸江南全录》，页三二。

103 前揭书，页三三至三六。
104 前揭书，页三六至三七 b。
105 参见本书第二章与第三章。
106 《红楼梦新证》，页 332、335—337。袁枚：《随园诗话》，页四二。《清代名人传略》，页 96。阿山于 5 月 15 日呈送给皇上的奢华礼品，很有可能转移了一部分皇帝对于他诬控陈鹏年而起的怒火。
107 《圣祖五幸江南全录》，页四四 b。
108 前揭书，页三六，页四一 b。皇上以气候多雨作为不愿返驾的表面托词。
109 《曹寅奏折》，页十一 b，康熙四十三年十二月二日奏折朱批："行宫可以不必。"
110 《圣祖五幸江南全录》，页四四 b 至四五 b。康熙四十四年（1705）闰四月四日，《实录》（康熙朝）无载，见卷二二〇，页十四。
111 《圣祖五幸江南全录》（页四六）宣称他离开扬州的日期为闰四月七日，在《实录》（康熙朝）（卷二二〇，页十五）中则提早了一日。《实录》（康熙朝）所指的日期，是御驾离开宝塔湾行宫的日子，而《圣祖五幸江南全录》的作者在涉及扬州一带的行程时或许较为含混。
112 《圣祖五幸江南全录》，页四六。"通政使司"，《清末中国政治组织》，九二八条，以及"光禄寺卿"，《清末中国政治组织》，九三四条。后者官衔实际上有误，因为李煦实授大理寺卿，此官衔参见《清末中国政治组织》，二一五条，以及他于康熙四十四年五月所上的谢恩折子，《李煦奏折》，页十一。在我翻译为英文的诏书当中，已经将这项官衔名称上的错误纠正过来。曹寅的谢恩折，见《曹寅档案》，编号二八一二，康熙四十四年五月一日。关于曹寅的新官衔演变发展的由来，参见《钦定大清会典事例》，页五三〇〇（卷十八，页三二 b）。在康熙九年后，此官衔位列三品。
113 《圣祖五幸江南全录》，页三一至三七 b。
114 参见本书第三章。
115 《永宪录》，页三九〇。《红楼梦新证》，关于长女部分，见页 93—96，次女见页 96—97。
116 《曹寅奏折》（页十五，康熙四十五年八月四日）表示，曹寅受到皇上指派的尚志杰协助，确保婚礼所有准备事项都能稳妥办成。尚志杰于《八旗通志》（卷五，页四一与页四二）中，列名为正白旗旗鼓佐领，而在《八旗满洲氏族通谱》（卷七四，页七 b）中，则记载尚之杰为"署理内务府总管"。在上述两种资料当中，他姓名的第二字不同（"志"与"之"），但看来很可能指的是同一人。此人这时已经担任龙江钞关监督；关于钞关部分，参见第三章。
117 《曹寅奏折》，页十六，康熙四十五年十二月五日："随于本日重蒙赐宴，九族普沾。"前揭书，页十九 b 至二十，康熙四十八年二月八日的奏折，则表示出皇上也关切曹寅次女许配给一名侍卫的婚事安排。
118 前揭书，页十九 b，康熙四十七年七月十五日。

119 当时曹頫正在江宁织造任上。吴世昌：《红楼梦探源》，页88—90讨论了这两个事件的重叠性。如果要简单表明，此次回曹家省亲发生在江宁，即"曹雪芹年幼之时"，按照目前对《红楼梦》的研究情况，将会有非常大的争议。不过，在此我无法涉入对于曹雪芹这部小说极为复杂的诠释领域当中，此一声明背后的背景以及论据，将于后文的附录四，作一个总结说明。

120 《曹寅奏折》，页十二 b，康熙四十三年十二月十二日。

121 《红楼梦八十回校本》，页156。

122 乔利节译本《红楼梦》，页235。

123 前揭书，页236。

124 前揭书，页238。

125 前揭书，页243—244。曹雪芹很显然认为这是种糟糕的品位，并且也这么说了。

126 前揭书，页260。

127 前揭书，页257。

128 前揭书，页264、266。

129 前揭书，页249。

130 前揭书，页266。

131 这大约是皇帝动身展开出巡的日期；后五次南巡动身的日期，分别为康熙二十八年元月八日，三十八年二月三日，四十二年元月十六日，四十四年二月九日，以及四十六年元月二十二日。参见前引《实录》（康熙朝）历次南巡部分。

132 当地警卫是"五城兵马司"，《清末中国政治组织》，七九六条项。这实际上是北京的官名。

133 乔利节译本《红楼梦》，页266。

134 前揭书，页268。吴世昌的《红楼梦探源》（页239）探讨了高鹗对于这个段落的修订。林语堂在其论文当中，否定高鹗是后四十回作者的说法，并将作者判归曹雪芹，见氏著，《平心论高鹗》，《中央研究院历史语言研究所集刊》，二十九本（1958），页327—387。倘若林语堂提出的各项论点都合乎事理，那么将会使续补的问题更形复杂，因为假使曹雪芹写完整部小说，我们就必须为后四十回当中众多矛盾难圆的破绽找出新的解释。不过，林的观点已经被吴世昌直率而具说服力的说法所反驳，见其《红楼梦探源》，页355—358。

135 乔利节译本《红楼梦》，页269。

136 前揭书，页269—282。

137 吴世昌在《红楼梦探源》当中（页115）写道，曹家"先前在皇帝南巡中数次担任接待者与随从，耗尽了家产"。这并不是否定吴世昌在整部小说上的卓越分析见解。

138 参见本书第三章、第五章。杜联喆在《清代名人传略》所撰之曹寅传略，已经注意到曹寅能轻易解决因皇上南巡而支出的各项花费（页741）。

139 《康熙南巡秘记》，页一二一至一二二。《红楼梦新证》当中也有引用（页415—

416)。
140　《红楼梦八十回校本》,页156。本书第三章亦引用了这句话。
141　乔利节译本《红楼梦》,页283。
142　《全唐诗》,序言,康熙四十四年三月十九日。
143　参见本书第二章。
144　关于此时与他往来的这些人物,极其详尽的资料整理,参见《红楼梦新证》年谱部分,页268—384,涵盖年代由1692年至1712年。
145　收在《楝亭诗钞》的诗作,大部分能够确定1692年之后所作,而《楝亭文钞》中标明日期的文章,则大多为1700年之后的作品。
146　《楝亭文钞》,页六、十、二七。他为修复水闸所写的文章,收入名为《八旗文经》的旗人文集当中 [盛昱编,光绪二十八年(1902)张之洞刊印],卷三六,页十三。修缮江宁学塾一事,记载于地方志,为《红楼梦新证》引用(页358)。
147　《红楼梦新证》,页324—327。这项工作于康熙四十三年告成。关于顾景星,参见本书第二章。
148　《红楼梦新证》,页358、362。这项工作费时数年,至1707年完成。关于施闰章,参见《清代名人传略》,页651。
149　"翰林院侍讲",《清末中国政治组织》,二〇〇条B项,此职为从五品。
150　《清代名人传略》,页616—617。
151　"翰林院编修",《清末中国政治组织》,二〇〇条B项,此职为正七品。
152　同上,页一五〇至一五一。
153　《曹寅奏折》,页十二b,康熙四十四年五月一日。
154　《南巡盛典》,卷九七,页七。
155　"翰林院庶吉士",《清末中国政治组织》,二〇一条。
156　作者为马玉堂,引自《红楼梦新证》,页372。
157　《曹寅奏折》,页十三,康熙四十四年七月一日。
158　这是杜联喆在《清代名人传略》当中的话,页741。
159　《曹寅奏折》,页十三,康熙四十四年八月十五日。
160　前揭书,页十三b至十四,康熙四十四年十月二十二日。
161　前揭书,页十四,康熙四十五年二月十八日。
162　前揭书,页十四b,康熙四十五年七月一日。
163　前揭书,页十五b,康熙四十五年九月十五日。
164　《曹寅档案》,编号二七九〇,康熙四十六年五月十五日。
165　数字来自《四库全书总目提要》(上海:1933年),页四二一七。
166　如俞嵩年便着意访求;参见《清稗类钞》,类七二,页一二〇。
167　前揭书,类七二,页五一。
168　《楝亭十二种》上窄手印的日期为丙戌年(康熙四十五年,1706)。此版本每页有十一行,每行有二十一个字。更为罕见的《楝亭五种》第四部书后有朱彝尊的题跋，日期也同样是康熙丙戌年。我所使用的日本京都人文研究所版本拥有之前佚失的第三部，即学者高广圻的补刊（高广圻的生平，参见《清代名人传略》，页417—419），而他在这部分的刊头页加注上了嘉庆甲戌年（1814）字样。这个版本与《楝亭十二种》有同样的长印记，不过每页只有八行，每行十六个字。

169　两位全校，一位是俞养直，另外一位是曹曰瑛（后者只列出名字而无姓，不过在比对第四部之后，大致上能够确认该卷末的"曰瑛"，就是曹曰瑛。据目前所知，他与曹寅没有亲属关系）。

170　《清代名人传略》，页182—185。

171　《晨凤阁丛书》，宣统元年（1909），"潜采堂书目"，第四部，第一类。

172　前揭书，第三类。

173　《清代名人传略》，页184。

174　参见《楝亭诗钞》各处。

175　《曹寅奏折》，页二五b，康熙五十一年四月三日。《李煦奏折》，页四七，康熙五十二年九月十日奏折，奉到朱批为："此书刻得好的极处。"在此，李煦是在曹寅的制版与设计规模上进行其印刻工作的。而后来当他尝试独力承担编、印一部御定诗集时，便几乎酿成一场祸事，因为在他进呈前两卷后，便收到皇上谕旨："朕细察时，与当年所刻御制诗集长短不同，字之大小参差不一，甚属疏忽，使不得。着速收拾，前后相同，奏来再看。"（《李煦奏折》，页六三b，康熙五十四年六月六日）李煦遂慌忙将编印业务全部重头来过（前揭书，页六五，康熙五十五年八月二十日），嗣后经南书房查看完讫（前揭书，页七一b，康熙五十五年五月二十五日），上呈皇帝，并且赢得皇上"诗刻得好"的旨意（前揭书，页七八，康熙五十五年十一月八日）。可见若是工作蒙混随便，皇上的态度是很严厉的。

176　《清代名人传略》，页66、741。

177　《曹寅奏折》，页二十，康熙五十年三月十日。虽然曹寅的名字列于所有参与编修《全唐诗》者之首，但是在《四库全书总目提要》里，他并未获得如是的认定（页四二一七），在该书中，只简单提及《全唐诗》是部御定诗集。

第五章 两淮盐政

曹寅于1704年被任命为巡视两淮盐课监察御史（简称两淮巡盐御史），并于1706、1708、1710年三度续任。由于两淮盐课辖区涵盖大部分的华中地区，此时年缴约二百五十万两银子的税收，所以是个既重要又复杂的衙署。巡盐御史负责发放朝廷的"引"给盐商；获授权的盐商在特定区域贩卖定量的盐，并缴纳名目繁多的盐税，这是朝廷庞大盐务收入的来源。这意味着除非盐商生意兴隆，否则巡盐御史不可能完成税收配额；除非老百姓丰衣足食，有能力以较好的价格买盐，否则盐商就不可能财源广进。但同时，盐商的富裕会诱使盐官索取各种额外的费用，以致贪腐丛生。

除了法定税额与非法费用之外，盐商还要交付所谓的"余银"；这是朝廷准许巡盐御史就授权盐商贩卖超额的盐而另外课征的税。"余银"每年约有五十万两银子，其用途往往是由皇帝亲自决定。康熙皇帝起用曹寅和李煦这两个包衣视事两淮盐课，因为他们在江南织造任上已经证明了自己的能力和忠心，对江南很熟悉，可以靠他们增加余银的收入，以支付经办织造及皇帝公开或私下交办的差事——如刊刻印行《全唐诗》和采办丝竹乐器。

然而，贪污的机会无所不在，谁也无法确定曹寅在课征、分配余银时是否诚实。从曹寅的奏折来看，起初他还有心改革盐政，但皇上劝他不要贸然行事；而曹寅愈发察觉盐政的复杂之后，便放弃了改革的念头。曹寅在第二、三任内所奏报的巨额亏空可能是夸大不实，因为此时他想的都是如何尽量敛聚银两，尽可能神不知、鬼不觉地少上缴。到了第四个任期，皇帝终于起疑，曹寅上缴藩库的银两才大幅增加。

同时，曹寅也的确很难为。他承袭了一个腐败的制度和巨额的亏空。1707、1708年连续两年大旱，米价飞涨、民生凋敝。盐务制度并未因地方的状况而调整税负，曹寅和盐商只好自行设法，这显示十八世纪中叶两淮盐区的繁华背后，至少有几年的不确定与试验阶段。[1]

两淮盐税

两淮巡盐御史负责的范围包括江苏、安徽、江西、湖北、湖南的大部分地区，以及河南的一部分。两淮盐区比其他盐区更富裕，譬如涵盖京城、直隶和大半河南省的长芦，或是包括广东、广西、贵州以及部分福建、湖南、江西地区的两广。至于其他较偏远的盐区，通常辖区与某一省界重叠，相较之下较不重要。[2]

自1705年到1720年两淮盐政多为曹寅或李煦所负责，两淮每年课征的各项税银总额是二百五十万两银子，[3] 包括一百九十五万两银子的法定税负与五十五万两的余银（若遇荒年，总税额会低于这个数目）。⁴此时，两淮盐税占全国总盐税收入的百分之五十二，占朝廷盐税和土地税总和的百分之六点五。⁵

两淮地区所产的盐属于海盐，通常是将海水煮沸蒸发而取盐，但是制盐法有很多种，这是其中之一；在江苏松江是将海水置于木板上蒸晒（"板晒"），淮河以北地区是在沙滩上以太阳蒸晒（"滩晒"）。⁶海盐的质地优于内陆地区的湖盐和井盐，而滩晒的盐较板晒或煮沸法更受欢迎。⁷

制盐主要是由三十多家盐"场"所垄断；而这些盐场的盐主要是来自为数众多、由独立的"灶户"所拥有或经营的盐田，或是盐一制成后就马上储藏起来的小仓库，即"垣"。"场商"是唯一与盐的生产有关系的人，他们可望从中获得暴利；但同样的，他们也是唯一会因盐大量滞销腐坏，因而蒙受巨额亏损的人。⁸

盐税是以贩盐的执照"引"为单位。⁹盐商拥有"引"，就有权将盐运送到特定地区贩卖；"引"是每年由扬州盐务衙门发给"运商"。没有"引"而运盐，就得冒走私的刑责；商人运盐时须携带盐引。盐卖掉之后，旧的盐引必须缴回。使用旧盐引意图欺骗者，刑责与走私盐同。而伪造盐引者，罪当斩首。¹⁰

"引"既指执照，也指官方规定每张执照所允许之贩盐的标准重量；¹¹所以，在探讨盐引制度时，必须考虑三个变项：第一，官府每年发出盐引的数量；第二，每张盐引估定的价格；第三，每张盐引可运盐的重量。

两淮地区每年发出的盐引张数，1645 年为一百四十一万零三百六十张。1653年追加九万两千六百九十七张,1656年又追加十六万张。1660年,精通盐务的巡盐御史李赞元建议,近一百七十万张的盐引数量太多,易生卷款潜逃和拖欠债款的弊端,于是这两次的追加数量被取消,恢复顺治二年的定额。[12] 在之后的半世纪间,盐引数量仅有小幅增长,在曹寅和李煦署理期间,两淮每年发出盐引的基数是一百四十二万五千九百四十九张。[13] 到了十八世纪中叶,盐引的总数又大幅增加,直逼一百七十万张。[14]

确立1645年盐引数额的那一道谕旨也制定了每引的税负(课银)是六钱七分五厘白银。这让朝廷每年可自两淮地区课银九十五万一千九百九十二两白银。1653年与1656年所追加的二十五万二千六百九十七张盐引,又增加了十七万零五百七十两银子的税收。1660年取消这些追加的盐引,但朝廷不愿岁入减少,于是便把增加的岁入"摊纳"到旧的数额之中。换言之,在1645年盐引的数额上,每张盐引增收一钱二分一厘,而新增十七万零六百五十三两白银的税收,因而使两淮的盐税维持在每年一百一十二万二千六百四十五两白银的新高上。但是,这时盐商支付每一盐引的税金是七钱九分六厘的银子,而不是先前的六钱七分五厘。[15] 不久,盐税又上涨。1667年,每引的税金又增加六分八厘二毫白银,税金增到八钱六分四厘。1669年,又调升一钱一分五厘九毫白银,使税金达到九钱八分白银。1677年与1694年又分别上涨二钱五分与一钱二分五厘,到了曹寅和李煦署理两淮巡盐御史时,每张盐引的税金已达到一两三钱五分白银。[16] 虽然1712年的全国盐引平均税负是七钱二分,[17] 但两淮地区的税负几乎是平均数的两倍，或许是两淮地区较富庶，能够承受较高税负之故。

这是呈报到户部的官方税金配额。但事实上，每引在康熙朝晚期值一两六钱白银，这是因为1704年每引又加了二钱五分白银，朝廷的岁入增加了三十万两白银，这笔收入用来支付皇家织坊的花销，购买铜觔、整治河工。而这笔钱是由巡盐御史与织造经手，似乎不必上缴户部，纳为定额岁入。[18]

1645年，每引可运盐二百斤；这是一项重大变革，因为明末每张盐引的官定重量在四百三十至四百五十斤之间（通过将重量减半，盐引数量加倍，希望更便于管理）。[19] 1677年，每张盐引可运盐二百二十五斤。这意味着盐商收到的每引执照，可贩盐二百二十五斤，而非二百斤，难怪盐商愿意接受盐引在这一年涨价，因为他们如今可以挣得更多。1704年，当盐税每年增加三十万两白银以支付织造与其他的花销时，盐引的官定重量又增加了四十二斤，达到二百六十七斤。雍正即位后，又分别在1723、1725年分别提高了五十斤，所以两淮某些地区可达三百六十七斤的高峰。1732年，两淮地区盐引的标准重量是三百四十四斤，后来提高到三百六十四斤。[20]

整体而论，以下所引曹寅任职盐务期间两淮地区的数据应是相当准确的：盐商每年为定额与额外的盐引所支付的税金是二百五十万两白银；盐官每年发给盐商的盐引定额是一百四十万张；盐商为运送定额盐引（"纲引"）所支付的税金是每引一两六钱白银。这些数据之所以不一致，是因为总额二百五十万两白银岁入其中的额外税收是得自以不同的价格出售超额的盐引。[21]

从各种律例和盐法志来看，共有五种基本方法（包括已讨论过两淮地区的调整之法）用以调整盐引运盐重量、盐引价格和总收入之间的比例关系，也值得在此概述。第一，现存盐引的定额可在两淮地区内的不同区域调整，这涉及生产与需求的问题，不会影响税收或价格。第二，每引的运盐量可提高，但价格不变。这有利于盐商，他们有权贩卖更多的盐，但却不必缴纳更多的税。第三，发出的盐引数量可依当时一般的比例增加。如此可提高朝廷的岁入，但同时盐商亦可贩卖更多的盐，增加利润。第四，增加盐引的运盐量，同时也调高盐引的税。朝廷可增加岁入；盐商可有更多的盐，但也须付更多的税。第五，朝廷可撙节用度，如缩减发放盐引的总量，但调高剩余盐引的税负，以维持岁入不变。这会严重打击盐商，因为他们须缴纳与先前同等的税负，但能贩卖的盐相对减少。而职司两淮地区的巡盐御史，必须牢记这些方法所产生的效应。

两淮巡盐御史

两淮巡盐御史署理两淮地区的盐政；[22] 由于执行业务有诸多困难，或是由于贪污纳贿的诱惑太大，所以1651年谕旨，尔后巡盐御史一年一换。1653年，两淮巡盐御史遭废黜，其职掌由巡盐御史接替；[23] 然而，巡盐御史职掌繁杂，一人之力难以负荷，于是户部在1655年奏请皇帝谕令都察院委派正直干练的御史，视事两淮盐政。[24] 委派的巡盐御史显然还是无能或腐败，因为1672年再次裁撤巡盐御史，职责归入安徽巡抚。如此新法仅维持一年，巡抚根本无法负荷这额外的差事。1673年恢复巡盐御史，但严格管制衙门有司的行动自由，以及衙门员额的人数，并严禁巡盐御史与路过其辖区的官员论交或建立私谊。²⁵

这类管制措施想必奏效，因为1691年增设两广和福建巡盐御史；连同在职的两淮、两浙、长芦、河东四巡盐御史，总数达六位。康熙朝晚期，巡盐御史的人数达到高峰，不过这只是昙花一现。1720年，撤两广巡盐御史；1723年，废福建巡盐御史；尔后两地的盐政由各自总督接掌。1726年，裁两浙巡盐御史，由巡抚接掌盐政。而两淮巡盐御史衙门历时最久，这或许是因为其辖区辽阔，其他官员难以同时兼管，但最后还是在1830年裁废，职掌移交给两江总督。[26]

出任两淮巡盐御史的人选条件也有重大变化。顺治年间，两淮巡盐御史都是汉人，一般都有进士等第，任期一年，至多两或三年。1668年后，皇帝亲政，他钦点一名满人与一名汉人进士署理两淮巡盐御史衙门。两人一年一换。自1672年之后，皇帝开始交替起用满人与汉人进士，一年仅委派一人，并自其他部门调派一人予以佐助。但是无人曾获续任。起用满人的频率逐渐高过汉人；最后一个汉人进士出任两淮巡盐御史是在1687年，从1688年到1714年之间，两淮巡盐御史都是满人。[27]

不过，在官方的名册上，"满人"一词可指称满人，也可指像曹寅和李煦这类被纳入八旗的汉人包衣。我们很难确切知道康熙是何时开始起用上三旗包衣署理巡盐御史，但我们可以假定康熙是有意如此的，因为他正逐步以满人取代汉人充任巡盐御史。在1691年之后，两淮巡盐御史就一直是出身皇帝亲领上三旗的包衣出任,这个机构便可被视为康熙日益扩张之私人组织的一环。1691、1692、1694、1695年的两淮巡盐御史都是出身上三旗的包衣佐领。[28]但此时康熙还是没让人担任巡盐御史超过一年,等到曹寅和李煦从1704年到1713年轮流出任两淮巡盐御史,已经放弃了这个规矩。[29]

　　康熙只在两淮地区起用汉人包衣署理巡盐御史。自1688年后,皇帝即不再起用有科举功名的汉人出任河东和两浙的巡盐御史,直到康熙朝晚期都是由满人视事。从1690年代至1720年代这三十年间,福建与两广的巡盐御史仅有一人不是满人。在长芦地区,1702年之前,还有具科举功名的汉人出任巡盐御史,但此后都由满人担任。[30]这说明了或许可将1680年代晚期视为康熙对自己统治天下的稳定拥有绝对信心的起始点;同时,满人更能流利掌握汉语,而在王朝承平时想要角逐有利可图的职位。但两淮地区是特例,因为它辖区最大、最复杂、最富庶,出于政治的考虑,在这个区域以起用汉人为宜——至少在江宁和扬州一带是如此。皇上任用汉人包衣既稳妥,又能一手掌控。官方所言巡盐御史的职责是:"掌理盐政而纠其属吏,征收催之不如法者,以时审其价而酌剂之,凡盐赋之奏课与盐法之宜更者。"[31]但在实际上,巡盐御史的时间主要花在三件事情上:依据盐引之定额课征盐税、审计账目、缉拿私盐。

　　巡盐御史一接到任命的圣谕,或是如曹寅、李煦那样从"邸抄"获知续任巡视两淮盐课,[32]便会接到衙门的敕印与来年的盐引。敕印是由都察院差官送达,[33]但新印的盐引须至户部领取。1696年浇铸了十四块图版刻印盐引;1703年之后,朝廷决定由巡盐御史在冬季时整理图版,并督导在来年夏季之前刻印盐引。[34]

之所以有这种奇特的时间安排，是因为巡盐御史通常是在每年的十月任命，任期到来年的十月，[35] 所以必须提前做好准备工作，因为运商一般都是在阴历六月收购盐。整个过程如李煦所述：

> 淮扬各场灶户，每于五月长晴之时，赶紧煎盐，以供商人捆筑，及至六月则盐得陆续出场，运到仪真，候盐臣秤制，此历来成例也。[36]

运商在盐场买完盐，然后向盐官支付税款，领取盐引。这套做法有两个缺失：一、如李煦奏报指出，如果初夏连日多阴，晴雨不定，灶户就不可能煎煮足够的盐，结果，运商就无法捆筑盐，在六月运至仪真；二、就如李煦在另一道奏折里所提到的，运商必须在六月尚未运售盐之前纳课税款，这意味商人必须拥有充裕的资金，一旦市道萧条，处境必定十分艰难。[37]

李煦并不是头一个点出这个问题的人，这个问题即使没有损及盐商的整体利益，也会给他们带来莫大困扰。1670 年，巡盐御史 [译注：指席特纳] 便曾将今昔加以对比，以前是春、夏贩盐，秋、冬课税，而如今是还没运售盐，就在五月开始课税。"此种金钱追乎无措"，这位巡盐御史论及，"非重利借债即典鬻赴比"，他继续说道，此举不会给朝廷带来额外税收，但商人却得支付更多的利息给放贷的人。皇帝不顾户部反对，附和这位巡盐御史的建言，正式停止先行课税的做法；[38] 不过，到了李煦的时候，先行课税的做法死灰复燃。

李煦初次尝试让盐商运售完盐之后再于十月纳税，以失败告终。

不过，1710年，朝廷让李煦进行改革；1722年，另一位巡盐御史将纳课盐引税的时间延至来年的一月。[39] 由于盐商仍在六月收盐，所以他们有七个月的时间来纳税。1734年恢复旧制，事先课税，所以盐商又得准备巨额银两来买盐。不过，倒是可以设想：李煦的制度若能延续，乾隆朝少数富甲一方、赓续数代的商贾家族可能就不会出现。虽然富有的商贾家族仍处于优势，而朝廷基于管理的便利和管控的需要，会控制商人的数目，但起码有机会出现更为分散、活跃而拥有中等财产且数量庞大的商人阶层。这些商人的存在会对长江流域的社会结构与社会态度造成深远的影响。

审计的问题则是盐引制度的性质所造成的。基本上，这套制度规定巡盐御史任期届满时，须向户部进呈课征盐税的记录；户部再会同都察院官员进行审核，然后再具折奏报审核的结果。巡盐御史的记录是以盐运使、督盐官、盐库官员和各盐场巡检员的报告为本。[40] 若是盐税课征不足，则会以差额的多寡进行减俸、降职、革职等惩处，而其下属也会连带受罚。[41] 曹寅、李煦所必须面对的除了售出盐引、向商人课税所衍生出的种种问题之外，还有因管辖权力重叠而滋生的麻烦。例如1702年与1703年，江苏布政使向盐库挪借了一万一千四百九十两白银而未归还。此事直到1726年才发现，显见审计的流程有漏洞。[42] 康熙应该是想要加强掌握，才责成曹寅和李煦以奏折私下向他汇报盐政问题，并在每年任期届满亲自向他奏报。这意味着皇上的包衣巡盐御史比寻常的巡盐御史更难有机会隐匿不法，因为一般的巡盐御史只要把账本连同题本一并提交给都察院户科就可以了。[43] 1723年，有巡盐御史奏报，前任巡盐御史未能售出其定额的盐引十三万九千六百零五张时,雍正批示:"朕何时能周知详细,二皆为训示邪?……凡事须将尔之主见明晰陈奏,或有疑惑处亦必将尔之意向声明。"[44] 但康熙对这种细节则是兴趣浓厚。

缉拿私盐是巡盐御史最后一项基本职掌,在此不须赘述,因为整个盐引制度的运作显然取决于尽可能遏阻走私,而这同时符合朝廷与商贾的利益。巡盐御史负责杜绝私盐与非法运盐;[45] 除了有例则明文严禁私盐、严惩不法者之外,巡盐御史还可援用 1670 年的律例,对地方施以连坐法。收受私盐者的邻居若知情不报,处以杖刑;村民若收受私盐,其"总甲"处以三十鞭刑。就连出借马匹作为走私盐的工具,也会被课以重刑。由于巡盐御史执勤时并无可调派之兵,另有相关律例规约此事:地方驻军将官若无法迅速缉拿走私者,玩忽职守的刑责是平时的两倍;士官杖责八十大板;驻军将领严惩。通过这些措施,期能使"兴贩私盐者照例定罪"。[46]

两淮盐商

康熙朝的两淮盐商本身就是这套复杂盐政制度当中的一个环节,而整个十八世纪也一直维持这种状态。两淮盐区辽阔,就如同盐政本身,被形容是"打破行政疆界,拥有独立的权限"。[47] 这种情况并不适用于一般的中国官僚体系,其不寻常之处引起了一个十六世纪西方人的注意,他说"制盐者的七座城市"事实上形同独立。[48]

据估计,这时候约有二百三十个"运(盐)商"。这些运商不是已从朝廷购买了贩盐的权利("根窝"),就是向其他商人租借"根窝"：换言之，已经从其他商人买到一定期限内的贩盐权利，这些商人宁可出借"根窝"谋利，而不愿承受从事贩盐可能带来的风险。拥有或租借"根窝"的人可以自盐官取得盐引，把盐运送到获得授权的内陆地区，以赚取利润。三十名最富有的盐商被盐官举为"总商"，他们必须为盐商拖欠税款负责。"大总"是这群总商中最有钱的，他能左右各个总商。[49]

这套制度虽然稳定、持久，但因为康熙年间盐商的获利不如乾隆时期高，盐商要发财致富，几乎全得靠盐官。[50] 从曹寅、李煦的奏折看来，盐商时常拖欠税款。雍正所谓省员偏袒百姓而盐臣偏袒盐商的概括说法，[51] 符合他当时的实情，但未必适用于康熙朝。前文两淮地区盐引定额的改变说明了许多巡盐御史同意李赞元的主张，可以仅提高每盐引的税负，而不必增发盐引的数量与盐引的运盐量，"课额无亏，商民两便"。[52]

在调查两广盐政时，出现了一个夸张的例子。1692年的盐商应付税额是二十九万两白银，但到了1707年，巡盐御史与盐运使的非法规费已逾十六万两白银，所以盐商每年须缴纳约四十五万五千两白银。这远远超出商人的负荷；在一般的年份，只能课到七、八成的税额。从1702年到1716年，盐商累计拖欠了九十一万两白银。奏报这个数字的总督指出，商人拖欠是因为盐滞销。在支付贪官规费之后，为了获取合理的利润，盐商只得抬高盐价，以致老百姓买不起盐；纵然盐商降价卖出更多的盐，还是不足以支付来年盐引的税款。[53]

前文估算十八世纪初两淮盐商支付每张盐引的总税款是一两

六钱白银。如果他们租借"根窝",每张盐引又得增加五钱或六钱白银。[54]两位两淮巡盐御史在1670年调查冤情,罗列盐商在开始贩盐之前必须缴纳的六种主要额外规费,包括:发给盐引之前支付盐官和衙门文员的额外费用,金额是每引二钱;在运盐船舱口检核盐的体积、重量的费用,每引七分;通过各检查登录盐时付给检查员的茶水费,每引二钱;船只航行长江必须取得通行许可,每引若干分,船只的许可、执照的封印、拆封印、航行的最后许可,每引若干钱,加总后每引约二钱七分;各关口都有各种名目的规费,还有支给督盐官和驻防兵丁的费用,难以细数;到了船只泊靠江西、湖南、湖北各口岸,还须付给督盐官若干钱,停放费若干分,盐的取样费若干厘,更不消说检查船只文牍的一般费用,总计约每引二钱五分。[55]保守估算,这些支出至少让每引多增加一两的费用。除此之外,运商还必须支付向盐场买盐的费用;价格每引二百六十七斤大约一两二钱白银。[56]

假如盐商租借"根窝"买盐,支付盐引税,然后把盐运到江西并支付其间的各种规费,每引二百六十七斤的成本是四两三钱白银,然后以五两五钱售出。[57]康熙朝晚期,盐商的利润每引仅一两二钱白银,而1730年代的利润是每引二两四钱七分白银。[58]

从这段期间两淮盐商捐给朝廷的钱,可以证明康熙朝的两淮盐商不如乾隆朝时富有1678年,官方有一笔盐商三万五千两捐款的记载,除此之外,整个康熙朝并无其他的两淮盐商捐款的记录;然而,两淮盐商捐纳在雍正朝时十分普遍,乾隆朝以降,捐款数额屡屡攀高。[59]审视曹寅和李煦有关盐课的奏折,能让我们更能聚焦在这段萧条时期。从1704年到1717年，不论是曹寅或李煦，都没提及他们曾获得盐商的馈赠；不过，盐商江楚吉等在1717年捐纳九万八千两白银重修河堤，1718年，江楚吉等又捐纳十三万二千两白银给盐库，二十四万两白银用于河工。[60] 1725年，在其应纳课之盐税外，又捐纳了三十二万两白银。[61] 他们显然获利丰厚，觉得以具体的方式感谢天恩是明智之举。

到了1732年，两淮盐商的日子好过多了，部分的原因是每引的运盐量较十年前已大幅提高。这一年，刚上任的巡盐御史高斌彻查各地盐场和分发站怠职情事，并察访总商、运商的生活水平。高斌的结论是，商人生活豪奢，很难说得上他们真有什么冤屈。手头不便的商人，只消稍微简朴即可渡过难关；"一年行盐所获之利息，尽足供其妄用。"高斌认为，他们每年可轻易多付几十万两白银，以填平前几十年累积的亏欠。"可见实非商力有所绌乏。"高斌写道，"而办课艰难也。"[62]

终十八世纪，两淮盐商似乎越来越有钱。[63] 不过，根据曹寅与李煦的盐课奏折，尽管他们有所谎报欺瞒，但要说兴旺，那还是以后的事。康熙朝的盐商自然不是赤贫；他们在康熙南巡至扬州时以豪奢的排场来接驾。[64] 不过，他们的处境也不是那么稳定，也绝非只赚不赔。巡盐御史亦无法指望年年顺利达成盐引的定额。雍正即位后第一位派任的两淮巡盐御史谢赐履或许最能捕捉这种时代的氛围；在视察完其凌乱的辖区之后，他只能写道："两淮重地，课额繁多。"[65]

两淮巡盐御史曹寅

1703 年，皇帝谕旨着曹寅、李煦轮流接管盐务，谕旨于 1704 年夏正式确认。曹寅在谢恩折里表达了他的惊喜之情，他这样一个包衣人家居然能蒙此天恩。然后，曹寅笔锋突然一转，指向一个极为现实的问题：

> 盐政虽系税差，但上关国计，下济民生，积年以来委曲情弊，难逃皇上洞鉴。臣寅拟星驰赴阙谢恩，恐骇物听……

他请求进京觐见，以亲自聆听圣训。康熙答复：

> 朕体安善，尔不必来。明春朕欲南方走走，未定。倘有疑难之事，可以密折请旨。凡奏折不可令人写，但有风声，关系匪浅。小心，小心，小心，小心。[66]

表面上看来，提拔织造出任两淮巡盐御史乃是平常之事，但背后却是一笔极为秘密的交易。几乎可以确定的，这桩秘密与康熙皇帝决定指派曹寅、李煦两位包衣经办两淮盐税长达十年一事有关。[67]这步棋史无前例，[68]皇帝借此既可稳定两淮税政，又能握有更多的权力和银两。他的秘密、他的指派心腹包衣，决定了日后的曹、李轮流管差。

11 月 4 日，曹寅接奉敕令。三天后，他离开江宁织造衙门，于

11月10日抵扬州到任。曹寅当日就上了谢恩折,披露新的规定:"除照巡盐衙门旧例,具本投进外,合先具折谢恩……为此具折谨叩头手书上奏。"同一天,曹寅又上了一道折子,以作为他谢恩折的补记。第二道折子提到他到任办差时所遭遇的难题;通过上书呈奏折,曹寅已牢牢与两淮地区纠缠不清的财政、贪腐牵连在一起了。他在到任的头一天就上了这么一道奏折,显示他的莽撞和在政治上的天真。曹寅写道:

> 窃臣寅由苏州调补江宁织造,历任十有五年,即闻巡盐御史于每年额引之外,有盐二十斤,名为院费,故御史与笔帖式有三十万两之羡余,因此条充织造衙门钱粮。其承差发收,[69]系近年漏规,于二十斤之外,又多增七斤。其中委由难逃天鉴。臣寅前请密奏,亦为此项,因未到任,不敢越次。臣寅今日履任,随将无院札承差及发收等项,一概裁革,从此众商可苏一分。但浮费之革,必清其鸿,上自督抚,下及州县,内外过往官员尚属众多,前总督阿山名为禁革浮费,独不自禁及所属,实恐臣等内员,一遇事件即行入告,故于臣未到任之前,先为计之。

曹寅总结,阿山开列禁革的所有浮费中,有一两项应保留,以怜恤贫苦百姓。[70]

假使曹寅指望得到康熙的美言,嘉许他对上层伪善、贪腐的通透和大胆剖析,那么康熙的答复对他不啻是当头棒喝:

> 生一事不如省一事,只管为目前之计,恐后尾大难收,遗累后人,亦非久远可行,再留心细议。[71]

然而,政治现实的森冷并未遏阻曹寅;事实上也不容他却步,因为他对盐政的初步调查显示必须速谋补救,否则他自己也会受牵连。就如他在1704年12月6日的奏折所言:

> 臣于前月十三日到任视事,访得运司库项钱粮亏空八十余万两,臣系家奴,何敢效外官支吾了事,即应飞章参奏,尽法穷治,以警臣工。

曹寅继续说道,既然亏空是历年积累,此策并不切实可行。营运不善的盐商已先从盐官取得盐引("预投"),好让他们可以先贩盐再纳税;但万一这些盐商破产,而有钱的盐商又不愿出面代纳,那盐官就征不到银两。

他和新任盐运使李灿细查近两年的积欠,限期两个月还清,曹寅奏报,但他们对此并不寄予厚望。他们发现积欠逐年增加,皆因巡盐御史怠玩职责,互相掩盖;人人但求一年任期安然届满,不顾藩库银两的虚实。更有奸商借此谋利,他们贷借给盐官,使盐官可以征足税负于一时之间。自1701年满普视事巡盐御史以来,每年欠税二三十万两白银,这笔欠款尚可由续任的巡盐御史代征。但1702年,巡盐御史罗詹每引增加一半的税,导致盐满库,税收短绌。1703年,巡盐御史噶世图减少盐引的运盐量和发放的数量,结果税

收减少,仅能课征到四成的定额税收。曹寅的结论是:

> 臣本庸材,膺此重任,日夜忧思,务求满全,使良商不致困乏,积欠可以顿完。

这或许是陈腔滥调的官话,但也是足以概括应做之事。随着商人长期受到剥削而财源空虚,官方的亏空又因操纵盐引的定额和恣意贷借而节节攀升,确实需要大刀阔斧整顿。但康熙只批了"知道了",满心困惑的曹寅还是不知如何是好。[72]

曹寅上了这道折子,概述两淮地区的亏空问题,两天之后又上呈另一道折子,提出解决之道。这可能是他有关解决盐课问题最睿智且可行的奏折。曹寅把这份奏折题为《为禁革浮费折》。

> 臣自到任后,察访两淮浮费甚多,比来盐壅商困,朝廷钱粮渐有积欠,若不痛革禁止,则于课饷有碍。臣筹划至再,是以将一切浮费,细行酌定禁革。计算商人一年成本,即江广盐价不起,商本万一不致亏折,如此奉行一二年,商力有余,便当加课。
>
> 前总督阿山条奏十三款内,皆不肖之辈逐年增益之费。臣此条奏,系从来实在之费。今年暂革苏商,江广盐价一起,即可条奏充课。臣谨将名目开列于后:
>
> 一、院费,盐差衙门旧例有寿礼灯节代笔后司家人等各项浮费,共八万六千一百两有零。

二、省费，系江苏督抚司道各衙门规礼共三万四千五百两有零。

三、司费，系运道衙门陋规，新运道李灿系皇上特用之人，能依臣檄减革书承衙役家人杂费，共二万四千六百两有零，尚存一万两有零，养济各项人役。

四、杂费，系两淮杂用交际，在阿山条奏别敬及过往士夫两款之外，共六万二千五百两有零。

以上四款，皆出匣费，派之众商，朝廷正项钱粮未完，此费先已入己。臣见此不胜痛恨。

曹寅是想让商人能每年减轻二十万七千七百两白银的负担。假使价格稳定，他们就有足够的银两缴纳税金与支付额外的费用。如果盐区富裕，使能负担高价的盐，这回过头来让商人更有利可图，然后这类基本费用便可纳入税务制度，商人就有能力用较高的价格购买盐引来支付。一来，他们可改善处境。二来，基本的税收也可以达成。曹寅提及八十万两白银的拖欠。如果他的建议得以实行，而他的数据也是正确的，那么到了1708年，两淮地区的税收便可平衡了。

康熙对这道奏折并无表示意见，只在曹寅提到支付给总督、巡抚三万四千五百两的旁边，于行间写下朱批：

此一款去不得。必深得罪于督抚，银数无多，何苦积害。[73]

后来困扰曹寅、李煦处理两淮盐政的问题，可能就是源自康熙这个不经心的批示。这笔款项确实不大，但这个时期两淮地区的财政困窘，显然就是日积月累造成的。随着1701年到1704年出现小笔的拖欠，就有可能出现大笔拖欠。康熙这个皇帝难为，既要满足封疆大吏，又要使得府库充盈，干脆乐得眼不见为净。他对曹寅在同日奏折所奏报的事不再感兴趣，曹寅在折子里提到1703年两淮商人匀借库银一百万两白银，仅实得八十万两。而且很多分到这八十万两的根本不是商人，而是假冒商人身份的人。[74]康熙对于贪污异常宽容，而曹寅会以任官之初的这些奏折为训。他不再扮演推行革新的角色；但毋庸置疑，他会愈来愈富有。[75]

　　皇上与曹寅在1704年冬天的讨论别人是不知道的；但曹寅当然得通过户部处理盐政的常规问题。1705年5月，曹寅与阿山、江苏、安徽巡抚联名上奏两淮拖欠的问题。商人这时积欠1703、1704年的运税（"纲"）一百二十万两白银；他们希望自康1705年起，连续八年分期缴纳（"带征"），清偿这笔拖欠的款项。[76]1705年间，曹寅还要把心思放在缉拿私盐，并要求户部确实严惩走私。户部采纳曹寅的建言，但加了一条但书，仅能对罪刑确凿之人施以严惩。这条但书说明了，曹寅可能对于只有走私嫌疑的人就施以酷刑；有关这方面的证据，还可在同年的户部裁定发现，户部要求盐官无权刑求；若要对走私人严刑逼供，则须交由有司审理。然而，户部的另一项裁决却严重打击穷人生计，原来穷苦无依的人可以贩卖少量没有执照的盐来谋生。穷人被控与走私者共谋而遭拘捕。[77]曹寅在治理私盐的问题上与他轻率误闯浮费问题的禁区一样。

曹寅视事巡盐御史头一年的记载，出现一些矛盾的现象，这点不容否认。假若康熙起用包衣署理巡盐御史别有用心，那何以包衣巡盐御史针对制度的弊端提出针砭时，他又要浇冷水？起用曹寅难道就只是为了杜绝走私，仅仅针对老百姓、易于惩处的一般罪行，而持续放任高官较为严重的贪腐？后来曹寅、李煦处理盐政时也衍生了类似的问题，其可能的原因是：康熙起用包衣出任巡盐御史，目的是要牢牢控制余银，用以支应他的举措，或流入内务府的藩库。

官定税额上缴户部，构成了朝廷的基本岁入，此外的税银就是"余银"了。当商人支付额外的钱两以取得运售定额以外的盐时，就有了余银。1651年，谕旨严禁课征余银，而若有巡盐御史、监盐官持续课征余银，特许商人向户部、都察院告发。[78] 然而，市道好时，余银自然同时嘉惠商人和盐官，而到了曹寅、李煦掌管盐政时，每年两淮余银可达五十五万两白银；"督销"除了奉命查核运盐的规定额度之外，还有查核余银的分配。[79] 曹寅自1690年署理织造以来，就动用过余银，因为余银的用途之一就是支付江宁和苏州两地之江苏织场的花销。他向皇上奏报，每年余银三十万两白银，是通过每引增加二十斤运盐量，并向商人课征相应费用而来的。[80] 曹寅在1704年的奏折里提到，商人难以负荷各色名目的余银和浮费，整个制度可能因商人渐穷、税收日绌而崩溃。于是，1704年，朝廷决议：

> 两淮增织造铜斤河工等项银三十余万两，每引加盐四十二斤。[81]

这三十万两白银之前是从额外的二十斤运盐量征来的,但如今它成为基本税额的一部分,而额外的运盐量加倍,这是要让商人从每引得到更多的利润。1705年夏,商人得到更多的照顾;减发盐引数量,致使江西、湖广盐价上扬,利润更为丰厚。[82]

余银制度奇怪之处,在于曹寅、李煦当差期间,常规盐税往往难以悉数课得,但余银似乎总能按时课得。这种现象唯有皇帝个人同意才有可能发生。曹寅在1704年的折子里,对于在向商人课征法定税负之前又征收浮费一事表示愤慨;但不久,在课征余银时,他也依样画葫芦。这种非常规的余银制度是不可能四处张扬的;尽管增加三十万两白银以作为常规税收,但巡盐御史还额外课征了三十四万两白银。十八世纪初的一位见闻广博的史家,引述雍正官员的说法,强索余银在1695年开始时是十五万两白银,到了李煦、曹寅任内提高到超过三十二万两;当李、曹不在任时,余银规定又相应废除了。[83]他似乎认为这是一种个人的冒险,是非法行为。事实上,这种制度的运作是得到皇上的首肯,并未废止。1723年,巡盐御史奏报两淮商人仍因织造和其他名目支付"数十万两"白银。[84]就某种意义而言,两淮余银是专供康熙皇帝运用的私房钱;他起用包衣来掌理,每年从盐商强索逾五十万两的白银。

曹寅的首任两淮巡盐御史于1705年11月27日届满,由李煦接任。[85]次年9月,曹寅从邸抄得知他又获任命,不过他必须前往北京,筹办女儿与讷尔苏郡王的亲事,祈请暂时离职;曹寅询问他是否应遵循旧例,把敕印交与总督、盐运使,或是刚做满第一任任期的李煦。康熙谕令李煦接掌敕印,在曹寅离职期间视事;⁸⁶尽管康熙曾就参劾总督阿山一事警告过曹寅,但他显然心里有数,不该让阿山全权署理两淮盐政。⁸⁷曹寅同时还要料理母亲的后事;⁸⁸然而,他并无丁忧之休。

曹寅一直到1707年2月才返回扬州署理盐政,⁸⁹有关他在第二任的作为几乎没有任何记载。曹寅没像1704年那般长篇大论剥析弊端。这段时期仅有一道奏折留存,虽然读来细琐,但却冷峻预见了眼前的棘手问题。曹寅在7月(阴历六月)写道,河道浅涸,盐船难从盐场到仪真辖区,而盐官就在仪真收盐,分发盐引给运商,势必有所延误。康熙朱批回复,南方亢旱,令他甚为不安。⁹⁰康熙是该感到不安,因为气候亢旱,引发江苏人心惶惶,米价飙扬,造成1708、1709年民生凋敝。⁹¹

并无证据显示曹寅已知乌云压顶。他在1707年冬抵京,与皇帝讨论他第二个任期内的成果,并提出三个问题,他与李煦都认为这三个问题是维系两淮盐区稳定的关键。第一,文武各衙门在缉拿大盐枭一事上头合作不够,巡盐御史必须要能兼统各营弁兵。第二,盐商运盐至湖广、江西各口岸时,地方官每每借口"盘查",行勒索之实,应严禁地方官盘查勒索。第三,豫南俱属长芦盐区,惟汝宁府食两淮盐,在汝宁,长芦商人与盐枭侵占两淮商人的盐区,所以必须严格执行区划的制度。⁹²

这些情事都只不过是两淮盐政核心问题的枝微末节,曹寅在1704年即曾点出:盐商须有足够资本购买盐、运盐,以及合理的盐引价格,既能实现基本的税收定额,且让商人能廉价卖盐,而这两方面又环环相扣。曹寅最初的改革建言为皇帝所漠视;1707年的亢旱、1708年的洪涝使得缓步恶化的情势演变成一场危机。到了1708年冬伊始的第三个任期，曹寅发觉自己的处境艰难。

曹寅在第三个任期开始的前一个月，即1708年10月，收到一道敕令，受到朝廷嘉许。这道敕令授权他处理各级盐臣滥用公款、勒索、渎职各种情事，以及调动卫所兵丁缉拿盐枭。曹寅还奉指示，情势若有需要，可与总督、巡抚商议。不过，并未说明曹寅要使用的手段：他应该要求属下"严守法度"、"防杜滋事"，时时谨记"利贪得失之别"，虽然要他杜绝私盐，但不能伤及可以贩卖少量私盐的老百姓，因为他们的处境堪怜。[93] 如此建言虽令人激赏，但却不能解决两淮的亏空。

1709年7月，曹寅上了一道奏折，他一定希望永远不需进呈这份奏折。这道奏折广纳地方有司、商人、盐运使观点，详述危机。奏折写道：

> 兹上江宁国、池州、太平等府，因去年遭被水灾，今春复值阴雨连绵，引盐艰于销售，经臣屡檄督催在案。
>
> 今据安庆、宁国、池州、太平、凤阳以及下江江宁府各属州县，陆续详报：情因上年迭被水灾，民无储蓄。今岁入春以来，复雨不止，低洼之处，二麦歉收，兼以米价腾贵，时气流行，官引尘封莫售。现蒙皇恩浩荡，蠲赋截漕，抚恤流离之际，灾黎方切谋生，何能计口食盐。今奏销伊迩，所有应销之盐，实未全完，恳乞题请展期各等情到臣。
>
> 随即批行司道确查议覆。今据运道详据众商公呈：

以安庆、太平、池州、宁国等处各口岸,皆因去秋今春水涝水灾,以致陈盐积压三十余万引,不能销售,共计沉搁商本八九十万,不得流通。兼之目下各场亦被水渰漫,产盐稀少,穷灶无以谋生。现在详请捐赈,新盐何由捆筑,恳将戊子纲纲食额盐,暂缓运行三十万引,俟口岸年岁一登,商等带课带盐陆续完补全额,乞转详题请等情。据此。

臣查得商人办课,例应按额营销,况两淮受恩已深,何敢琐细上渎天听。但臣窃念各属被灾,果系情真。宁国等处乃两淮之左臂,陈盐既壅压不售,则新引必愈难营销。若照常例壹年之差,催索运往,更复引引积压后来臣等,五年之久,商课难于转输,恐致商民困绌。

曹寅最后说道,他与李煦共同商议,展期支付三十万盐引,乃一时权宜之计;不会减损课征的税收。他祈请皇帝让户部议处这件事。皇帝的朱批仅说:"知道了。"[94]这时康熙似乎并无拟定救济行动,他或许认为曹寅夸大灾情以规避税负。但是,到了12月,曹寅针对各种盐务问题备妥一份详情文册,携带进京面圣。[95]这次想必曹寅已经让康熙体察到问题的严重性,因为他4月南归时,给商人带来好消息,他们可以展期缴纳新盐额税一百万两白银,以弥补旧的亏空。[96]

展期纳课当然不是治本之道。除非基本的经济条件有所改善,否则亏空势必持续扩大。李煦在1710年第三个任期内只采取的一项措施:把商人纳课的时间从6月延到10月,让商人卖完盐收回资本,⁹⁷ 这在理论上是个进步,但在眼前的情势下于事无补,因为商人欠税已逾一年了。

所以,1710年冬,曹寅在此不祥状况下展开他巡盐御史的第四个任期。而皇帝在其谢恩折上的冷冷朱批,也不能让前景变得更乐观:

> 知道了。两淮情弊多端,亏空甚多,必要设法补完,任内无事方好,不可疏忽。千万小心,小心,小心,小心!⁹⁸

曹寅在巡盐御史最后任内的奏折看起来颇为沮丧,也就并不意外了;从这些奏折来看,他已经束手无策了,甚至指望下属盐运使来解决两淮亏空的纷端。

曹寅起初寄望于盐运使李斯佺,但他不幸去世,曹寅写道:"李斯佺留任后,随患病缠绵,旋复身故,以致积欠未得督催全完。"⁹⁹ 李斯佺自1706年即出任盐运使,¹⁰⁰ 但事后证明他根本没有能力处理两淮库帑的问题。

曹寅接着指望满都,这位漕运官绩效卓著,接替李斯佺署理盐运使悬缺。曹寅形容满都:"办事清理有方,催科有法,颇着勤敏,商灶爱戴,若得在任暂署,帮助臣等一二年,则积欠便可补足。"¹⁰¹ 皇上否决满都署理盐运使之议,因为有违满洲人不出任盐运使的前例。¹⁰² 但曹寅还是有机会与满都共事,直到新盐运使到任。曹寅在1711年4月26日的奏折里,奏报与满都共事的成绩:亏空库银二百八十六万二千两白银,尚欠库银一百九十万两;若要填补亏空,商人还得拿出五百二十万两白银来。

曹寅解释事情的始末。皇上慨然恩准李煦缓交一百万两白银（或许还有李煦展期至10月的做法），这意味着曹寅就任时，商人拖欠朝廷"新旧"款项二百八十六万二千两白银，即过去几年的亏空，以及自1710年以来展期的数额。他与满都迄今为止已催课了九十万两白银，并有信心补完九成的余额，因为"（商人）皆有通河保状，即不能完，众商人为之摊补"。但商人必须纳课1711年新盐引的时间将届。曹寅估算这年新税与"正杂带征"的各项，共可课银二百三十八万两。如果商人必须在一年内缴纳这个数，连同先前的积欠，总计需要五百二十万两，曹寅担心"商力恐有不继"。

曹寅同时还并列一份"钱粮实数单"，将商人的欠款分为六类。一、1709年尚未完课的二十八万两。二、李煦应代商人纳交的九万二千两。三、1708—1709年间"预投"制度提前发给盐引的八十万两欠税。四、各场灶户拖欠的税银九万两。五、破产商人拖欠的税款四十四万两。众商人情愿合力摊补。六、破产商人拖欠正课的税款二十万两。康熙对曹寅悉心分类欠款并无嘉勉，却对曹寅收回九成欠款的保证表示怀疑。或许，皇帝对曹寅所提数据的准确性和可信度仍有怀疑。康熙朱批写道：

> 亏空太多，甚有关系，十分留心，还未知后来如何，不要看轻了。[103]

康熙理当谨慎，但不能苛责曹寅。首先，曹寅曾提醒过康熙，若无根本的制度改革，积弊势不能绝。其次，康熙显然又回到前明的做法，即"余盐补充正课"。[104]这意味着巡盐御史奉命从每年收到的余银中挪二十三万两来偿还商人的欠款。换言之，先对商人课征非正规的税银（这是造成商人资本困绌的原因之一），然后再用这笔款项协助商人缴纳正规的税款。康熙究竟是在何时谕令巡盐御史采取这种补救的措施，我们不得而知。曹寅提到他是在1711年钱粮实数单的附注说明中收到谕旨的。李煦后来写道，每年以二十三万两白银弥补商人欠款，"自丙戌纲起沿及今年"（这可能是指自1706年起开始积欠的债款，而非指1706年这一年，因为当时的形势看起来还相当稳定）。[105]他补充道，亏空最终可在1714年还清。所以，曹寅最后一任做得不算太差：他留给李煦至多六十九万两的亏空，[106]不要忘记，曹寅就任之初宣称亏空有二百八十六万二千两白银。纵使曹寅因皇上的苛责而采取行动，或者从一开始就捏造数据，以康熙晚期盐政的粗略标准而论，他最后一任的巡盐御史堪为典范。

两淮巡盐御史李煦

李煦经办盐政的方法与曹寅截然不同。1705年11月，他初任巡盐御史进呈的谢恩折既形式化又简略，既没有提出长远的改革规划，没有提及贪腐。康熙的朱批，只字未提盐政，只是要李煦继续探听各路消息：

> 凡苏州来的各行人等，倘有多事者，尔察明即当奏知，

不可少懈，不时访访才好。¹⁰⁷

康熙命李煦的信差为巡抚宋荦递呈奏折，并把指示秘密地转知宋荦。¹⁰⁸康熙还警告李煦，不要听从、相助京城中浑账无知人等，"此主意甚是要紧，不可疏忽"。¹⁰⁹皇帝显然心意已定，不让李煦涉入党派之争。

李煦第一任两淮巡盐御史期间进呈的奏折，只有一道论及盐务，时间是在1706年6月。李煦在奏折里重申曹寅先前提过的看法——这对盐商特别有价值：提高每引的运量，提高盐价、库帑借贷。不过，李煦还提到，盐商什么盐都还没卖出，就得在6月缴纳盐引税；他祈请将缴纳盐引税的时间延至10月，这时商人的手头较为宽裕。皇上否决了李煦所请："去岁曹寅不曾展限，尔同曹寅商定，再折请旨。"¹¹⁰之后李煦再无奏折进呈，所以他当时一定是放弃了这个想法。

李煦的第二个任期没有任何建设性的观点或针砭。他的奏折里并未提到民生凋敝、盐商艰困。这一年，李煦上了两道奏折论及盐政。在第一道奏折重申曹寅觐见皇上时提出的观点，即兵民通力合作，杜绝口岸的勒索，严明划分两淮的贩盐区域。¹¹¹第二道奏折则详述扬州附近的私盐问题。李煦提到春天时他轻骑巡查盐区，认为应责成督、抚清剿私枭藏奸之薮。康熙对此等无关银两之事兴趣缺乏，就如康熙朱批："这是你的职分中正事，即当明本具题。"¹¹²这是部内之事，不须通过奏折管道要皇帝留意。

1709年李煦再次任两淮巡盐御史。除了一道简短谢恩折，叩谢皇帝殊宠,并于1709年再次巡视两淮盐课之外,他的第三个任期并未留下其他的奏折。[113] 究竟是李煦未写,还是上的折子都佚失,很难确切辨明。后者的可能性较大,因为这是大荒年,年末李煦留给曹寅二百八十六万二千两白银的两淮亏空。李煦不太可能对此全无表示,而指望康熙不会追问。而且,李煦正是在这一年得到许可,把商人纳课的时间展延至阴历十月;因为康熙先前已否决同样的请求,李煦肯定曾私下旧事重提。关于李煦第三个任期可以说的是,两淮盐区持续没落,而李煦并无遏阻没落的良策。[114]

这股没落的趋势在1711年曹寅第四个也是最后一个任期得到控制。曹寅清偿大量的亏空,自己所负责税额的达标率也高。到了这个时候,在1707年到1709年天灾的影响,以及随之而来的民生困顿已逐渐缓和。1712年,在李煦的第四个任期内,仅有一些小灾情:连日风雨,海潮涨漫,冲决几处的海堤,造成煎盐灶户的盐场漂淌。[115] 李煦衙门的捕役与贩盐私枭激战,四名捕役被杀,巡逻船亦被烧毁。[116] 但是从他任内最后一道奏折看来,情况要比十年前好转。

李煦在1712年11月11日任期届满时进呈奏折,说他已征完二百四十万两的税银。[117] 他从中拨解一百二十万两给京城,拨解一百零四万两给各省,其余存库,听候户部指示拨解。商人已补足二十二万两的拖欠,李煦亦依皇帝谕令,每年自余银提拨二十三万两填补亏空之捐。所售盐引之数为一百五十九万。[118]

依照惯例,李煦应亲赴京城向皇帝奏报,而不是在奏折里提到这些细节。但皇帝已再度钦点李煦为1713年的巡盐御史。按1704年之后曹寅和李煦轮替视事巡盐御史的做法,这时理当轮到曹寅出任巡盐御史。但曹寅已于1712年夏去世，皇帝命李煦接替曹寅的第五个任期，并用余银清偿曹家的亏空。[119]

如同曹寅仰赖盐运使李斯佺和满都，李煦也倚重他的盐运使李陈常。李陈常出身浙江，有进士功名，1711年出任盐运使。[120]李煦第五个任期才开始，便出现危机，当时江苏布政使母忧守孝，巡抚委派李陈常署理。李煦上了一道措辞激昂的奏折，直陈盐运使一职的重要，盐务不可一日无盐运使料理；如果李陈常坐镇苏州布政使衙门，他又如何能兼管扬州的盐务？然而，巡抚已题报署印，皇帝应谕令巡抚另择贤员署理。康熙准李煦所奏。[121]曹寅和李煦对盐运使倚赖甚深，很可能显示曹、李对其职务的复杂仅有一知半解。

1713年春，李煦赴京城恭贺皇帝六十大寿，两淮盐商随同前往祝寿，尽管皇帝表示无庸费心前来。[122]李煦南归后发现，大雨滂沱，两淮灶户未能煎盐，使得运往秤制、发送中心仪真的盐迟了两个月。[123]这意味着运商要到秋天才能运盐，无法准时纳税了。尽管如此，李煦在年底奏报他课得五十八万六千两余银，为以往所未见。[124]

这时，李煦平静的生活因一宗牵连他与京城一名太监、一干盐商的弊案而掀起波澜。盐商与李煦给这名太监巨资，时间点或许就在李煦等人赴京祝寿期间；李煦并未被指控贪污，他的罪名是对相关部门隐匿案情。于是，内务府慎刑司将李煦革职留任。[125]

但是，李煦的仕途靠的从来就不是清白无瑕的官声，而是靠着他能给带皇上的实质好处，但这在1714年也失灵了。弊案发生之后的第一个恶兆出现在4月。李煦在奏折里提到，1713年的定额虽已完成,但今岁一百六十万引要贩完实属困难;所以他祈请让盐运使李陈常留署三年,因为李陈常居官清正,督理有方,而众盐商亦保荐李陈常。康熙的朱批简短,语带愠怒:"*此事非尔可言。*"[126]

导致李煦失宠的最后一击出现在 8 月。李煦在奏折里提到,巡盐衙门每年课得余银五十五万两。在以往,其中二十一万两用于织造花销,二十三万两代补两淮盐商的积欠。如此,商人的积欠已经补完,李煦写道,如果他能再任盐差几年,他保证将这二十三万解送进京以供御用;二十一万两如往常交付织造,而李煦会把存剩的十万两用于他本人为皇帝办差,以及继续填补织造衙门的亏空。皇帝婉转但明确拒绝:

> *此事甚有关系,轻易许不得。况亏空不知用在何处,若再添三四年,益有亏空了。*[127]

李煦这次任满不再续任;康熙反倒钦点过去李煦赞不绝口的盐运使李陈常。此时,李煦的妻子身故。[128]如果这是一则道德寓言的话,李煦在这时候也许该倒台,失去亲人、负债累累、不受皇上宠信。但李煦却没有倒下去,很快就又巩固了对继任者的控制。李煦祈请为李陈常递呈奏折并得到应允,并让熟谙奏折流程的家仆陪同李陈常的仆人前往京城,并为他带路。[129]康熙或许有感于李煦的困境,以及他对继任者的慷慨协助,谕令新任巡盐御史为李煦与曹家填补亏空。[130]

李煦失势不过两年,便得到取代李陈常的大好机会,因为在他奏报米价的折子里，皇帝朱批：

> 知道了。风闻李陈常大改操守，不知真否？[131]

李煦即刻奏报康熙，经他密访，传言属实。李陈常虽然行事甚密，但李煦派人到李陈常的浙江老家打听。李家原属贫寒之家，如今已有四五千亩良田，市房数十处，三处当铺，现银不知有多少。除此之外，李陈常还屡屡借他人之名，买产开铺。此外，李陈常脚肿难行，无法出门到衙门坐堂处理盐务，只能待在家里。皇上警告李煦"此折断不可叫人知道"，并要李煦进一步打探。[132] 李煦遵旨。李陈常卧病半年，于1716年9月12日（阴历八月三日）病故。[133]

如果这一切都是李煦居心筹划，也不可能如此完美。康熙感到失落，他所信赖的那个廉洁的李陈常，结果也操守不保；皇帝当机立断，又想起那个至少还有署理巡盐御史经验的人；11月9日，谕令都察院，重新起用李煦。李煦上奏叩谢天恩，还提及李陈常虽补了大部分的积欠，但还是留下二十八万八千两的亏空。皇上的朱批，让人感觉他满心疲倦，说李煦一年之内若无法填补亏空，至少会再给李煦一次机会。[134]

如今的李煦卖力办差。他发现李陈常增加三项完全不合法的税，让商人又多纳了三万二千两白银。李煦将这三项税废除。再者，李陈常不知变通，又大病半年，所以旧盐仍有"十余万"引根本没捆运出盐场。李煦严行督催，赶完旧盐。[135] 李煦估计，这一年可以课得五十二万七千两余银。二十八万八千两补完积欠，二十一万两发给织造,所剩二万九千两解送户部充作饷银。他还打算每引增加五斤的运盐量,以弥补拖延运盐的损失;而商人每引多加五分以为回报。从淮北"资本微薄"的商人,以及盐区附近贩盐的商人,所多课征的税额是微不足道的;但淮南有一百三十三万引,将给朝廷额外增加六万六千两的收入。这笔款项不列在常规岁入,李煦说他会亲赍进呈,以备皇上公项之用。对于这一连串的数字以及增加税收的规划,康熙的朱批只有一个"是"字。[136]

接下来的五个月,李煦针对盐政的各个面向至少上了九道奏折。他实行新法,于阴历二月,而非原来的阴历六月加速运送盐,颇收成效。[137] 李煦还奏请移驻江防同知于恶名昭彰的三江营,此地私盐盛行。皇上怀疑这位"好名不清"的总督,会乐见移驻他的下属。[138] 户部决议增发一万八千引,以提高二万零四百两的税收,李煦坚决反对此议,因为商人旧债未了,而新的负担又会增加他们的困扰。[139] 新一年的税收应为一百九十五万两,已收齐五十万两;而应补的二十八万八千两(李煦的原折是二十八万两)亏欠,四个月内便可补足。[140] 官员对商人抑勒教人痛心,[141] 商人已清偿1703年的一百万两借款,如今他们再商借一百二十万两,认利十二万两,分十年纳完。康熙拒绝借帑一事,朱批说道:"借帑一事,万万行不得,再不要说了。"[142]

于是,李煦又继续推动盐政。他补完二十八万八千两的亏空,依计划课得额外的六万六千两,讨论来日将这笔余银解送进京,缴交户部。[143] 1717年12月,李煦在第七个任期届满前夕,得知他八度署理盐课;他的话是不错的:"两淮自设巡盐衙门以来,从无一人之身得以八视淮鹾，而千古未有之事。"¹⁴⁴ 在三周内，李煦奏报，已补完所有亏空，余银已收缴完毕送归藩库，整年额盐已赶运足额，同时还有大量余盐待明年捆运，两淮商人江楚吉等捐资九万八千两白银修筑河堤。¹⁴⁵ 1718 年 1 月，李煦加授户部右侍郎衔；¹⁴⁶ 这是非实职的荣誉衔，给了他一等二品的地位。

这是李煦一生事业的巅峰。他之所以能登峰造极，是因为他视事巡盐御史时，正好处于一个辉煌时代；而这个时代之所以辉煌，是因为有商人的通力合作，使得他能完成所有的份额，甚至还有大量余盐。但商人也得为他们的付出讨回好处，所以李煦在他 1718 年的最后任内，大多数的时间都花在为盐商向皇上索讨恩赐，并非偶然。

有这么一道奏折，提到商人入府学，取得举人资格的问题（一旦商人赚了钱，便开始关注自己的社会地位）。李煦提到，两淮盐商原籍多为山西、陕西，或徽州。山西、陕西之西商子侄，准予童生资格入扬州府学，名额十四人。然而徽商并无名额，因为徽州与扬州属同一省。¹⁴⁷ 但徽州至扬州，相隔千里，家居扬州的徽商，根本无法回原籍参加考试。所以，徽商祈请将其子侄依照西商惯例，亦于扬州府学有十四名名额。但这只是问题之一而已；西商和徽州秀才均不得参加举人考试。有鉴于"徽、西商人子侄，奋志芸窗，文字可造就者不少"，他们祈请仿效满人、蒙古人和官宦子弟（官生）之例，允许他们另编合通名册，参加举人考试。李煦还说，他不敢缮疏论及这样的问题，可否据情题请，由皇上批示。皇上似乎不无鼓励地说：

> 此事甚关尔之声名，不可轻忽，须同运使商量妥当，再具题可也。[148]

其余奏折触及各色问题，但共通之处就是为商人谋好处。有道谕旨谕令商人加速完纳积压的引额（相对于已补完的现银亏空），李煦想到此举会带给商人困扰，让商人手头吃紧，于是向皇上求情。[149] 李煦对三江营私盐巢穴采取果决行动，一定是因为私盐损及盐商的利润。[150] 李煦还强力反对江西巡抚试图降低盐价以缓和百姓生活压力的做法：

> 然而地方官到任，必指称病民，严禁增价。不知百姓每人每一日食盐不过三钱，计其一年所食，每人不过七斤而止。就使盐价偶增数厘，未见有病于民。若一禁价，则商本亏折，课从何来，是禁价一事于国课大有害也。[151]

这道奏折并无朱批，所以我们无从得知康熙的反应。李煦写于1718年9月25日的奏折，终究还是说过头了。在这道折子里，李煦代转两淮商人祈请自运库借出十五万两白银之议。商人贷款的理由是他们已捐输二十四万两白银用于河工，如今他们又热切捐银于西疆军需；但他们手中已无足够的银两，如果他们得到贷款，他们就会捐纳，然后在五年内分期摊还借款。皇上的朱批尖刻且扼要：

> 此折断然行不得。西边用银，即可发库帑，何苦五年

分补,皆因奸商借端补亏之法耳。[152]

康熙写完朱批几日后,告诉曹寅的儿子曹颙,他对李煦有关西边军需的奏折极为不满,他唯恐李煦近日生病而失了分寸,受蒙骗了。[153]

在几个月之前,李煦才以一种愚蠢的方式触怒龙心,他在奏折里提到,近来的请安折都未蒙皇帝批示,是因为皇帝哀痛皇太后大葬,龙体违和。李煦的奏折得到怒气冲冲的朱批:

朕今大安了。此折字言不通,不合奏体。[154]

李煦就这样结束了他的第八任也是最后一任的两淮巡盐御史。不可否认,他留下一个健全的财政制度,清偿大部分的亏空,课征足额的税收,大量余银也流入藩库。不过如此可观的政绩或许出自五谷丰收、人口增长,经济自然就会成长,而非李煦的任事。李煦去职一段时间,他还在不断谤讟继任者,说他不善稽查场灶煎盐,导致私盐渐多,又天气多阴,盐多延迟捆运。[155]康熙最后还是给了李煦说说心里想法的机会,在朱批里问道巡盐御史张应诏的操守是否真有问题,李煦抓住这个机会。李煦写道,两淮地区官盐壅滞,商人亏本,私盐公开在口岸贩卖,而贪官又治理无术。张应诏本是迂腐书生,未曾历练,临事即束手无策,而沦为商人笑柄,在扬州以张应诏为笑谈。[156]

李煦的奏折并未得到批示,但我们觉得在这个节骨眼如此的反应本是正常。康熙皇帝与李煦彼此太了解,根本不用再多所评论。来年皇上驾崩,而迫使七十岁的李煦去适应周遭更为严峻的世界。[157] 雍正皇帝没有理由善待李煦或曹家。在他无情的眼里,他们没有价值,甚至比没有价值更糟的是,他们没有起码的能力和忠诚。不过,康熙皇帝的标准比较宽松:只要曹寅和李煦可以遏阻颓势,如期课征余银,他们大可在两淮地区自行其是。综观曹、李的整体记录,有理由相信他们犯了欺瞒之罪,然而对康熙皇帝而言,这非至关重要。他从来就不是一个坚持严格区分责任与利益的人。

注释

1 这片繁华的景况,在何炳棣那篇现已名声大噪的论文里,有详尽的描述。见何炳棣(Ho Ping-ti):《扬州盐商:十八世纪中国商业资本的研究》(The Salt Merchants of Yangchou: A Study of Commercial Capitalism in Eighteenth Century China),《哈佛亚洲研究学报》,第17期(1954),页130—168。同时也请参见何炳棣:《中华帝国晋升的阶梯》(The Ladder of Success in Imperial China),页81—85、158—159。盖乐(Esson M. Gale)和陈松侨(Ch'en Sung-ch'iao)对于中国历朝的盐制体系,有一篇十分有帮助的英文介绍,刊载于韩国期刊《亚洲研究》上:一卷一期(1958),页137—217;一卷二期(1958),页193—216;二卷一期(1959),页273—316(感谢吴秀良,使我注意到这篇论文)。

2 《钦定大清会典事例》,页八〇六〇(卷二二三,页一)。《盐法通志》,卷六。何炳棣:《扬州盐商:十八世纪中国商业资本的研究》说两淮地区:"在制造、贩卖以及税收上,轻而易举地便胜于其他所有地区。"(页131)两淮地区这种优越的地位,在佐伯富所著《清代盐政研究》页15、19的图表中,很清楚地显露出来。

3 《曹寅奏折》,页二三,康熙五十年三月九日奏折中言及,正规与各种杂项收入(钱粮正杂)共计为两百三十八万两银子。《李煦奏折》,页四十,康熙五十一年十一月二十二日的奏折说,税收(钱粮)为两百四十万两银子。1732年,据巡盐御史高斌估计,两淮盐商每年为了其盐引所缴纳、支付的正项与杂项税银,超过两百五十万两银子。分送与包装的支出还要另计(《雍正朱批谕旨》,册五十,页八二,雍正十年三月十六日折)。到嘉庆十七年(1812),常规盐税达两百九十九万三千六百一十四两银子,尽管此次被称作特例;前一年的盐税数额是两百五十五万两千五百五十两。参见《史料旬刊》,第27期,页999(连续页码版,页535)。

4 《李煦奏折》,页八十b至八一,康熙五十六年二月二十四日折中说,该年的"额征钱粮"为一百九十五万两——也就是说,不包括余银。此时期所公布的若干余钱数额,分别是:康熙五十二年,五十八万六千两;康熙五十三年,五十五至五十六万两;康熙五十五年,五十二万七千两。参见《李煦奏折》,页四八b、五四b、七七b。

5 《清实录经济资料辑要》(上海:1959年),页九至三五当中,提供了顺治元年(1644)到雍正十二年(1734)的收入数据。佐伯富的《清代盐政研究》指出(页15),康熙二十四年(1685)时,两淮盐税达到全国盐税收入的百分之五十二,雍正四年(1726)则占百分之四十五。康熙五十年(1711)的数字是:盐税三百七十二万九千二百二十八两,土地税为两千九百一十万四千两。

6 《盐法通志》,卷三三,页三。两淮产盐区主要聚集在通州和泰州一带,在佐伯富的《清代盐政研究》当中,十分便利地制成表格(页76—77)。关于其他制盐方法,参见盖乐：《中国盐政》，二卷一期，页 273—316。
7 《盐法通志》，卷三八，页三。
8 何炳棣：《扬州盐商：十八世纪中国商业资本的研究》，页 131—135。据何氏估计，拥有盐场的场商约有三十家。
9 《盐法通志》，卷四三，页一，也提供了其他产盐地区的流行用语。
10 前揭书，卷五三，页十九 b 至二十，根据户部所发出盐引样本上的警示。
11 孙任以都，《清朝行政术语》，一○三四条。(文中所述，户部发出的盐引，直接颁给领头的几家盐商，是十八世纪后期的实际情况。)
12 《钦定大清会典事例》，页八○六一（卷二二三，页二 b 至三）。《盐法通志》，卷四五，页二四至二六，以及卷七二，页十七。
13 《钦定大清会典事例》，页八○六一至八○六二（卷二二三，页三至五）：一百二十八万五千八百八十一张是定额的运输盐引，又称"纲引"；十四万零六十八张则是供产盐地区周边消费，又称"食盐"。
14 何炳棣：《扬州盐商：十八世纪中国商业资本的研究》，页 140、144，提供十八世纪的盐引核发数字是一百六十八万五千四百九十二张。在佐伯富《清代盐政研究》里，则是一百六十九万两千四百九十张（页十九）。
15 根据顺治十七年（1660）栏目下的两行概要，《钦定大清会典事例》，页八○六一（卷二二三，页三 a）。
16 据《钦定大清会典事例》，页八○六一至八○六二，以及《盐法通志》，卷七二，页十七当中的数字。
17 康熙五十一年的《实录》（康熙朝）当中，盐引的总数量是五百零九万三千六百零八张，税收则达到三百七十二万九千八百九十八两。
18 《钦定大清会典事例》，页八○六二。《盐法通志》，卷七二，页十七。佐伯富：《清代盐政研究》，页 212、217—222。这笔额外的收入，至少在曹寅与李煦同时担任巡盐御史与织造职务时，似乎并未上缴户部。
19 《盐法通志》，卷四三，页二四。盖乐：《中国盐政》，二卷一期，页 295。
20 《盐法通志》，卷五一，页八 b 至九。佐伯富：《清代盐政研究》，页 19。
21 同样的，十四万零六十八张"食引"支付的税金，每张是一两二分五厘白银。一年当中所发放的最大盐引张数（定额与额外），似乎已经增长到一百七十万张；参见《李煦奏折》，页四十，康熙五十一年十一月二十二日。在为了支付皇家丝织工场开销、购铜以及河道维护的三十万额外征收银两当中，每年有二十一万两拨给了织造，他们将这笔款项归入盐税中"余银"的范畴；参见前揭书，页四九，五四 b，页七七 b。剩下来的九万两白银，拨交各省巡抚作为购铜与河道维护款项，然而这笔款项，在巡盐御史上报到户部的报告中，却从来不曾被看做是"余钱"，而似乎是被看成定额内的税收。考虑到这些事实，我们便得出此时期两淮收入进项的图表如下：

"纲引"每张一两三钱五分税银	一百二十八万五千八百八十一（张）	一百七十三万五千九百三十九（两）
"食引"每张一两二分五厘税银	十四万零六十八（张）	十四万三千五百六十九（两）
康熙四十三年三十万额外银两中的九万		九万（两）
		总计：一百九十六万九千五百零八（两）

上图这些数字，与李煦在康熙五十六年时声称的：定额内盐税（额征钱粮）为一百九十五万两白银相符合（《李煦奏折》，页八十 b 至八一，康熙五十六年二月二十四日）。对于一百九十六万九千五百零八两这笔金额，应该还要再加上二十一万两，这笔款项由织造在康熙四十三年的税收之中取得的，但是仍被视为"余银"，因此全部税收总额就来到两百一十七万九千五百零八两（这是经过修正、调整过后的税收数额，应该与佐伯富的《清代盐政研究》页 15 当中提供的康熙中期数字作比较，康熙二十四年，两淮盐税总额是两百三十九万九千两百八十五两）。
曹寅和李煦公布余银约五十五万两白银；《李煦奏折》（页五四 b，康熙五十三年七月一日）中说：此数额为"每年"之数。由于这笔数目中的二十一万两总是作为供织造动用的款项，已经列入上面的统计当中，因此我们只需要再将剩下之三十四万两列入，这就使得两淮税收的总额，达到两百五十一万九千五百零八两。据雍正十年时的巡盐御史高斌估算，两淮税收总额超过两百五十万两白银，而此前曹寅与李煦公布的数额，则分别是两百三十八万两与两百四十万两（参见本章注释2）。
上面的这些统计，主要取材自巡盐御史的奏折，以及在《钦定大清会典事例》里面更为简略的描写，仍旧是尝试性质的估算。想要对两淮税收的情况，有一个完整而可靠的认识，只有在对此题目完成全面彻底的研究之后，方有可能；而我尚未尝试投入这样的研究。像这样的研究（十八世纪后期的两淮盐政），哈佛大学的墨子刻（Thomas Metzger）正在进行。

22 "巡盐御史"，《清末中国政治组织》，八三五条 B 项。
23 "盐运使"，《清末中国政治组织》，八三五条。
24 《盐法通志》，卷十四，页五 b。
25 《钦定大清会典事例》，页十七，页三七〇至三七二（卷一〇二八，页一至四）。《盐法通志》，卷十五，页六 b。
26 参看前面的注 25。

27. 《江南通志》，卷一〇五，页七至八。
28. 此四人分别是：喀拜，见《八旗通志》，卷五，页四十 b；观音布，《八旗通志》，卷三，页三四；常寿，《八旗通志》，卷三，页三九；雅图，《八旗通志》，卷三，页三三。
29. 《两淮盐法志》，卷八，页三八，尽管并未说明他们担任此职的年数；但可参见《李煦奏折》，页五四 b，康熙五十三年七月一日折："臣与曹寅蒙万岁隆恩，轮视淮鹾，殊荣异数，亘古未有，今十年差期已满。"
30. 《河东盐法志》（十二卷，雍正八年），卷六，页十二至二十。在康熙五十八年，只知道有一名汉人包衣被任命为巡盐御史（汪国弼，汉军镶白旗，《八旗满洲氏族通谱》，卷七七，页十四），以及隔年（康熙五十九年）一名蒙古人担任此职。《两浙盐法志》（三十卷，嘉庆六年），卷二二，页一至五。《福建盐法志》，卷六，页二十至二三。《广东通志》（三三四卷，道光二年），卷四三，页十六。《长芦盐法志》（二十卷，嘉庆十年），卷十四，页五至十五。
    除了有一或二人曾连任两年以外，没有人在巡盐御史这个职位上任职超过一年。因此对曹寅与李煦的任用便显得特别。从雍正朝开始，巡盐御史的任期便大为延长。有几名出任此职的满洲官员，他们以汉人包衣的身份，出现在《八旗满洲氏族通谱》里，但是他们的姓名十分普遍，以至于无法判断是否为汉人家庭出身（在织造与税关监督官员当中，则很少有这样的情形）。《两淮盐法志》对于任职官员的出身背景叙述祥明，显示出在他们之中，有许多人为满洲道监察御史（《清末中国政治组织》，二一三条）；其他人则出身自内务府，当中或许有很多人是满人包衣，因为其职位列载于《八旗通志》之中（卷四八，页十八 b）。
31. 《盐法通志》，卷十四，页五 b。
32. 两人总是在"接到邸抄"后，确认续任两淮盐课。参见《曹寅奏折》，页十五，康熙四十五年八月四日，以及页二二，康熙四十九年九月二日；以及《曹寅档案》，编号二八一一，康熙四十七年九月一日。《李煦奏折》，页十四 b，康熙四十六年九月；页二五，康熙四十五年八月二十一日；页四六 b，康熙五十二年八月二十一日。
33. 《曹寅奏折》，页九，康熙四十三年十月十三日。
34. 《盐法通志》，卷五二，页七。在孙任以都的《清代行政术语》（一〇三四条）里叙述：此时期稍后，又有一套新做法，即由户部直接对盐商颁发盐引。
35. 曹寅与李煦二人的奏折，各处都提到，可为引证。
36. 《李煦奏折》，页四四，康熙五十二年闰五月二十三日。仪真后来更名为仪征。
37. 前揭书，页十二 b，康熙四十五年五月。
38. 《皇朝文献通考》，页五一〇〇 a。
39. 《雍正朱批谕旨》，册五十，页九三，巡盐御史高斌奏折，雍正十二年九月十五日。
40. 《钦定大清会典事例》，页一七二九九（卷一〇二〇，页十一 b），与前揭书，页七四九二（卷一八三，页十五）。
41. 前揭书，页六四五九至六四六一（卷一〇五，页一至五）。
42. 《雍正朱批谕旨》，册十五，页六九，盐运使张坦麟雍正四年六月二十六日折。

43 《钦定大清会典事例》，页一七二四四（卷一〇一五，页二三）。
44 《雍正朱批谕旨》，册十三，页三十，谢赐履雍正元年三月二十六日奏折上朱批。
45 《钦定大清会典事例》，页六四六六至六四六七（卷一〇五，页十六至十七），康熙十五年例则，同时也延伸适用于旗人。
46 《盐法通志》，卷二二，页十六。
47 前揭书，卷四，页一。
48 这位西方观察者是拉达（Martin de Rada），参见巴克瑟（C. R. Boxer）：《十六世纪的华南》(*South China in the Sixteenth Century*)，哈克略社（Hukluyt Society），系列二，第一〇六种（伦敦：1953 年），页 269，页 276—277。
49 何炳棣：《扬州盐商：十八世纪中国商业资本的研究》，页 136—141。
50 或甚至在雍正一朝，当时他们的利润，估计是每引二两七钱四分。参见何炳棣：《扬州盐商：十八世纪中国商业资本的研究》，页一四六。证明康熙年间利润较低的证据，详见下文。
51 引自何炳棣：《扬州盐商：十八世纪中国商业资本的研究》，页 145。
52 《盐法通志》，卷四五，页二六，顺治十七年巡盐御史奏折。
53 《雍正朱批谕旨》，册六，页八七至八八，两广总督杨琳雍正元年三月三日奏折。
54 何炳棣：《扬州盐商：十八世纪中国商业资本的研究》，页 137。
55 《盐法通志》，卷八五，页十四至十五 b。巡盐御史席特纳与徐旭龄康熙九年折。
56 何炳棣：《扬州盐商：十八世纪中国商业资本的研究》，页 151，每引三百四十四斤，运到扬州的总支出是白银一两五钱五分。我的估算（当然只是约略取近似值）是建立在盐价于 1700 年至 1740 年之间，并未大幅波动的事实上（前揭书，注释 55）。
57 再次，何炳棣：《扬州盐商：十八世纪中国商业资本的研究》，页 146，1740 年时，每引三百四十四斤的批发价，估算是七两一钱三分九厘，并且假设此价格是稳定的。
58 同前。
59 《盐法通志》，卷八三，页一。
60 《李煦奏折》，页九十，康熙五十六年十一月二十七日；页九六 b，康熙五十七年闰八月二日；页一〇一，康熙五十六年十一月十六日。
61 《永宪录》，页三四〇，引用噶尔泰雍正五年元月奏折。纳捐商人王晋德获七品顶戴。
62 《雍正朱批谕旨》，册五十，页八一至八二 b，高斌雍正十年三月十六日奏折。关于高斌生平，参见《清代名人传略》，页 412—413。
63 关于扬州盐商的生活，见何炳棣：《扬州盐商：十八世纪中国商业资本的研究》，页 154—168。
64 参见本书第四章。
65 《雍正朱批谕旨》，册十三，页三十，雍正元年三月二十六日。
66 《曹寅奏折》，页一 b，康熙四十三年七月二十九日的奏折与朱批。在此折开头，曹寅提到，他"去年"奉旨与李煦轮流担任巡盐御史，如今"又蒙钦点"。

67　正如《李煦奏折》，页五四 b，康熙五十三年七月一日折所显示的。
68　除了顺治九至十一年的一任三年，以及分别由顺治六、十五年、康熙十二（这可能是印刷错误）、康熙十七年开始的四任两年任期以外，向来无人能在两淮巡盐御史任上连任。参见《江南通志》，卷一〇五，页七至八。
69　"承差"（孙任以都，《清代行政术语》，一九九条）与"发收"[字面意思上，指"那些发和收（盐）者"]。
70　阿山的奏折刊载于《两淮盐法志》，卷三一，页八 b 至十，康熙四十三年八月（1704年9月）。《实录》（康熙朝）（卷二一五，页十一 b）收有此折的简略提要；对此折进一步的评论，见前揭书，卷二一六，页十七 a。
71　《曹寅奏折》，页九至十，康熙四十三年十月十三日的奏折与朱批。
72　前揭书，页十 b 至十一，康熙四十三年十一月二十日。曹寅通常用"运道"一词来称呼盐运使，而非一般通称的"运使"。参看《清末中国政治组织》，八三五条。李灿是盐运使可确认无疑，见《江南通志》，卷一一六，页十四 b。
73　《曹寅奏折》，页十，康熙四十三年十一月二十二日。关于"匣"费，参见何炳棣：《扬州盐商：十八世纪中国商业资本的研究》，页 142—143、147—148。
74　《曹寅奏折》，页十一，康熙四十三年十一月二十二日。
75　参见本书第四章，描述江宁与扬州迎接康熙皇帝南巡大驾的奢华排场，以及曹寅迅速完成《全唐诗》的庞杂印务段落。
76　《两淮盐法志》，卷三一，页十。孙任以都，《清代行政术语》，五〇五条。
77　"肩挑背负"，见孙任以都，《清代行政术语》，一〇六八条。曹寅的奏折，与康熙四十四年时其他两条建议，收在《盐法通志》，卷二二，页十七。
78　《皇朝文献通考》，页五〇九八 a。
79　《李煦奏折》，页五四 b 至五五，康熙五十三年七月一日。即使是较为贫瘠的产盐区如两广，根据总督杨琳的报告（《雍正朱批谕旨》，册六，页八七 b，雍正元年三月三日），在康熙五十七至六十年间，余银每年可达五万两。关于余钱核算，参见《内阁大库档案》中的曹寅敕令。
80　《曹寅奏折》，页九 b 至十，康熙四十三年十月十三日。
81　《盐法通志》，卷五一，页八 b 与卷七二，页十七。《钦定大清会典事例》，页八〇六二（卷二一三，页四 b）对一题本的回复。
82　《曹寅档案》，编号二七六七，康熙四十四年七月一日奏折记录商人对皇帝的感恩戴德，因为盐引的数目下降，盐价便上扬。
83　《永宪录》，页十二至十三，日期是康熙六十一年二月十日至十九日，摘引巡盐御史魏廷珍的奏折，当时他正在调查两淮强索余银的贪腐情况。
84　《雍正朱批谕旨》，册十三，页三一，雍正元年四月二十一日。
85　《李煦奏折》，页十一，康熙四十四年十月。李煦于同年十月十三日接任视事。曹寅的任期据推测在前一日（十月十二日）结束；李煦的任期则确定于该日结束；参见前揭书，页十三，康熙四十五年十一月七日。

86 《曹寅奏折》，页十五，康熙四十五年八月四日，以及《李煦奏折》，页十三与十三b，康熙四十五年十一月七日与十二月十三日。
87 康熙四十五年十二月，阿山内调，升任刑部尚书，《清史》，页二五九一、二八八一。《清史列传》，卷十二，页二六。
88 《曹寅奏折》，页十五，康熙四十五年八月四日。
89 前揭书，页十六，康熙四十五年十二月五日奏折称"明日初六启程赴扬办事"。这趟路程约费时三星期时间。
90 前揭书，页十六，康熙四十六年六月二十日的奏折与朱批。
91 参见本书第三章"稳定米价"一段。
92 《李煦奏折》，页二十b至二一，康熙四十七年三月。在此折末尾，李煦写道：这三项办法，"前盐臣曹寅陛见口奏，蒙万岁训示，许臣等将三款缮书奏闻"。
93 曹寅敕令。
94 《曹寅奏折》，页二一，康熙四十八年六月一日。
95 前揭书，页二一b，康熙四十八年十一月十一日。
96 前揭书，页二二，康熙四十九年十月二日，总结之前春季各事。
97 参见《雍正朱批谕旨》中的高斌奏折（册五十，页九三），雍正十二年九月十五日，此折中讨论到这些延缓纳税的情形。
98 《曹寅奏折》，页二二，康熙四十九年九月二日奏折与朱批。
99 前揭书，页二四b，康熙四十九年十月二十八日。
100 《江南通志》，卷一○六，页十四b。
101 《曹寅奏折》，页二四b，康熙四十九年十月二十八日。
102 见皇上在康熙四十九年十月二十八日奏折上的朱批。这项惯例似乎一直以来都被严格遵守。盐运使通常由汉军旗人，或籍隶奉天者接任，但是直到康熙六十一年之前，无满人被任命出任此职。参见《江南通志》，卷一○六，页十四。
103 关于亏空与账目表，以及皇上朱批，见《曹寅奏折》，页二三至二四，康熙五十年三月九日。
104 关于明朝的前例，参见盖勒：《中国盐政》，一卷二期，页209、212。
105 账目表第二项下，《曹寅奏折》，页二三b，以及《李煦奏折》，页五四b，康熙五十三年七月一日。
106 这是根据李煦在康熙五十年后只需支付三次（每次二十三万两），就能填补亏空的数额推算的。
107 《李煦奏折》，页十一b，康熙四十四年十月奏折上的朱批。
108 前揭书，康熙四十四年十一月，以及页十二b，康熙四十五年三月奏折上的朱批。
109 前揭书，页十二，康熙四十五年二月奏折上的朱批。
110 前揭书，页十二b至十三，康熙四十五年五月奏折与朱批。
111 前揭书，页二十b至二一，康熙四十七年三月。此问题在前面也曾讨论到。
112 前揭书，页二一b至二二，康熙四十七年三月奏折与朱批。

113　前揭书，页二五，康熙四十八年八月二十一日。此折未见皇上朱批。
114　《文献丛编》里面没有李煦于康熙四十九、五十两年的奏折，或许这只是单纯意味着这两年的奏折在故宫遗失了。参见前文"两淮巡盐御史曹寅"的段落。
115　《李煦奏折》，页三六 b，康熙五十一年八月二十一日；页三六 b，康熙五十一年九月六日。
116　前揭书，页三九，康熙五十一年十一月三日。李煦参劾因玩忽职守而致此祸事的武官。
117　前揭书，页三八 b，康熙五十一年十一月三日。奏折上实际刊载数字为"两百四万两零"，这可能是笔误，因为与李煦接下来所提供的数额不符：他"解出京饷"一百二十万两，"解出各省协饷"一百零四万两，而还有"其余存库钱粮"。因此，他必定征收到两百二十四万两税银，另加上一笔可观的总额。如果在李煦所奏报数字的"万"字前面加上一个"十"字，李煦所报数额就成了两百四十万，与他十九天后所提报的数额正好相符。前揭书，页四十，康熙五十一年十一月二十二日："运使衙门征收钱粮二百四十余万两。"
118　李煦可能已经发放出约十六万五千张盐引。
119　参见本书第七章。
120　《江南通志》，卷一〇六，页十四 b。
121　《李煦奏折》，页四十，康熙五十一年十一月二十二日，奉到朱批："是。"
122　前揭书，页四二至四三，康熙五十二年元月十三日、二月四日、二月十七日各折。
123　前揭书，页四四至四六，康熙五十二年闰五月二十三日、六月九日、七月五日、八月六日各折。
124　前揭书，页四八 b 至四九，康熙五十二年十一月十二日。关于这笔余钱的使用方式，详见本书第七章谈到曹頫的部分。
125　"革职留任"，孙任以都，《清代行政术语》，一一九与一二八条。关于此事的扼要描述，参见《李煦奏折》，页四九，康熙五十二年十二月九日。
126　《李煦奏折》，页五一 b 至五二，康熙五十三年三月一日折与朱批。
127　前揭书，页五四 b 至五五，康熙五十三年七月一日折与朱批。
128　前揭书，页五七，康熙五十三年八月二十一日。他的妻子韩氏死时，享年六十三岁。
129　前揭书，页五八 b，康熙五十三年十月六日，与页五九，康熙五十三年十一月二十六日。
130　前揭书，页六七，康熙五十四年十二月五日。
131　前揭书，页七十 b，康熙五十五年四月九日折上的朱批。
132　前揭书，页七一 b 至七二，康熙五十五年六月十二日。
133　前揭书，页七五，康熙五十五年八月三日。
134　前揭书，页七六 b，康熙五十五年十月二十一日，引用都察院布告日期以及朱批。
135　前揭书，页七七，康熙五十五年十一月十八日。
136　前揭书，页七七 b 至七八，康熙五十五年十一月十八日。

137　前揭书，页七九，康熙五十六年二月十日。实际上，李陈常之前已经提出此建议了，前揭书，页七七b至七八。
138　前揭书，页七九b，康熙五十六年二月十日。
139　前揭书，页八十，康熙五十六年二月十六日。
140　前揭书，页八十b，康熙五十六年二月二十四日。
141　前揭书，页八一，康熙五十六年三月十一日。
142　前揭书，页八二，康熙五十六年四月十日。
143　前揭书，页八五b至八六，康熙五十六年七月十三日（两道奏折）；页八八，康熙五十六年十一月二日。
144　前揭书，页八八，康熙五十六年十一月二日；页八八b，康熙五十六年十一月二日。
145　前揭书，页八九，康熙五十六年十一月七日；页九十，康熙五十六年十一月十五日；页九十，康熙五十六年十一月二十七日。
146　前揭书，页九一，康熙五十六年十二月十七日。
147　徽州目前在安徽省辖境，但是在此时，安徽与江苏仍同归在江南省辖下。
148　《李煦奏折》，页九二b，康熙五十七年五月十七日折与朱批；前揭书，页九七b，康熙五十七年闰八月九日。李煦在此折中写道，他已与"运使臣张应诏商量妥当，现在缮书具题"。
149　前揭书，页九六，康熙五十七年八月八日。
150　前揭书，页九八，康熙五十七年闰八月二十二日。《盐法通志》，卷八十五，页九。
151　《李煦奏折》，页九七，康熙五十七年闰八月九日。
152　前揭书，页九六b，康熙五十七年闰八月二日。
153　《曹頫档案》，编号二八四九奏折原件朱批，康熙五十七年闰八月一日。
154　《李煦奏折》，页九三，康熙五十七年六月十六日。
155　前揭书，页一〇二b，康熙五十八年四月二十六日；以及页一〇四b，康熙五十八年八月七日。
156　前揭书，页一一一b，康熙六十年八月八日折，引用旨意与朱批。
157　前揭书，页五七，康熙五十三年八月二十一日折言及，李煦之妻韩氏死时享年六十三岁。李煦本人当时可能已经六十五岁了。前揭书，页一一〇，康熙五十九年十一月六日的奏折则讲到，李煦的高堂文氏逝世，享年九十三岁。如果李煦生于顺治七年（1650），那是她应该已经有二十三岁了。李煦是她的长子，因此顺治七年应是李煦出生之年。

第六章　曹寅——皇帝的耳目

在康熙朝，各省官员与京官就行政问题以"本章"向皇帝奏报，而"本章"主要是通过通政司或内阁递呈；本章在进呈皇帝阅览之前，其内容已经摘简，格式也经过检核。不论是攸关公共事务（"题本"），或是事涉个人（"奏本"），本章多是通过这些管道。这样的制度要让事情秘而不宣几乎是不可能的，因此康熙发展出一套"奏折"制度，奏折直接进呈至宫中，仅由皇帝一人亲览。[1]

雍正则进一步扩大奏折这种保密措施，并予以制度化。他使得这种君臣之间快速且保密的沟通制度有效运作，而这套制度被认为是雍正臻至"极权主义新阶段"的首要工具。[2] 不过，奏折制度在康熙朝的运作还是属私人性质、充满弹性。现今所知，最早运用奏折制度的两个人，就是身为包衣的织造曹寅和李煦。

曹寅的奏折

我们是因为一个偶发事件，才得以检视奏折制度最早的发展，当时这套制度还不是朝廷治理的工具。有一回,李煦的家仆弄丢了奏折,李煦与康熙就这次疏忽的讨论因而被留存下来。

1707年12月30日,李煦上了一道奏折,奏报江南太仓多宗盗匪案。³ 由于康熙特别垂询盗匪案的消息,⁴ 李煦在几天后又上了一道奏折,提到他在12月30日(阴历十二月初七日)差家仆王可成赍密折上奏,同时派人至太仓查访案情。康熙在王可成名字旁边朱批写道:

> 并不曾见王可诚(成)带来的密折,察明奏。⁵

李煦在还没看到康熙的朱批之前,⁶ 已经有所怀疑。1708年2月10日(阴历正月十九日),李煦向皇帝详细奏报后续的调查:

> 窃臣煦于去年十二月初七日,风闻太仓盗案,一面遣人细访,一面即缮折,并同无节竹子,差家人王可成赍捧进呈。今正月十七日,王可成回扬,据称:"无节竹子同奏折俱已进了,折子不曾发出。"
>
> 臣煦闻言惊惧。伏思凡有折子,皆蒙御批发下,即有未奉批示,而原折必蒙赐发。今称不曾发出,臣心甚为惊疑。再三严刑拷讯,方云:"折子藏在袋内,黑夜赶路,拴缚不紧,连袋遗失德州路上,无处寻觅。又因竹子紧要,不敢迟误,小的到京,朦胧将竹子送收,混说没有折子,这是实情。"等语。

> 臣煦随将王可成严行锁拷,候旨发落。但臣用人不当,
> 以致贻误,惊恐惶惧,罪实无辞,求万岁即赐处分。兹谨将
> 原折再缮写补奏。

从康熙的朱批来看,他不希望李煦公办王可成,因为这会使得整件事曝光。李煦的奏折并不在常规体例之内。

> 凡尔所奏,不过密折奏闻之事,比不得地方官。今将
> 尔家人一并宽免了罢。外人听见,亦不甚好。[7]

我们只要把这样一道直白而信息丰富的奏折放在心上,便可提出几个因奏折而起的管理、制度的问题。首先是信差的问题,不幸的王可成自然是一个例子。常规的公务递送系统由兵部负责,可以运用完善的驿站制度,但他显然不是官方信差。[8]李煦说王可成是他的"家人",这并非特例;李煦的许多奏折都是由"家人"带到京城然后带回。[9]曹寅经常提到他的奏折由家人或"家奴"带回。[10]当孙文成担任杭州织造,高斌署理苏州织造时,他们的奏折也是由家人往返递送;[11]苏州织造胡凤翚也是如此。[12]

家人不是可任意雇用的仆役,而是登记在册的官员从属;[13]巡抚可以有五十人,知府三十人,知县及以下十人。[14]旗人的家人属奴仆的身份,因为1678年律例禁止将满洲旗和蒙古旗的家人卖给汉军;[15]一般民家的家人是可以买卖的。[16]不仅织造以家人为信差,有一名江西巡抚和一名苏州布政使也派家人传递奏折。[17]

整个来说,省级衙门使用私家信差虽是个别现象,但可以肯定地说,康熙与雍正两朝的织造的确使用私人信差,而不必死守省级官员进呈奏折至京城所必须遵循的法定流程。[18] 这是他们行动相对自由的重要保证。

第二个问题是进呈奏折的实际程序。王可成只提到递送竹子,"混说没有折子"。无节竹子是李煦特别送给皇帝的礼物,或是皇帝特别交办的差事,[19] 如果它是与不欲人知的奏折一同在宫中进呈,那信差与皇帝必定有某种程度的直接接触。这可进一步从康熙"并不曾见王可诚(成)带来的密折"得到证实;简直像是信差的名字就代表了奏折,而非奏折的内容。

从曹寅的两处说法,我们可以确定奏折是由奏事处接下转呈皇帝的。[20] 第一道奏折是在 1708 年,曹寅提到他家的仆人刚刚携回他的奏折以及"奏事存住"的旨意南归;[21] "奏事存住"或许是奏事处非正式或初期的称法。不过,以非正式的称法较为可能,因为曹寅的第二个例子,措辞十分口语:"奏事傻子传旨。"[22] 这个傻子可能是奏事处的某官员或太监的小名;从上下文来看,傻子不似只是在骂人,因为其中有亲昵的成分。

假如信差将折子送到通政司,那么这就会如寻常官员的折子般依程序传递、检查。但曹寅和李煦的奏折是由自家的信差递送到奏事处,[23] 并由包衣所认识的太监来处理。李煦在 1716 年奏报,他的赍折家人向他转达总管太监魏珠所传的旨意;[24] 而曹寅也有两次接获太监梁九功传达皇帝的旨意。[25] 康熙年间,太监的势力虽然不大,但魏珠和梁九功因从小就侍奉皇帝,蒙受天恩而闻名。[26] 如果是由魏、梁直接处理曹寅和李煦的奏折,那就可假定曹、李的奏折在传递、发回的过程中绕过了所有的正常管道。

第三个问题是传递奏折所费的时间。有几件曹寅的奏折都可以确定时间,因为原件奏折上呈及皇帝朱批后送回曹寅手里的日期,有时都保存了下来。信差往返江宁、北京的时间是二十九天;[27] 往返江宁、北京则需三十一天和三十五天。[28] 前面提到王可成的行程花了四十天。[29] 这是从扬州到京城步行往返所需的时间,[30] 用王可成的话,"黑夜赶路"说明王可成是步行而非骑马,因为"赶路"一词通常并不用在骑马。三十天很难明确归类,因为这比骑马慢,但又比步行快。[31] 曹寅从北京回江宁花了二十天,[32] 这应是他的行旅速度闲适之故。曹寅的信差极有可能是步行或搭船,尤其因为信差骑马的费用非常昂贵。

第四个问题是对奏折的样貌:曹寅的奏折都是缮写在长长的纸上,纸折成手风琴形状,可以平展开来,或折成二十公分长、十公分宽的小册子。[33]

幸好江苏巡抚宋荦的奏折封缄留存了下来。宋荦是曹寅的朋友,由于曹、宋是以相同的格式,议论相同的话题,用的是同一个信差(详见下文),所以我们或许可以假定这两人与李煦的奏折样式是一致的。宋荦的奏折外有白纸包装;宋荦在包装封口下端,写下官职全衔和名字,小封条上写了"臣荦"及"叩首谨封"的字样。在这白纸包裹里是一个白色大信封,用白纸带扎住;白纸带下方又写有宋荦的名字和官衔,以及相同的封条、字样。里面有一张白色的薄信封,以封条封住上、下接缝处;上方封条写有"固"字,下方封条则写有"封"字。信封正面写着"奏折"两个字。在这薄信封里才是真正的奏折。从里面的信封封口的状态来看,康熙是从上方封口打开,读完奏折、朱批后再把奏折放入原信封。信封封好,再由皇帝(或者随侍太监)在封口上朱批写上"封"字。当宋荦收到送回的奏折,即从下方封口打开,以免损毁皇帝的御书。[34]

奏折外有两个已封缄的信封,并包裹了一层纸,是不是还有更安全的包扎方法,我们不得而知。这些奏折或许如一本有关清代治理概要所描述的,卷起来放入空筒里:

> 地方要员如有密奏,则将折之装入封筒封固,外加奏匣,取其严密之意。[35]

无论如何,未经批准的人几乎没有机会读到这些奏折。

第五个问题关乎奏折的性质。许多奏折属于"请安奏";即官员定时上"请安奏"向皇帝请安,而上奏之人在问候之余,又奏报了地方民情。[36]这显然是康熙想出的方式;就如康熙对王鸿绪所上密折的朱批:

> 京中如有可闻之事,卿可密书奏折,与请安封内奏闻,不可令人知道。倘泻漏甚有关系,小心!小心![37]

不过,请安折谈的议题是有限制的,曹寅的儿子曹颙在请安折里提到有位盐运使病故一事,康熙怒批:"病故人写在请安折内甚属不合。"³⁸ 一般官员递呈密折时，通常会在折子里言明此折属机密，在其名字下方缮写"密奏"字样，³⁹ 而通政司则有明确指示该如何处理这类奏折。⁴⁰ 但织造曹寅、李煦和宋荦的奏折都是采一般格式缮写；是因为他们与皇帝的各种意见，我们才知道这是密折，是一种特殊的奏折。

1704 年，皇帝旨示曹寅："倘有疑难之事，可以密折请旨。"⁴¹ 1708 年，皇帝两度告诉曹寅以密折奏报地方民情和钱粮之事。⁴² 李煦至少有四次引述"密折里皇上的朱批"；而这些有朱批的奏折显然只是一般的"奏"而已。⁴³ 即使不是正式的密折，但只要上折子的人和皇帝认定是密折即可。⁴⁴

奏折每一行应为十八个字，书及皇帝时须抬头两格，而使每行为二十个字；⁴⁵ 但曹寅的折子并不依通政司的规定。曹寅每列写二十个字，书及皇帝即抬头两格，使得每行二十二个字，甚至还有每行写二十二个字，遇抬头而成为每行二十四个字的情形。不过，曹寅确实谨遵每道奏折长度不超过三百字的规矩。⁴⁶ 他只有一回表示歉意，因为有要事奏报，而超过了三百字的限制。⁴⁷ 至于措辞方面，曹寅更视自己为汉人，因而自称"臣"，而他的两个儿子则以满人自居，总是自称"奴才"。⁴⁸ 李煦显然是摆荡在两者之间；1715 年之前，他自称"臣"，1715 年至 1716 年夏这段期间，交替使用"臣"与"奴才"，之后就一直用"奴才"的措辞。⁴⁹

曹寅的奏折中只有一件是用难以辨识的蝇头小楷写成的，那是早先噶尔丹死后上呈贺喜皇帝的奏折。这份奏折有一份字迹漂亮的冗长诰令，可能是皇家书吏代笔的，这是孤例。⁵⁰ 其余曹寅上的奏折,字体字迹清晰易辨,但显然是匆匆写就,而康熙的朱批也不是那么工整,有时还会用草书,偶尔偏旁误写,偶尔用朱墨粗粗涂改文字。[51] 这些朱批显然都是皇帝御笔亲书的,做臣子的是不容出现如此错字和潦草字迹的。

1715 年,皇帝谕旨重申批都是他亲书的:

> 各处奏折所批朱笔谕旨,皆出朕手,无代书之人。此番出巡[承德],朕右手病,不能写字,用左手执笔批旨,断不假手于人。故凡所奏事件,惟朕及原奏人知之,若有漏泻,亦系原奏者不密。朕听政年久,未尝轻以语人也。[52]

这就是康熙的秘密、非正式制度,用来接收官员奏报并下达指示。这个制度的运作起初是如此秘密、非正式,若非雍正在登基那一年谕令持有康熙朱批奏折的官员必须即刻将奏折缴回,隐匿或焚毁奏折者则予以严惩,我们便无从知道这个制度的起源;尔后接到"亲批密旨"的官员,必须在下一次上奏折时一并缴回。曹𫖯就是遵照这道谕旨,而在 1723 将曹家的所有奏折缴回。[53] 如此一来,便终结了这随兴而起的制度,这个制度曾使得康熙皇帝的私人运作真正达到私人化的地步。而自 1723 以降,凡是一切皆有案可稽了。

康熙发现这个制度行之有效,间或用它来取代保密较松散的官方进呈制度。1703 年,李煦奉旨代江苏巡抚宋荦传递密折,而李煦也确实遵旨施行。[54] 这想必是令人满意的安排,因为十一年后的江苏巡抚张伯行接获皇帝的朱批:

> 知道了。此折应为题。已（以）后倘有紧要事，尔家人恐有迟误，交与李煦速来。⁵⁵

由此可推得两点：首先，张伯行将一般的题本放在特殊的包裹里进呈，此举不当；其次，他的特殊包裹里奏报的事情不属重要之事。不过一个月之后，李煦就为张伯行代呈一道奏折了。⁵⁶曹寅的信差也代他人转呈奏折，虽然这种情形很少见。⁵⁷

除了王可成在德州途中丢失奏折的意外之外，这套制度显然极为有效。它也必定如此。因为康熙就是通过这套制度，得以搜集治下南方省份的舆情，而做出相关的决策。

官员、流言与强贼

上呈奏折向皇帝奏报秘闻的这整套制度，日后成为清朝的标准做法，不过其起源却十分偶然。1693年8月，李煦以一般的请安折，呈了一道简短地奏折，不过这回李煦加了一些消息：江南旱象解除，人民约有丰年时的五六分收成，米价亦平稳，粗米七钱，细白好米一两。李煦最后提到，他并无地方官之责，不应以此折陈渎，但他之所以敢这么做，是因为他知道皇帝爱民如子。⁵⁸

请安折一般就只有一两行，表示叩谢皇恩，恭祝皇上龙体康泰。⁵⁹但康熙似乎马上意识到延伸既有格式的可能性；他并未责备李煦逾矩，反而写了朱批来鼓励：

> 但有南来者,必问详情,闻尔所奏,少解宵旰之劳。
> 秋收之后,还写奏帖奏来。凡有奏帖,万不可与人知道。[60]

1693 年 11 月,李煦谨遵钦旨,又详细回奏江苏收成的情形。[61] 新制度于焉成形。

康熙在 1690 年代应该已经准许曹寅在奏折中呈报各种消息;曹寅现存最早的奏折是 1697 年 12 月,[62] 在此之前,他可能就已奏报过米价、气候的情况了,这些奏报比较不重要。继李煦之后,曹寅是理所当然的人选,因为李、曹皆为包衣织造,住在同样的区域。不过,他和李煦有好几年上奏的都是比较细琐的折子,如地方上的气候、米价或乡里琐事;1700 年之后,皇帝才开始认真让他们担负起"密探"的角色。

如在王可成的事件所见,李煦在 1707 年已用奏折奏报地方强贼的事件,而他和皇帝皆视此为机密。但他从织造和代理人转向更秘密、更吃重的角色,应该是 1710 年皇帝做了朱批之后。皇帝的朱批写道:

> 近日闻得南方有许多闲言,无中作有,议论大小事。朕无可以托人打听,尔等受恩深重,但有所闻,可以亲手书折奏闻才好。此话断不可以叫人知道,若有人知,尔即招祸矣![63]

曹寅被赋予特殊任务大概是在 1704 年,当时皇帝告诉他:

> 倘有疑难之事，可以密折请旨。凡奏折不可令人写，但有风声，关系匪浅。小心，小心，小心，小心。[64]

这则朱批可能指的是曹寅巡盐御史的新职，而曹寅开始担任密探，比较妥当的时间点应该是在1708年3月（阴历也是三月）。是月，曹寅依康熙指示的路线，自京城南归江宁，然后就其见闻向康熙进呈一道长的奏折，康熙在奏折上朱批："知道了。已（以）后有闻地方细小之事，必具密折来奏。"[65]

此后，曹寅开始针对地方上大小之事进呈密折。如今，曹寅要学的第一课是，较之以往，速度要快。就如1709年皇帝告诉他的："凡可奏闻之事，即当先一步才好。事完之后，闻之何为！"[66] 曹寅就江南总督邵穆布上呈的密折，也得到相同的责备。1709年8月12日（阴历七月七日），曹寅上呈奏折提到邵穆布6月（阴历五月）间发病，由疟疾转痢，非常虚弱，于8月11日（阴历七月初六日）身故。曹寅在邵穆布死后隔天即上呈奏折。但对康熙而言，这还不够快，他在朱批里头写道：

> 总督之死，早已闻知，此折迟了，当病重的时候奏闻才是。[67]

曹寅被赋予皇家耳目的重任，这个新的角色很可能有其危险，而从康熙对曹寅奏折的朱批也同时可看出两人关系的转变。先前的朱批大体上是和蔼、不经心的，主要与收成或地方琐事相关；如今，康熙开始视曹寅为心腹，以直白的用语和他议论起封疆大吏。1709年6月（阴历五月），曹寅上折子奏报江南收成仅五成，粮船耽搁，水位高涨，多处溃堤，有一名巡抚病倒，陈盐壅压，浙江处州府松阳、云和二县有开矿流民群集为非，为兵丁剿捕。忠心的曹寅加上一句，除此之外，地方无事。康熙在奏折上朱批：

> 知道了。自新督抚到任以来，无一岁好收成；今又上江多病，正是风（封）疆大臣洗（细）心体朕爱养元元之至意。又为故事了其日月，岂不愧死！[68]

当曹寅成为心腹耳目时已经五十岁了，因为他在1712年殁故，享年五十四岁，所以留下的密折较少。但就其经手事务，留下的材料足以让人细细研究。

头一个例子涉及熊赐履，他是前大学士、史官、户部尚书。[69] 熊赐履辞官归隐江宁，而曹寅在1708年春至京城面圣时，奉命打听熊赐履，而曹寅确实谨遵钦命。[70] 一年之后，曹寅收到朱批："熊赐履近日如何？"[71] 曹寅奏报：

> 打听得熊赐履在家，不曾远出。其同城各官有司往拜者，并不接见。近日与江宁一二秀才陈武循、张纯及鸡鸣寺僧，看花做诗，有小桃园杂咏二十四首，此其刊刻流布在外者，谨呈御览。因其不与交游，不能知其底蕴。谨据所得实奏。[72]

短短几句，但信息相当可观，明白回复皇帝所要知道有关熊赐履的种种疑问，熊赐履与哪些地方官员交往，他的生活、活动方式，谣传他散播悖逆文字。曹寅还进呈了一份诗抄，皇帝阅后发回了。[73] 这里"看花"一词可能是寻花问柳的委婉说法，通常用于诗句之中，因为熊赐履在1708年七十三岁高龄得子，1709年死前不久又得一子。[74]

曹寅下一道奏折表明，他还记得迟报邵穆布身故而遭皇帝责备的情形，不过他是因为小心求证以免出错所致：

> 九月初二日（阴历），探得大学士臣熊赐履于八月二十八日未时病故。臣寅身在仪真制盐，于二十九日闻信，即遣人探听访问何病，用何医药？据称：熊赐履先感寒成痢，卧床数日，遂不起。臣理应即报，恐传闻不真，谨探实具奏。

康熙表示他还有兴趣知道进一步的细节：

> 知道了。再打听用何医药，临终曾有甚言语，儿子如何？尔还送些礼去才是。[75]

曹寅的回复有效排除毒害的可能性，这或许才是康熙没有言明的疑惑；他认为死因是当地大夫的问诊：

> 所服之药，乃江宁医生欧怡、戴麟郊、胡景升、张彦臣、

吴庄、刘允吉之药。其病因脾胃不调,用药杂乱,后来遂不肯服。

曹寅在这份奏折里提到他送去奠仪二百四十两、熊赐履儿子的名字、年岁、归葬之处,还提到熊赐履死前还感激圣恩,并自撰遗本。康熙简略批了:"闻得他家甚贫,果是真否?"[76]

曹寅又再次详细回奏:

臣细探得熊赐履湖广原籍有祖遗住房一所,田不足百亩,江宁现有大住房二所,田一百余亩,江楚两地房田价值约可七八千两。其内中有无积蓄,不得深知,在外无营运生理之处。

其家人上下大小约有百口。熊赐履在日未闻共向人借贷之事。其间或有门生故吏周济,或地方来往官员赠贻,故过日充裕,较之汉官大臣内,亦属中等过活,未见甚贫。[77]

曹寅有关熊赐履的奏报至此结束;这四道短短的奏折,表明曹寅尽责、精准、机灵体察隐而不显的要害。这些侦刺其实还是属例行性质;唯有在这道奏折的朱批,康熙才触及难以处理的新层面:

熊赐履遗本,系改过的,他真稿可曾有无?打听得实,尔面奏。[78]

调查遗本一事,证实翰林院的熊本曾修改遗本,伪造一段,假称熊赐履因熊本才能超卓荐举。熊本以为两人是本家故而荐举,看起来很合理。但其实康熙早已起疑,因为这一段读起来颇为突兀。两江总督噶礼负责此案,拿出了他所谓的遗本原件。熊本遭惩处。[79] 不过,许多人怀疑噶礼伪造遗本原稿,以在康熙面前博得能臣美誉。[80] 并无证据表明曹寅曾参与这起事件的审结;有可能是康熙要曹寅自己探查,看他能不能找出什么蛛丝马迹。

进呈有关重臣的奏折是曹寅身为耳目的职责之一。除了进呈这类特殊奏折之外,他还须奏报可概略归类为"流言与强贼"的议题,换言之,也就是不寻常或令人恐慌的事件以及暴力骚乱。

现存曹寅奏报这类事件最长的折子是写于1708年3月22日(阴历三月初一日),提到从京城"一路至江宁闻见事宜"。曹寅的路线显然是康熙指定的:"臣谨遵圣训,于二月十一日启行,由兖州府中路至江宁。"[81] 从奏折所提到的地方,我们知道曹寅一定是循陆路,自北京南行穿越直隶,经过鲁西、江苏西北角,然后转而南行,略为偏东过安徽,渡长江,抵达江宁。[82] 如此一来,借由谕令曹寅奏报见闻,康熙将一次寻常的行程化为御史的四省巡查。

这件奏折分为三个部分。首先是奏报平抑米价的各项事宜,以及曹寅向总督传达皇帝的旨意。曹寅奏报,总督"欣忻"遵领平抑米价的旨意,而这个细节是奏报必提的部分,因为康熙很关注地方重臣的反应。[83] 然后,曹寅还提及由于总督必须赶赴杭州审理米价一段时日,他已擢选能力强的下属在江宁衙门料理钱粮之事。除非是为了评断总督的为人,而且是好的评价,否则奏报此事并无意义。[84]

奏折的第二段是最长的部分,曹寅冠以"百姓情形"的标题。[85]在约略说道"臣一路自山东至江宁,俱安生乐业如常",人人皆感恩皇上平抑米价的举措之后,曹寅就转而呈现黑暗面——各种非法勾当层出不穷,人心普遍不满。

其中有一个例子是发生在皖南的六合县,一群带北方口音的盐贩侉汉(南方人称北方人的一种说法)滋事。地方官随即擒捕五人,其余散逃;总督严饬兵丁巡拿。曹寅或许是料想到康熙对这种事缺乏兴趣,在此写道:"此系细小之事,事关盐务,故敢据闻。"

接下来的事更为细琐。有来自江浙的人,可能是老百姓或犯了些小事以卑微之语感颂皇恩。曹寅觉得这还不好,对他们说起教来。这是曹寅唯一一次说起儒家的大道理,他自己倒是很得意,特别为皇上抄录整篇言词,以供细阅,这道奏折虽然已超过规定的长度,但还是值得一看:

> 臣随云汝等受皇上如此之恩,知皇上如此为汝等焦劳,何以不踊跃争上钱粮,谨守法度。前年山东饥民,感激皇恩云,宁饿死不做贼。去年之旱,未甚于以前,汝等何以谣言纷攘,不遵法度,以致上干天听,内外不安。汝等如此报答,可谓极尽忠孝矣?所有苏浙之人,尽皆愧悔无语。[86]

接下来的事件说得更细些。浙江四明山乃盗贼巢穴,曹寅奉旨彻查,查出他们与闽贼互通声气。所以,浙贼得以带着赃物,跨越省界而藏于山中;如此行径由来已久。曹寅认为地方官员要负全责:

"问官只问眼前现在之案,不株连根底。"

曹寅最后提到"奸僧一念"的案子。曹寅只是约略提及牵扯其中的人,"即如响马贼歃血拜盟一类"的事实,随即话锋一转,抨击地方官员"柔懦懒惰"。他自言十分同意皇帝先前在圣谕里对他们的责难,并冒险点出地方官员奏报这类琐细小事的两个理由:一是借此显示他们的效率;二是找机会上呈密折,借以亲近皇帝。

这份长折的第三部分涉及一些杂事:3月5日(阴历二月十四日),河间府惊蛰之日即闻雷声;山东、江南麦长得甚好;熊赐履回湖广拜扫,但即将返归。

对现代的读者而言,这份奏折沉闷冗长,夸夸其谈,阿谀谄媚,又无关痛痒。正是因为如此,我们应该谨记在心,这对康熙而言并非无意义之事;因为他在这件奏折里朱批:"知道了。已(以)后有闻地方细小之事,必具密折来奏。"曹寅得到信任,充当康熙耳目,这是最早的表示。或许正是因为这种非常随性的奏报,对人、对地方治理、对农作物、盗贼的不经心观察,让皇帝觉得很有用。

甚至在1708年3月的这份长折之前,曹寅就曾进呈内容相似的奏折。最早的一份是在1707年,曹寅奏报两起骚乱,一起是江西两百余强贼引发的,一起是无赖闯入富室之家强抢粮食。两起骚乱均被平定。一如李煦于1693年的奏折,曹寅也是越权进呈奏折,因为他在奏折的末尾处写道:"恐谣言流播,讹传失实,有廑宸衷,合先奏闻。"[87]

半年之后,1707年10月,曹寅接获谕旨:"今岁闻江南亢旱,朕心甚是不安。又闻盗案甚多。"[88]皇帝显然要曹寅进一步打探消息,但曹寅谨慎回奏：

> 但臣职司丝盐，不敢越位妄奏。今蒙谕旨，敢不竭诚剥实具以上闻。[89]

在奏折里，曹寅并未归咎任何人，仅说巡抚出城，地方官员过分严防。

皇帝自然有理由关切强贼，这不仅是各省稳定与否的指标，而且也因为始终有强贼为政治目的所利用之虞，特别是残余的前明势力可能利用强贼图谋卷土重来。恐怕也正是出于这个理由，1675年谕令地方官员缉拿所有自号神佛、啸聚、张旗击鼓之人。[90] 李煦于1707年12月奏报，一帮强贼套红巾啸聚在明永乐皇帝皇陵外，擎举前明旗帜；[91] 几天后，他奏报受缚者供："一念和尚结扎惑众。"[92]

康熙若无心腹耳目定期奏报，根本无从知道各地状况，而效忠前明的举事还是有可能发生。要李煦提供进一步的消息，[93] 以及曹寅有关一念和尚等"如响马贼"的评断，会让皇帝对于这个问题感到安心。

其中最具威胁的是"朱三太子"，即朱慈焕，他是前明皇帝唯一幸存的儿子。他以化名在山东教书，不过在1708年，浙江等处多起的骚动都是假朱三太子之名而起的。[94] 这类严重的动荡自然由省方要员负责处理，[95] 但曹寅有关强贼的奏折里，也有相当篇幅提及某些强贼假朱三太子之名作乱，并进一步奏报朱三太子的化名、住处等细节,这些想必有助于全面掌握形势。[96]但不能说曹寅在防微杜渐一事上动作很快,因为康熙在他的第一道奏折里朱批写道,已经拿获朱三太子,第二道奏折的朱批则写所讨论的事情已得到关注,第三道奏折的朱批则是说皇帝风闻此事已久。[97]

但曹寅在这段期间所发生一件事上头,表现倒是果敢独断,这件事的危险性有可能不亚于假朱三太子之名作乱的强贼。它虽是小事,不过既然涉及明皇陵,各种流言都可能滋生。曹寅写道:

> 江宁洪武陵冢上西北角梧桐树下陷蹋一窟,[98]口面有五尺余寸,深约二丈余,下视如井。臣念洪武陵有御赐碑额,太监看守,因民间讹言冢已蹋下,臣随往勘验,离地宫尚远十五丈余,毫不相关,原系当先培填之土不坚,日久值雨冲蹋,水流宝城之外。当有地方该管官员,即命陵户挑土填平。恐谣言流播,讹传失实,有厪宸衷,合先奏闻。

康熙在奏折上朱批:

> 知道了。此事奏闻的是,尔再打听,还有甚么闲话,写折来奏。[99]

曹寅回奏,流言已甚嚣尘上。有人讹称陵冢陷下深、广十余丈。有人怀疑陵冢看守不谨,或盗陵者挖掘;有人宣称明朝气数已尽,上天令其蹋陷,也有人怀疑前明起初修建时草率所致。曹寅再次访察发现,蹋陷处仅二丈余,且距陵冢甚远,乃雨水冲刷致令土石松动之故。

> 随令守陵人役,将宝城开放三日,许百姓纵观,咸知讹谬,至今寂然,遂无异说。随后已经填平,打扫完净。[100]

这是一个公仆的完美典范,行事沉着,有条不紊,未雨绸缪,在不惊动任何人的情况下便将麻烦化为无形。或许正是这等举手投足间的效率,康熙才如此器重曹寅。

要不是曹寅于1712年身故,否则或许还能继续发挥密探的角色,就如同我们在李煦身上所看到的,他在曹寅死后继续进呈密折,直到1722年皇帝驾崩为止。李煦详细奏报每年有五千九百二十三艘粮船过扬州,[101]这些奏报必然令地方官员、漕运官员、漕运总督几乎无法舞弊渎职——这是康熙数度谕令禁止的。[102]他还差人远行六百英里确查海盗侵掠浙江台州府一事,[103]并在随后的奏折里详述战况,以及有一总兵勒索渔民而酿成这场骚动。[104]李煦还在另一份奏折里提到大运河扬州段决堤,他本人亲自督工修缮,直到总河臣赶至督工堵筑。[105]他还奏报有总兵扣克兵饷,并介入调查。[106]他还奏报江苏巡抚张伯行妄想有人要加害他,一怕海贼杀他,一怕仇人行刺,所以不敢出城;[107]张伯行还无端查拏贩卖藤凉帽的陕西人,以为他们是结党不轨之徒。[108]李煦还奏报两件妖术案,一起涉及唤人姓名,勾摄魂魄致死,[109]另一起涉及某男子举手指画令妇人致死。[110]

李煦只有一回提出政策建言,那是在1716年间,对扣克兵饷的总兵进行调查。李煦指出,这位总兵是驻守崇明县的唯一大员,而崇明县距苏州府城三百里之遥,孤处海外,"鞭长莫及"。而常熟县离苏州府城仅有八十里,易于指挥,县内有一粮道和一海防同知驻扎。李煦建议,这位海防同知应移驻崇明城内,从而"文武兼资,可以永保安宁,而设官合宜"。这道奏折说理清晰,得到康熙如是朱批:"此折议论甚妥。知道了。"[111]

这道奏折是例外,没有理由假定皇帝会期待李煦或曹寅提出政策建言。从李煦现存的奏折可以断定,康熙将其耳目的密报局限在已讨论过的四大面向:农事、官员、强贼与流言。曹寅与李煦的生涯是如此相似,他们都深受康熙信任,以相同的方式得到重用,因而似乎也可以假定他们会继续留在各自的职位上。所以,曹寅若还活着,应会就这四方面不断进呈奏折。[112]

曹寅和李煦所从事的密探工作,本是康熙皇帝治理手段的一环。他们的传信、他们的奏折,一样都是他个人统治不可或缺的要素;康熙为了查核常规的官僚体系,需要纯属私人的消息来源。基于这点考虑,他擢用的这两人兼有满、汉色彩,同时具备包衣、文人角色,其知识、背景横跨这两种文化。在经济或政治史家眼里,曹寅和李煦的时间大都耗在琐事上;不过,在他们身处的时代,无论在经济或政治上,他们处理的问题却并非琐事。事实上,正是这种细节的精准程度,让皇帝不断催逼更多消息,亲自阅览、亲自批示。每石米价两钱上下的浮动,强贼在各省界的啸聚,身体违和的大学士,粮船离开扬州的时间——这都不是琐事,而康熙知道,掌握这类事情的准确情报乃是完善治理必备条件之一。因为两钱的浮动，就是安居乐业与民不聊生的落差，强贼可能揭橥明旗，大学士见闻广博，粮船则攸关税收。

只要皇帝能找到他熟悉信得过的人，这里所描述的制度自然可行之有效且成本低廉。曹寅是完全可信之人，这正是他的价值所在。曹寅在生前的最后一批奏折里，奉命奏报康熙朝最棘手的难题——1711年的科场弊案。

1711年科场弊案及噶礼、张伯行互参

1711年江南乡试于10月20日在扬州发榜，引起激烈抗议。中举的秀才至少有十三人来自苏州，其中多为巨富盐商的子弟，而有些人文才低劣乃众所皆知，是不可能凭真本事通过考试的。抗议最烈的是同榜考试落第的秀才。他们宣称总督噶礼串通副主考官贿卖举人功名，收买考官。

11月4日，成千学子麇集扬州。为了抗议他们所谓的弊案，他们拥抬五路财神像，直入学宫，喧闹不止，然后锁闭试图安抚他们的学政。学子以不堪入耳的歌谣，用双关语讽刺主考左必蕃与副主考赵晋；最后，他们在入口处的"贡院"牌匾上糊纸，使得牌匾上的字变成"卖完"。这场骚乱延烧不止，总督不得不奏报康熙。[113]

此时的曹寅四度担任巡盐御史，人就在扬州，他以奏折奏报这场弊案。他提及秀才认为科考不公，两位巨富盐商之子已被锁拏，很多上榜之人也是不通文理。曹寅还说，传闻副主考赵晋索贿。[114]

这起科场案留存了相当多的文献，我们可以从曹寅的脉络来观察。有许多人向康熙奏报这起事件，曹寅只是其中之一而已。除了噶礼和曹寅的奏折之外，皇帝在11月还收到江苏巡抚张伯行概述事件始末的奏报，[115]还有主考左必蕃，这次科考由他主持，他奏报其中可能涉及舞弊，自然是惊惧万分。[116]一般的折子是先送呈礼部斟酌议论，但曹寅奏折的内容只有皇帝与他本人知晓。皇帝不仅得到相关案情的奏报，他还从曹寅那里获悉一件有趣的事，即副主考赵晋被认为是幕后主使。其余奏报的人不是谴责考生作弊，就是责备房考，以及协办科考的知县；不过，曹寅却点名特命副主考的京官。这个层级发生弊案，事态就严重了。

曹寅必须在12月自扬州动身，赴京奏报这一年两淮盐税事宜；但皇帝并不乏科场案的密报，因为李煦人还在江苏，可以补曹寅的空缺。李煦有关科场案的第一道奏折写于1712年2月22日（阴历正月十六日）。李煦提到两位新科举人被审讯；其中一人中举，系因他与副主考赵晋交好，另一人则是出金十五锭买通各个环节，至于贿买的详情尚未厘清。而康熙派任的四位审理大臣断案进展缓慢："各执一见，竟不和同。"[117]

李煦的奏折发往北京途中，审理举人嫌犯即出现逆转。两位审案大臣在冗长的奏折里互相参劾。总督噶礼参劾江苏巡抚张伯行舞弊、渎职、无能、阻挠审案；[118]张伯行参劾噶礼或直接贿卖举人功名，或收取封口费，使他停止揭发弊案并刑求不利于他的证人，共得五十万两白银。[119]一起单纯的科场案，突然间演变成满人与汉人的正面交锋：噶礼是满洲正红旗，系出努尔哈赤心腹佐臣，并无科举功名,由荫生至署理两江总督。[120] 张伯行原籍河南,汉人,有进士功名,以其清廉官声而晋升江苏巡抚。[121]

1712年3月10日,皇帝对互参的奏折做出决断。该案仍在审理期间,噶礼和张伯行双双被革职,另派代理审事大臣。康熙在给大吏要员的谕旨里,采取的措施不同寻常,在案情调查甚至尚未开始之前,即表达了他的看法。

这道谕旨阐释何为公允持平。噶礼擅长缉拿强贼,"然其操守则不可保"。张伯行操守清廉,"然盗劫伊衙门附近之人家尚不能责拿"。至于张伯行在奏折中所说噶礼收贿五十万两白银——"未必全虚"。而噶礼对张伯行的指控——"亦必有二三款属实"。噶礼乃果敢之人,勇于追剿辖区内的海贼,而其他官员则悚惧退却;因而江南、福建、浙江的地方官无不妒恨噶礼,但噶礼也曾误参众人眼中的好官陈鹏年。

但皇帝所要处置的,不光只是清廉但昏聩、贪污但能干之间的冲突,以及随之引发的对立。他所面对的是更凶险的难题,即满、汉大臣之间的公开斗争。他在谕旨里,说出了这个难题的一个面向:

> 此案责审实难。若命满大臣审,则以为徇庇满洲;若命汉大臣审,则以为徇庇汉人。

他的解决之道是任命满汉两位大臣连手审理,其中一位是户部的汉人尚书张鹏翮,另一位是时任漕运总督的正黄旗满人赫寿。[122]

康熙新命大臣审理案情,但他并不想照单接受张、赫的调查发

现,而是关切噶礼、张伯行互参之后的民情反应。在下达这道谕旨的同时,康熙也给李煦这样的朱批:

> 督抚不和人所共知。巡抚是一钱不要的清官,总督是事体明白勤紧(谨)人物。……尔南方众论如何?再明白打听速奏。[123]

李煦在3月25日(阴历二月十九日)回奏康熙。众论认为张伯行在科场一案参劾噶礼系出于私怨;百姓相信,贿卖举人之事与噶礼无关,他没有索贿,"办事勤敏,极得民心,于地方有益"。再者,江宁、扬州百姓罢市支持总督,并纷纷乞请李煦奏报皇帝留任噶礼。[124]清代皇帝在拔擢满人出任地方大员时无不斟酌再三,所以李煦有关百姓拥戴满人噶礼的描述就很耐人寻味了。到了十八世纪初,地方百姓显然已能接纳满人了,尽管以现存的史料我们无从判别,百姓是否真心支持噶礼,或者大多出自旗兵和自己的随从。

六天后,即3月31日(阴历二月二十五日),李煦又进呈了一道奏折,表示民情激愤,恐怕失控在即。连日罢市,百姓鼓噪拥戴噶礼,3月28日,百姓甚至关闭城门,不让总督的印信送至皇帝指派代行总督之职的官员手中;众人随即先将印信捧赴至安徽巡抚[译注:指梁世勋],因巡抚患病,又将印信捧赴李煦的衙门。根据李煦的说法,这时他有所顾忌,疏散了众人。翌日,有官员设法携带印信出城,众人又用木石堵塞噶礼衙门的大门,不容出入。兵民皆感惶惑,然而张伯行的巡抚印信还是顺利交出。皇帝的朱批简略,但随性直白:"张伯行见此光景,说些甚么?张鹏翮如何了?"[125]

李煦在隔月回奏皇帝,张伯行认为百姓偏袒总督,心中甚为不平。随后,李煦奏报说,张伯行即刻采取动作以挽回受伤的公众形象:后来街上也贴巡抚德政歌谣,也有些人赴各衙门投递保留呈子。

另一方面,张鹏翮几无作为。百姓认为,张鹏翮瞻前顾后必有原因。经过三个月的审理,张鹏翮仍"茫无头绪",所有省级要员皆滞留扬州,不能回去料理政务。[126] 事态日趋明显,康熙钦命的两位大臣,无分满汉,都不愿卷入科场案,或对噶礼、张伯行的罪责做出明确的决断。

曹寅已从京城返抵扬州,在5月初(阴历三月底)的奏折里即阐明这一点。他在简述科场案进展之后,指出张鹏翮只追究有罪的两名举人吴泌和程光奎,因为怕案情更形复杂,并无意深入调查左必蕃和赵晋这两名考官。一般认为,张鹏翮想要"调停总督抚院了结此案",而满人赫寿"亦因循可否,以观成败"。

曹寅还提到激愤的群情已告冷却。百姓还是认为噶礼并无贿卖举人之事,并相信张伯行乃出于挟怨报复而参劾噶礼,不过百姓已不再反弹了。如今,支持噶、张的主要来自两人的僚属,乃是私心使然,而不是对噶、张有任何真感情,百姓对噶礼、张伯行的气量狭小、自私自利都很鄙视。[127]

五月稍晚,曹寅奏报钦差审理大臣仍未深入调查案情。这时有一名关键证人,即房考陈天立,在同僚经不住严刑拷问后更改证词后自缢。而张伯行有关考场舞弊的部分证据就是建立在陈天立的供词上,如今众议纷纷,"以为或有逼勒身亡,以图灭口者"。对这两位互参案当事人的调查也没有进展:噶礼和张伯行每日在堂上陈述,写下供词,但就是没有当面对质,似乎也没有调解的可能。

皇帝在回复曹寅的朱批里表露出他的沮丧,也看得出他知道众人的沮丧;在只有曹寅一人得见的朱批,或许才是他此刻心情的真实流露:

> 众论瞒不得,京中亦议论纷纷,以为笑谭。审事也不是这样审的理,但江南合省都甚没趣了,想比(必)满洲(赫寿)恨不得离开这差才好。再打听,再奏。[128]

1712年5、6月,曹寅、李煦双双奏报科场案的进展细节,包括各证人的供词,所以早在皇帝接获官方的调查发现之前,他已大致掌握了案情的相关事实了。

曹、李奏报康熙,审理的结果揭发科场舞弊的两种手法。两名举人程光奎和席玗招认,他们系夹带进考场。调查发现,他们的笔迹与其所缴交试卷的笔迹并不一致。此外,调查还发现,吴泌在试卷的特定处写下"其实有"看似无关的三个字作为暗号,使受贿的房考能挑出这份试卷,并予以推荐。

李煦在6月19日(阴历五月十六日)的奏折里奏报,扬州众议纷纷,不满审理大臣竟未查出主考、房考在贿卖举人一案的关节;经过半年,审案大臣"终不曾在主考、房考身上究出真情"。皇帝亦附和道:"朕闻大概不过如此,京中哄传,以为笑谈。"曹寅更是公开蔑视张鹏翮对互参案采取拖延的策略,以及他掩饰个人动机的行径,他还铁口直断审案大臣的可能举措:"揆张鹏翮、赫寿之意,大约要各问一个不是,候圣旨定断。"[129]

康熙的朱批清楚显示,他在意百姓的议论,以及噶礼和张伯行在地方上各自得到多少支持。皇帝降旨张鹏翮,谕令他察明"绅衿士民保留督臣"[130]的情形。众人对噶礼的支持依然热烈,六月底鞑靼将军马三奇亦上奏敦请保留总督。[131]是月,曹寅的折子已能令皇帝宽心了,曹寅奏报,说尽管仍还有不少动作,但都无甚重要,已有众议日渐沉寂的迹象:

> 保留总督及保留巡抚者,各衙门俱有呈纸,为总督者大半,为巡抚者少半。其乡绅及地方有名者,两边俱著名保留。兵为总督者多,秀才为巡抚者多,或是偏向,或是粉饰,或是地方公祖借保留完其情面,或是属官各报答上司之情,纷纷不一,目下寂无言说矣。[132]

6月23日,张鹏翮奏报案情的结果和拟定的刑责。督抚互参一案,噶礼清白,但因不实指控而遭问罪,降一级留任。张伯行无能属实,又诬指噶礼纳贿五十万两白银,问罪革职流放(但允张伯行赎买流放刑责)。至于科场案,贿买举人之一与其中间人处以绞刑,副主考赵晋、两名房考,以及中间人轩三处以流刑,而主考左必蕃因其主持之考场发生舞弊,遭革职问罪。[133]

曹寅在审案期间就已抨击过张鹏翮;如今听到这个判决,曹寅写了生平最为愤慨的一道奏折,谴责张鹏翮裁决违反罪刑相应的原则。这是曹寅生前有关这件重大刑案所呈最后的一道奏折；尽管当差三十年，位居要津也有二十载，但他没有丧失激昂陈词的能力：

> 但主考、房考，始终不曾严问，亦未得通同字眼及受贿之口供。从前延缓，原欲出脱主考、房考之罪，想因外论纷纷，故临期商量，以揆此改入此罪。
>
> 外边人又议论以为如主考、房考，贿卖事真，罪不止如此之轻，如无贿卖情弊，罪不宜如此之重；即藩司马逸姿家人轩三，如果夤缘贿卖，亦应重拟，如无夤缘情弊，即应无罪，何以一概混拟胡涂了事，未免人心不服。
>
> 总之张鹏翮之意，不肯明审以破面目，留为日后告覆之地。
>
> 其苏州举人席玗，审系夹带，革去举人枷责，马士龙革去举人无罪，其余三人仍准会试。但席玗与程光奎均认夹带，一则拟流，一则枷责，事同罪异，不知何意。
>
> 又督抚互参一案，总督噶礼问降一级留任，巡抚张伯行革职问徒，外论谓此二人均有不平，降革不一。
>
> ……张鹏翮因以日子太久，故将数案潦草了局。总漕赫寿劝其再一研审，务得实供，张鹏翮不允，已于本月二十三日拜本起身往福建审事去矣。
>
> 如此大案，审整半年，并未审出真情，以揆此二字结案，此番张鹏翮在江南声名大损，人人说其胡涂徇私。[134]

皇帝在奏折上仅朱批"可笑"二字——这或许还不足以安抚曹寅,但康熙收到审理大臣结案奏报后所采取的公开动作,形同公开宣示了曹寅、李煦私下敦请之事。皇帝在1712年7月8日下了两道谕旨,完全否决张鹏翮之奏请。康熙以类似曹寅的措辞,责备张鹏翮未能深究互参案,"乃两面调停,草率完结";康熙亦否决科场案的裁决,因为未查明赵晋在这起弊案中的角色,并对其他犯案者任意判刑。[135]

假使曹寅、李煦的奏折没留存下来,那么康熙皇帝对这两起案子的处置就显得极为专横独断。从现存官方的史料,史家仅能知道皇帝在1712年3月指派两位大臣前去查案,而这两人花了四个月的时间仔细审理案情,而他们的调查结果却遭委任他们的皇帝轻率推翻。事实上,就如曹寅和李煦在奏折中所示,两位大臣敷衍调查、草草结案。皇帝因得自耳目的秘密奏报,推翻裁判,而承审大臣想必知道皇帝的否决是有所据的。

康熙在推翻张鹏翮的判决后,又委派张廷枢、穆和伦两位大臣重新审理案情,[136]重新查验证据,考官举人一一严刑审鞫,厘清考生、中间人、贿卖考官之间纠缠的线索,从而给予严峻且公允的量刑,[137]六人被处以极刑,康熙认可判决,科场一案才告结案。[138]

不过,新任审理大臣对互参案的裁决并不能令皇帝满意;他们也认为噶礼无罪,仅对张伯行量刑。康熙否决此一判决,因为他们跟前任一样,并未对互参案追根究底。[139]康熙谕令吏部三度查验证据,吏部在接旨仅一周后便回奏说:张伯行和噶礼双双渎职,应予革职。但吏部谨慎加了一句,朝廷亟须诚正的大臣,"张伯行应否革职留任，伏候圣裁"。而皇帝的谕旨仅云："噶礼着革职。张伯行着革职留任。"[140]

就跟科场案一样，康熙皇帝严守群臣间争论和响应的格式，但这回他并未留给群臣多少选择的余地。他如此推助张伯行、压抑噶礼的用意何在？难道是要摆出圣王之姿，教诲他的汉族臣民吗？或者心思更为细腻，借此抬高正直但天真的学者——这种恭谨臣子的完美典范——以巩固皇帝的地位？当然不是出于第一层考虑，因为这整件事太不庄严；就如皇帝给曹寅的朱批所写的，这案子是场闹剧，还让满人觉得很不安。但也不会是第二层考虑，因为朝廷内部的互动既复杂又重要，不容省级衙门拖沓无能。也不能说这是出于一种纯粹的奇想；不负责任的专制者，绝不能容忍他擢用的判官如此公然对立，之后也不会拔擢他们位居要津。[141]

我认为，康熙之所以这么做，正因为他是司法上的最后仲裁者——这是他在科场案所扮演的角色——同时他也是个调停人（mediator），此处所用"调停人"一词，具有如下严格意义的界定：

调停人的功能，首先在于化解紧绷状态，而这种紧绷状态仅能舒缓，以使得现实的争端能在没有干扰的情形下得到处理。此外，他还会提出各种方法控制冲突，指出两造各自相对的利与弊。[142]

康熙皇帝在互参案中，扮演的就是满人和汉人的调停人角色，而不得不把眼光放远，来看待噶礼与张伯行之争。他明白提醒满人，他是汉人的皇帝，也是满人的皇帝：

朕听政五十余载，凡满汉大臣，皆当知朕之居心；满

> 汉俱系朕之臣子，朕视同一体，并不分别。无知之辈，且谓朕为何不庇护噶礼。朕乃天下之主，凡事惟顺理而行，岂可止庇护满洲？[143]

同时，他还鼓吹团结来抢先堵住批评的口实：

> 满洲大臣毋谓朕偏向汉人，朕至公无私之心，天下共见。[144]

康熙皇帝在这个层面上，不得不以超越法律之上的口吻说话，以他所处的地位，他就是能了解一切：

> 朕临莅天下五十余年，遍谙诸事，于满洲、蒙古、汉军、汉人，毫无异视……阅朕此旨，是则是，非则非。[145]

但在寻常之事，康熙十分谨慎，为了取得必要的消息，他起用曹寅，再三斟酌之后，根据曹寅的奏折内容做出他自己的决断。他慎重挑选耳目，而回报以他的信任。

在曹寅曲折的生涯中，作为耳目的这短短几年，或许是最引以为傲的时刻；他与天子的接触直接且非常私人。康熙皇帝的手法纯熟，总能让他随性提问，得到直白的响应，同时化解皇帝与臣子关系中的敬畏之情和距离感。如果这是一种政策，而不是手法，那他确实是个睿智的统治者。曹寅可能感受到的是应人所托，而不是屈从于胁迫，结果则是报以更诚挚的回应、更真心的效忠。

注释

1. 《钦定大清会典事例》，页一七四九四至一七四九五（卷一〇四二，页一至五）。费正清与邓嗣禹：《清代行政三论》，页 44—48。直递宫中的奏折，与循正规途径的"奏本"和"题本"之间所存在的重要区别，已经在吴秀良的《清代奏折制度》（The Memorial Systems of the Ch'ing Dynasty）这篇论文里，作了极为彻底详尽的研究。感谢吴秀良允许我阅读他的长篇初稿（即将于《哈佛亚洲学报》上刊载），以及随后与他书信往来时，在这个问题上所对我提供的帮助。
2. 黄培：《雍正时代的密奏制度》，《清华学报》，新三期（1962），页 17—52。此语来自其英文摘要，前揭文，页 52。黄培在这篇论文的康熙朝部分（页 19—20），并未讨论曹寅与李煦作为这项制度的先驱角色，也没有区分在制度上"密题"与"密奏"的不同；不过这篇文章十分详尽地列举出《雍正朱批谕旨》里所涵盖的所有主题。
3. 《李煦奏折》，页十七，康熙四十六年十二月七日。如页十七 b 的注释所解释的，这是李煦原折的副本，与康熙四十七年一月十九日缮具的后折一同呈上。《文献丛编》的编者只是按时间先后，改动两折的先后顺序。
4. 见李煦于康熙四十六年八月二十五日奉到朱批，由家仆王可成带回（《李煦奏折》，页十五，康熙四十六年九月）。
5. 前揭书，页十七 b，康熙四十六年十二月。因为内容中提及同年十二月七日奏折，故这道奏折必是数日之后写就的。皇上在这道奏折的朱批中，将李煦家仆姓名中的"成"字，误写为"诚"字，不过他所书写的中文里，时常会出小错误。参见在同一件奏折的朱批上，他将"秘密"误写成了同音异字的"蜜蜜"，前揭书，页十八。当然，李煦在康熙四十七年二月的奏折中引述皇上御批时，写的是正确的用字；前揭书，页十九 b。
6. 同一件奏折末尾的朱批，在康熙四十七年二月的一道奏折（前揭书，页十九 b）中已表明有前一道奏折的存在，这至少是在他于同年一月十九日呈上奏折的十一日后。
7. 前揭书，页十九，康熙四十七年一月十九日折与朱批。李煦在同年三月的奏折中（前揭书，页二一），感激皇上宽宥王可成与他自己。丢失常规的题本或奏本，将遭到公开惩办，依律受罚；参见《钦定大清会典事例》，页六六〇一（卷一一四，页三三），以及页一四九六四至一四九六五（卷七七八，页二至三）。
8. 此次事件在费正清与邓嗣禹的《清代行政三论》里也有所讨论（页6—10）。
9. 几个例子散见于《李煦奏折》当中，见页二七，康熙五十一年二月十九日；页三六，康熙五十一年八月二十一日；页六二，康熙五十四年四月九日。
10. 《曹寅奏折》，页十八 b，康熙四十七年七月十五日（这道奏折的日期在页十八 b 被标错了，尽管正确的日期出现在页十九 b 的奏折末端）；页二，康熙四十八年三月十六日；页十九 b，康熙四十八年二月八日；页二五，康熙四十九年十一月三日。

11 关于孙文成的例子,见《雍正朱批谕旨》,册四七,页一〇一 b 与一〇二;高斌的例子,见前揭书,册五十,页六四 b。
12 前揭书,册四八,页一〇二至一〇三。
13 《钦定大清会典事例》,页六二七二(卷九十,页二八 b),雍正二年诏令:所有旗人在迁至新地后三个月内,必须将随从家人造册登记呈报。初期的诏令里确定了随从人数,尽管正式的造册登录未必是强制性质的。
14 《清稗类钞》,类十七,页二六,康熙二十五年颁布的诏令。
15 《钦定大清会典事例》,页六三八三(卷九九,页六 b)。
16 如在《李煦奏折》中两道奏折里(页四至五,康熙三十七年六月)所讨论的案例,关于乌林达李永寿从别人家买来家人一事。李煦提到他见到了卖身文契。
17 《郎廷極奏折》,页四十 b,页四一。郎廷極是汉军正黄旗人。关于赵向奎,见《雍正朱批谕旨》,册四七,页八二 b。
18 根据清初的律令,只有高级官员能够未得授权,径自题奏;各省的低阶官员本章则必须由巡抚衙门代转,在京官员必须呈交通政司。参见《钦定大清会典事例》,页一七四九六(卷一〇四二,页五 b),顺治元年或二年所颁条例。这适用于题本或奏本,通过奏事处呈递的奏折,必须先经过检查,而如果是密奏,必须再行封缄。《会典》,页〇八三一(卷八二,页十 b)。前揭书(页十一)中,将织造与学政、钞关监督等归为一类,必须得到特准,方能呈递奏折。
19 既然这件事发生在十二月,很可能就是康熙五十二年,李煦奉命在浙江采办的同一种竹子。《李煦奏折》,页四七 b,康熙五十二年九月十八日,与页五十,康熙五十二年十二月二十四日。
20 《清末中国政治组织》,一〇五条。奏事处负责奏折的传递,《会典》,页〇八三一(卷八二,页十);在《钦定大清会典事例》中,没有关于奏事处渊源的记载。
21 《曹寅档案》,编号二七五六,康熙四十七年十月五日。
22 《曹寅奏折》,页十五,康熙四十五年九月十五日。在《文献丛编》里用的是"傻"这个字(想必也就是曹寅所用),这是个较少通用的异体字,不过在《国语辞典》(四卷本,台湾,1961)里,和通用的"傻"字列在一处(页三〇五一);这两字的意思,都是指"愚蠢"或"呆子"。"傻子"有时候也是孩童的小名。
23 如费正清与邓嗣禹,在《清代行政三论》页 60 当中所述。
24 《李煦奏折》,页七四,康熙五十五年七月六日。
25 《曹寅奏折》,页十五,康熙四十五年八月四日,以及页十九 b,康熙四十八年二月八日。
26 《永宪录》,页一四三,讨论到魏珠在雍正元年垮台一事。
27 《曹寅奏折》,页二二;曹寅于康熙四十九年九月二日呈上的奏折,于同年十月一日收到原折返还,加上御批。从此折中可看出,曹寅当时人在江宁,正由病中康复。曹寅各奏折上的日期,必定就是它们被缮发的日期;《文献丛编》印出这些日期,同时也清楚载明于《曹寅档案》中的奏折原件之上,作为奏折不可或缺的一

第六章 曹寅——皇帝的耳目 / 253

个部分。可想而知,这些日期不可能是在宫中收到奏折时,再行加上的;关于这点,有许多内证足供参证:例如,《曹寅奏折》,页十一 b,康熙四十三年十二月二日折,提到了发生在当天(也就是十二月二日)的事件。日期问题上,唯一与上述证据相反的例子发生于清代后期,在费正清与邓嗣禹的《清代行政三论》被提及(页1),据他们表示,只晓得宫中收到洋务奏折的日期,但未知原折呈递的日期。

28 《曹寅奏折》,页二二与二五。康熙四十九年十月二日奏折,加上朱批,于同年十一月三日收到(或更早)。前揭书,页二二 b 与二三,康熙五十年二月三日奏折,于同年三月八日收到。

29 《李煦奏折》,页十九,康熙四十七年一月十九日折上说,王可成于康熙四十六年十二月七日离开,于来年一月十七日回到扬州。

30 费正清与邓嗣禹:《清代行政三论》,页17,推想王可成可能在北京盘桓数日。

31 前揭书,页15、17。他们由江宁出发的步行信差,速度或许更缓慢,因为他花费了二十三天的时间,而一名从扬州出发的徒步信差,只花了十六天,而他们所提供由江宁与扬州到北京之间的距离,以及由江宁与扬州出发的骑马信差到达北京所需的时间,事实上是一样的。

32 《曹寅奏折》,页十四,康熙四十五年二月十八日。

33 《曹寅档案》奏折原件,大小尺寸完全一样。

34 宋荦的奏折与包裹原件,见《国立故宫博物院档案》,台湾台中雾峰库房,七十六箱,八十七包,奏折原件编号二四〇〇至二四四三。1963年11月,我曾亲眼见过原件。它们的尺寸略小于曹寅的奏折,宽八公分,长十八公分。

35 《六部成语注解》(京都:1940年),页9。这是孙任以都在《清代行政术语》当中所引用的日本版。不过,她的书中并未论及奏折的段落包括进去。

36 例证可见《曹寅奏折》,页二,康熙四十八年三月十六日;页九,康熙四十三年十月十三日;页十九 b,康熙四十八年二月八日。《李煦奏折》,页四,康熙三十七年六月;页十,康熙四十二年六月;页二二 b,康熙四十七年三月二十九日。

37 《王鸿绪奏折》,页一。

38 《曹頫档案》,编号二八五八,康熙五十五年八月一日奏折朱批。

39 例证可见于洪承畴奏折,收于《明清史料》,类三,卷二,页167—168。

40 费正清与邓嗣禹,在《清代行政三论》页46注16、页47注18当中有所讨论。

41 《曹寅奏折》,页一 b,康熙四十三年七月二十九日奏折朱批。

42 《曹寅档案》,编号二七七二,康熙四十七年三月二十一日奏折朱批;《曹寅奏折》,页十八,康熙四十七年三月一日奏折朱批。

43 这些出处来自李煦的奏折,他在折中提及早前所奏为"密折",例证见:《李煦奏折》,页十七 b,康熙四十六年十二月奏折中提及同年十二月七日的上奏;页二七与二八 b,康熙五十一年三月二十六日奏折提及同年二月十九日折;页二六与二七,康熙五十一年二月十九日奏折提及同年一月十六日折;页二七与二八 b,康熙五十一年三月二十六日折提及同年二月二十四日奏折。

44 最为机密的折子,为王鸿绪所呈;这些密折书写在狭长的纸条之上,折成宽四公分、长八公分的小册,能够藏在手掌中,便于皇上置于掌心,只手阅读。这些奏折原件,目前仍有许多保存于台中雾峰的故宫库房。它们通常未标示日期。《文献丛编》刊出了若干选辑(页二与页三)。

45 《钦定大清会典事例》,页一七四九四(卷一〇四二,页一与页二),这是顺治八年订立的则例。

46 前揭书,页一七四九五(卷一〇四二,页三),顺治元年订立的则例,雍正三年时,对于重要的奏折废除了此一限制。

47 《曹寅奏折》,页十七b,康熙四十七年三月一日。

48 见《曹寅奏折》、《曹颙奏折》、《曹頫奏折》各处。

49 《李煦奏折》,在页六十之前皆称"臣",页六十至七十"臣"与"奴才"混用,页七一后全自称"奴才"。

50 《曹寅档案》,编号二七三六,康熙三十六年五月三日奏折与朱批原件。

51 这些都是阅读曹寅奏折原件时得出的印象,并不是对其书法进行科学研究后得出的结果。而对于皇上朱批的最佳形容,就像是一位用功的西方学生所写的汉字书法。关于偏旁误写的错误,参见《曹寅档案》,编号二七三五,康熙三十五年六月八日奏折。皇上在写沙漠的"沙"字时,漏写左边水字偏旁,而写成了"少"。

52 《实录》(康熙朝),卷二六五,页十四b至十五,康熙五十四年十月四日(1715年10月30日)。

53 根据《文献丛编》的编辑者在《曹寅奏折》页八的文后注,这些奏折储放于懋勤殿木匣中,匣上有字迹:"雍正元年曹福交来朱批奏折"。曹頫的"頫"写错为"福"字;这样的错误显示出宫内办事人员必定是在短时间内,按照雍正皇帝的诏谕,处理由各省大量交回宫中的朱批奏折。查证奏折上的正确名字,对这些办事人员来说,本来不该花上多少时间。《永宪录》的作者,于该书页六四记录下雍正命令各省官员缴回奏折的时限,为康熙六十一年十二月三日至十五日,也就是1723年1月9日至21日之间。故宫博物院现用来藏放曹家奏折的大木柜,或许就是当年(康熙六十一年)上缴之前,曹家子孙用来存放奏折的木柜。当然,很有可能曹家当时的家长曹頫,已经毁去了若干他与其父的奏折。

54 《李煦奏折》,页十,康熙四十二年四月奏折上的朱批。宋荦于康熙四十二年六月所上的奏折,证实了此项旨意,见《宋荦档案》奏折原件,编号二四一九。宋荦于康熙四十二年六月由李煦代转的奏折,见《李煦奏折》,页十。

55 《张伯行档案》奏折原件,编号二一七〇,康熙五十三年三月四日奏折朱批。

56 《李煦奏折》,页五三,康熙五十三年四月二十一日。

57 唯一的例证,似乎是在康熙四十七年时,为平抑米价的官员代呈奏折。见《曹寅档案》奏折原件,编号二七七二、二七七三、二七七六,康熙四十七年三月二十一日、三月二十六日、五月十八日。

58 《李煦奏折》,页一,康熙三十二年七月。

59 例证见前揭书,页一,康熙三十二年六月,与页五,康熙三十七年十月。许多保存在故宫档案中的奏折,都是请安折子,没有实质内容。
60 前揭书,页一b,康熙三十二年七月奏折朱批。
61 同上,康熙三十二年十月折。在这道奏折中,李煦引述了皇上对他前一道奏折的批示。
62 《曹寅奏折》,页八b,康熙三十六年十月二十二日。
63 《李煦奏折》,页二五,引用康熙四十八年十二月二日折。
64 《曹寅奏折》,页一b,康熙四十三年七月二十九日,曹寅对巡盐御史任命的谢恩折上朱批。
65 前揭书,页十八,康熙四十七年三月一日折上朱批。
66 《曹寅档案》,编号二七九五,康熙四十八年七月三日奏折朱批。
67 前揭档案,编号二七九六,康熙四十八年七月七日奏折原件与朱批。
68 前揭档案,编号二七九四,康熙四十八年五月六日奏折原件与朱批。总督是邵穆布;江苏巡抚是于准,于该年年底解职。
69 《清代名人传略》,页308—309。
70 《曹寅奏折》,页十七b,康熙四十七年三月一日。
71 前揭书,页二十,康熙四十八年二月八日奏折上的朱批。
72 前揭书,页二b,康熙四十八年三月十六日。
73 前揭书,页二b,康熙四十八年三月十六日奏折上朱批:"知道了。并诗稿发回。"
74 前揭书,页三,康熙四十八年十月折中,提及熊的三个儿子:"一个去年所生,一个今年所生。"
75 前揭书,页二b,康熙四十八年九月奏折与朱批。
76 前揭书,页三,康熙四十八年十月奏折与朱批。
77 前揭书,页三,康熙四十八年十一月。
78 前揭书,页三b,康熙四十八年十一月奏折上的朱批。
79 《清史列传》,卷七,页五十(熊赐履传的最后部分)。
80 《清稗类钞》,类五八,页十。
81 《曹寅奏折》,页十六b,康熙四十七年三月一日折。兖州府在今泽阳,山东省西境。
82 除了兖州府,在这道奏折中提及的地方,还包括直隶省的河间府(即今日河间)、安徽南境的滁州(清代的滁州,包含今日的来安与滁县)。
83 譬如,在科场一案期间,皇上在李煦于康熙五十一年二月二十四日所上奏折朱批:"张伯行见此光景,说些甚么?张鹏翮如何了?"《李煦奏折》,页二七。
84 《曹寅奏折》,页十六b。
85 "百姓情形"。
86 《曹寅奏折》,页十七。
87 《曹寅档案》,编号二七〇九,康熙四十六年三月四日奏折附件。
88 曹寅康熙四十六年九月二十日奏折引用的朱批,曹寅奏折原件,编号二七九一。

89 《曹寅档案》，编号二七九一，康熙四十六年九月二十日折。
90 《钦定大清会典事例》，页六八三八（卷一三二，页四）。
91 《李煦奏折》，页十七，康熙四十六年十二月七日。此即为王可成所遗失的那道奏折。
92 前揭书，页十七b，康熙四十六年十二月。
93 李煦康熙四十七年二月奏折上朱批，前揭书，页二十。
94 《史料旬刊》，卷二，页20，编者对于有关朱三太子奏折的介绍绪论。《清代名人传略》，页192。
95 一批关于此案的奏折，收录在《史料旬刊》卷二，页20—22当中。康熙皇帝在康熙五十年时忆起此案，认为地方官员无法迅速反应，拿获一、二犯事之人，从而导致此帮强贼坐大，威胁治安。
96 《曹寅档案》，编号二七一九，康熙四十七年闰三月十二日折。
97 康熙四十七年闰三月十二日折上朱批；康熙四十七年四月十六日折原件，编号二七一七；康熙四十六年六月二十三日折原件，编号二七一六（禀报已捕获一念）。
98 在南京（江宁）于顺治二年陷落之初，满洲人便指派两名太监，负责守卫并维护明孝陵，并且派遣四十人为其永久僚属，子孙世居陵园附近（即陵户）。这项措施显然为新政权赢得不错的名声。见盖拉德：《南京古今历史与地理概述》，页237。康熙三十八年，曹寅受命监督明孝陵修缮工程，所需费用由公款支出。见《曹寅奏折》，页八b至九，康熙三十八年五月二十六日。
99 《曹寅奏折》，页十八，康熙四十七年五月二十五日奏折上的朱批。
100 前揭书，页十八b至十九，康熙四十七年七月十五日。
101 《李煦奏折》，页二八，康熙五十一年三月二十六日折；页二九，康熙五十一年四月二十二日折；页二九b，康熙五十一年五月十五日折；页三一b，康熙五十一年五月二十六日折；页五二b，康熙五十三年四月十一日折；页五三b，康熙五十三年五月七日折。
102 《钦定大清会典事例》，页六四二三（卷一〇二，页一b至二），康熙四十九年订下则例，以是否完成额定比例，作为漕官粮道的赏罚标准。前揭书，页六四二六（卷一〇二，页七b），订下延宕每月期限罚则；前揭书，页六四三三（卷一〇三，页一），康熙十四年关于漕船腐朽或未修缮的法令，明订未于期限内报修船只的罚则；前揭书，页七七八〇（卷二〇三，页二三b），康熙二十二年条例，总督对于漕船运行负有责任，需"亲往"监督。
103 《李煦奏折》，页三二b，康熙五十一年六月二十二日。
104 前揭书，页三四b至三五，康熙五十一年八月八日。
105 前揭书，页四四b，康熙五十二年闰五月二十三日；页四四b，康熙五十二年六月九日；页四五，康熙五十二年七月五日。
106 前揭书，页七一，康熙五十五年五月十二日；页七三，康熙五十五年七月四日。
107 前揭书，页五六，康熙五十三年七月十七日。
108 前揭书，页五三，康熙五十三年五月七日。

109　前揭书，页五三，康熙五十三年五月七日。
110　前揭书，页五五b至五六，康熙五十三年七月十三日。在此案中，当妇人的丈夫出人意料地返回时，行巫术者又比了一些手势，使这名妇人又还魂复生。此名行妖法者被拿获，虽然否认他能够操控生命，但暗示他具有奇能异术。他死于狱中，而关于他的各种流言飞语亦告停歇。
111　前揭书，页七三b，康熙五十五年七月四日折与朱批。
112　《文献丛编》刊载出的李煦奏折，占有一百一十六双面页。这一百一十六页当中，三十三页是康熙三十二年到曹寅去世时的康熙五十一年之间的奏折，剩下的八十三页篇幅，则是康熙五十一年至六十一年间的奏折。
113　康熙五十年的科场一案，最为简明扼要的概述，见商衍鎏所著《清代科举考试述录》，页309—310。另外两则经过修饰的记载，分别见于《清稗类钞》，类二五，页八十至八一，以及《康熙南巡秘记》，页九一至九四。噶礼的奏折不见于目前刊行的史料当中；曹寅在康熙五十年十一月的奏折中，提及噶礼与张伯行针对此案都有奏折呈上（《曹寅奏折》，页三b）。
像本案这样因科举取士不公所引起的骚乱，并不罕见。六年之前，参加顺天府乡试的生员们也以相似的举动，向官方施加压力。他们于街上游行，并且于随后将两具写有正副主考官姓名的纸糊人形刍像斩首；参见《王鸿绪密缮小折》，页十七。
应试者的愤怒与挫折，以及骚动的程度，在在说明举人的功名是多么为学子所看重，并且证实了历史学者的说法："举人功名在明清社会阶层当中，是极为重要的一阶。"（何炳棣：《中华帝国晋升的阶梯》，页27）何炳棣还告诉我们，科场骚乱通常只是纯粹因落第的挫折而起，而没有确实的理据（前揭书，页193）；然而，在康熙五十年科场一案中，调查者证实了学子确有抗议的正当性。顺治十四年，在直隶爆发的大规模科场舞弊案（何炳棣于前揭书中有叙述，见页191—192），或许为康熙皇帝处理本案时的鉴戒；参见《实录》（康熙朝），卷二五〇，页二一。
114　《曹寅奏折》，页三，康熙五十年十月。
115　《实录》（康熙朝），卷二四八，页十二b。
116　前揭书，页八。
117　《李煦奏折》，页二六，康熙五十一年一月十六日。四位审理大臣分别是张鹏翮、噶礼、张伯行以及安徽巡抚（梁世勋），康熙皇帝于十二月时通过礼部尚书，下达这项任命，这也表示有嫌疑的举人已被带往北京重审（《实录》（康熙朝），卷二四八，页十九）。
118　《清史列传》，卷十二，页二九，与《实录》（康熙朝），卷二四九，页八b。
119　《清史列传》，卷十二，页十，与《实录》（康熙朝），卷二四九，页八b。
120　《清代名人传略》，页268、291。
121　前揭书，页51—52。

122 《实录》(康熙朝),卷二四九,页九。
123 《李煦奏折》,页二六 b,康熙五十一年元月十六日奏折上的朱批。
124 前揭书,页二七,康熙五十一年二月十九日。
125 前揭书,康熙五十一年二月二十五日。
126 前揭书,页二八,康熙五十一年三月二十六日。
127 《曹寅奏折》,页四,约为康熙五十一年三月二十六日所呈奏折。
128 前揭书,页四 b 至五,约为康熙五十一年四月二十一日所呈奏折。
129 前揭书,页五 b 与页六,约为康熙五十一年四月三十日与同年五月十二日所呈奏折;《李煦奏折》,页二九至三十 b,康熙五十一年四月二十二日与同年五月十六日。
130 李煦(《李煦奏折》,页二九)报告,张鹏翮已接到此旨意,且听说他已经回奏。
131 曹寅提到,他在邸抄上已看到马三奇所上奏折(《曹寅奏折》,页五 b)。
132 前揭书,页五 b,约为康熙五十一年四月三十日奏折。
133 《实录》(康熙朝),卷二五〇,页二十至二一。《清史列传》,卷十二,页一 b。曹寅与李煦都提到,这道奏折是在六月二十三日拜发(即康熙五十一年五月二十日)。
134 《曹寅奏折》,页六 b 至七,约为康熙五十一年五月二十二日奏折。
135 《实录》(康熙朝),卷二五〇,页二十至二一。
136 前揭书,二五〇,页二三 b。
137 《李煦奏折》,页三五,康熙五十一年八月八日;页三五 b 至三六,康熙五十一年八月二十一日;页三七 b,康熙五十一年九月六日;页三七 b 至三八,康熙五十一年十月四日。李煦将钦差审理大臣的调查结果,作了如下概述:副主考赵晋因陈天立催促,同意夹带吴泌过关,而房考方名则因平素相好,以及贪图后谢贿款得由其代为还债之故,答应取中程光奎(前揭书,页三七 b)。吴泌为贪缘求得举人功名,前后已投注八千两银子,以为贿资;吴泌一案另涉及三名中间人,除赵晋、陈天立外,可能还有前任安徽巡抚叶九思。吴泌的卷子于阅卷途中,或许出了差错,分到了一位未参与共谋的房官手上;这位房官为陈天立所说服,同意推荐吴泌,而陈天立则称,他是奉赵晋之命行事。参见商衍鎏:《清代科举考试述录》,页 309—310。
138 《实录》(康熙朝),卷二五三,页六到七。被认为可能是本案主嫌的副主考赵晋,设法逃过一死。当他被收于扬州狱中,一位名叫王式丹的友人来探,助其逃脱死罪。十足讽刺的是,他们两人之间的关系,是同为康熙四十二年殿试同年(分获状元、榜眼);参见商衍鎏:《清代科举考试实录》,页三一一,以及《清稗类钞》,类二五,页八一。康熙五十五年,皇上询问身边的大学士,赵晋是死是活?群臣回奏:无人知晓(《东华录》,康熙朝,卷九七,页二)。
139 《实录》(康熙朝),卷二五一,卷十四 b 至十六。
140 前揭书,卷二五一,页二十。
141 判决被皇上否决的这四位会审钦差大臣,赫寿继噶礼之后,出任两江总督,张鹏翻成为吏部尚书，张廷枢起复，担任刑部尚书，而穆和伦继续任职户部尚书。《清史》，页二五九五至二六〇〇，与页二八八四。
142 刘易斯·科塞（Lewis Coser），《社会冲突的功能》（*The Functions of Social Conflicts*）（伦敦：1956 年），页 59。
143 《实录》（康熙朝），卷二五一，页十五 b 至十六。
144 前揭书，页十八 b。
145 前揭书，页十五 b。

第七章 曹家的没落

曹家在1728年的失势是一个缓缓而至的过程。曹寅于1712年骤逝，曹家并未就此崩颓。曹家虽然负债累累，并因盐务上的亏空而遭非难，但曹寅的身故却使得皇帝格外眷顾曹家。康熙想要证明他们之间的君臣之义并不容易；但是康熙对曹寅的种种作为，他的轸恤劝告，派遣特使赐给稀珍药材奎宁以治疗曹寅的疟疾，他对曹寅的挂念，这一切都表明两人之间的关系匪浅。

曹寅的病死

1709年间，曹寅渐感虚弱倦怠。他试着进补调理，尤其是人参，但他摄取的量已大到危险的程度。[1] 一般认为人参这种药材能延年益寿，就连耶稣会神父也觉得有效；当时，杜德美（Jartoux）神父在服用人参之后写道："我感觉脉搏清朗，胃口好，觉得自己更有活力，比起从前，更能耐劳。"[2] 上等人参长在关外深山，专供御用，若是流入市场，价值不菲，每石值数千两白银。[3] 1709年冬，曹寅三任巡盐御史赴京述职,即乞请康熙御赐人参。[4] 曹寅的健康状况,以及服用补药的习惯,自然为康熙所关切,这可以从次年两人的奏折、朱批往返窥知。

1710年春,曹寅返归江苏后感染眼疾。5月2日(阴历四月初四),他向皇帝奏报眼疾已经康复,可以自己缮写折子。皇帝在曹寅的奏折上以浓墨粗笔加以朱批:

> 尔南方住久,虚胖气弱,今又目疾,万不可用补药;
> 最当用者,六味地黄汤,[5] 不必加减,多服自有大效。[6]

康熙用药相当务实,偏好家常的地黄,而不是昂贵、求之不易的人参。

一个月后,康熙给了曹寅一个朱批,提及来年的展望,并写道:"特命尔知之,无复挂念也。"[7]

然而,皇帝的提醒和劝告还没送到,曹寅就又病了,再次服用人参治病。[8]月底,接受康熙建议服用地黄之后,他才在折子里提到自己已渐渐康复。[9]夏、秋时节,曹寅日益硬朗,康熙还是持续垂询,曹寅以能得到皇帝的挂心和垂询而倍感殊荣。就如他在1710年12月22日(阴历十一月初三日)的奏折所云:

> 直到六臣家奴回南,伏蒙御批折子:"知道了。病比先何似?钦此。"臣跪读之下,不胜感激涕零……臣今岁偶感风寒,因误服人参,得解后,旋复患疥,卧病两月有余,幸

蒙圣恩命服地黄汤，得以痊愈。目下服地黄丸，奴身比先，觉健旺胜前。

而康熙的朱批有如临床诊断：

知道了。惟疥不宜服药，倘毒入内，后来恐成大麻风症，出（除）海水之外，千方不能治。小心，小心！土茯苓可以代茶，[10] 常常吃去亦好。[11]

康熙的直接劝告或许起了作用，曹寅不再服用危险的补品。起码在1711年这一整年，曹寅的健康都不错，能够督视盐务。那年冬天，曹寅一如往常赴京述职，还写了诗来描述他随侍皇驾前往鹿苑，提到厄鲁特诸王子骑马向康熙致意，他还语带自豪，陈述与四位满洲将军一同观见。1712年3月16日，曹寅南归，花了十六天才抵达扬州，这一路上他勤于赋诗；渡黄河的一场大雨，让他忆起曾在这一带行猎。[12] 曹寅在扬州还与另外两位织造李煦、孙文成商讨《佩文韵府》的刊刻事宜。他还奉命与漕运总督赫寿商议，赫寿是科场一案的审判大臣之一，但他奏报皇帝说"不便会面"。[13] 他们应该是需要私下碰面。

在4月至6月间，曹寅忙于奏报科场案的进展，写了几道详细、心意诚挚的奏折，[14] 以及刊印《佩文韵府》事宜。他挑选了匠手百余人，但"好者难得"[15]——这是相对于当初编纂《全唐诗》的时候而言。曹寅还提到这时发生蝗灾，代理总督已着手处理。此时既然正值雨季，蝗灾不至于延烧，可以无须担心。[16]

曹寅离开扬州，回到江宁料理织造衙门的差事，在江宁时收到皇帝钦赐御书。他写于1712年7月6日（阴历六月初三日）的最后一道奏折，就是感谢康熙颁赐御书。曹寅提到，皇上颁赐御书的消息已经传开，全城进士举人、乡绅士庶，群请瞻仰御书。但他惟恐"讹传远近"，所以先刊木版印行，以便流布。但百姓更思昭垂万古，所以已开始挑选碑石，磨勒皇帝御书。康熙的朱批很务实："朕安。知道了，不必勒石。"[17]

7月19日，曹寅回扬州，与造访书局的几位学者怡然度过数日。不过，到了8月2日，他染上风寒，卧病在床。他以为这只是小病，还写了一首诗，说是身体微恙可让人难得清闲独处：

　　高露缠收露羽明，蕉衫初解嫩凉生。
　　好知清夜无多语，静听西轩打脚声。[18]

曹寅的风寒没有痊愈，反而更形虚弱，恶化成疟疾。从曹寅的最后一首诗里可以看出，他似乎意识到自己这次病得严重；他虽然喜见族中小辈前来探病慰问，但一思及他们的前途未卜，已开始忧心。[19]

李煦人在仪真监督盐务，听闻曹寅感染重症的消息，于8月16日（阴历七月十五日）赶到扬州来陪他。这时候的曹寅已病得无法执笔，于是李煦便代曹寅向皇帝奏报：

曹寅向臣言："我病时来时去，医生用药不能见效，必得主子圣药救我。但我儿子年小，今若打发求主子去，目下我身边又无看视之人，求你替我启奏，如同我自己一样。若得赐药，则尚可起死回生，实蒙天恩再造。"等语。

臣今在扬，看其调理，但病势甚重，臣不敢不据实奏闻。

康熙的朱批流露出关切之情，但也提供实质的建议和帮助：

尔奏得好。今欲赐治疟疾的药，恐迟延，所以赐驿马星夜赶去。但疟疾若未转泻痢，还无妨。若转了病，此药用不得。南方庸医，每每用补济（剂），而伤人者不计其数，须要小心。曹寅元肯吃人参，今得此病，亦是人参中来的。

金鸡挐（奎宁）专治疟疾。用二钱末酒调服。若轻了些，再吃一服，必要住的。往后或一钱，或八分，连吃二服，可以出根。若不是疟疾，此药用不得，须要认真。万嘱，万嘱，万嘱，万嘱！[20]

曹寅的乞请与康熙的回复显示了西药的效用在中国广受接纳，以及中国人接纳新科技的开放态度。康熙曾于1693年染患疟疾重症，他从耶稣会士刘应（Visdelou）和洪若翰得到奎宁。刘、洪的奎宁则是刚得自庞德哲里（Pondicherry）的耶稣会士友人相赠，于是刘、洪便冒着杀头之罪进呈皇帝。先让三名疟疾患者服用奎宁，三人都告痊愈。然后，太子再调配少量的奎宁和着酒，由四位皇族成员服用,这四人都无不良反应。最后,皇帝才服用一些,并康复了。"²¹ 在李煦上呈的第一道奏折里,康熙的朱批就曾提起这件事。²² 传教士参与治愈康熙疟疾,正是他们在内廷附近得到一幢大宅充作教堂的主因。²³

曹寅有一次也得到钦赐的奎宁。这件事发生在 1705 年第五次南巡期间,皇帝受到总兵张云翼盛情接驾,见他较先前消瘦得多,于是垂询原委,得知原来张总兵九度染患疟疾。皇帝便把奎宁赐予张云翼,并下达谕旨:"这金鸡纳是皇上御制的,服了很好,这是十两,着赐提督。"²⁴ 不过,要向皇帝求药需要相当的勇气,曹寅一直到病情恶化后才敢向康熙开口。这么一拖延,就把他的命给送掉了。李煦在代曹寅求药五天后进呈奏折:

> 曹寅七月初一日(阴历)感受风寒,辗转成疟,竟成不起之症,于七月二十三日辰时身故。当其伏枕哀鸣,惟以遽辞圣世,不克仰报天恩为恨。又向臣言:"江宁织造衙门历年亏欠钱粮九万余两,又两淮商欠钱粮,去年奉旨官商分认,曹寅亦应完二十三万两零,而无赀可赔,无产可变,身虽死而目未瞑。"此皆曹寅临终之言。

李煦接着说,曹寅的寡妻幼子,断难清偿如此巨额的银两。为此他冒死叩求代管 1713 年曹寅若不死应当接任的巡盐御史;以所得余银为曹家偿债,而曹寅也能于身后复蒙皇恩。

这道奏折就事论事,但银两的细节却交代不清;康熙皇帝有些犹豫，但还是恩准了李煦奏请。

> 曹寅与尔同事一体，此所奏甚是。惟恐日久尔若变了，只为自己，即犬马不如矣！[25]

李煦写了这道折子约三周后，李煦的家奴带着奏报曹寅病重、且有皇帝轸恤的朱批和建议的奏折回来。而带着御药的驿吏早几日抵达，不过曹寅已告去世。[26]

曹寅友人张伯行写的祭文，多了几分清雅，少了几分钱粮俗事。张伯行乃闻名儒士，江苏巡抚，在科场一案中与满洲总督噶礼争得你死我活，[27]但他对曹寅的情谊显然没有因曹寅的包衣身份或与满人渊源深而稍有减损；他以文人之间的深情来写曹寅：

> 呜呼！谁谓公其竟止于此耶？彼夫经史子集，藏书万卷，孰为之手披而心玩？而名公巨卿，贤人君子，日与赋诗赠答相怡悦者，又孰从而想象其风采之蹁跹？
>
> 畴昔之日，余秉臬篆，实与公同舟而共济，公披肝膈而款款，我则忱悃之戋戋。嗣予驰驱乎闽峤，怅彼此之各天；值鸡鸣而风雨，亦每念之缠绵。何期镇抚吴会，重侍几筵；三载相依，挹汪洋之伟度；一心如结，信胶漆之能坚。
>
> 吁嗟已矣！今几何时，而音容不再，遗范空悬！对瑟樽以凄恻，写衷愫而泣涟。陈词敬酒，公其鉴兹诚意拳拳！[28]

张伯行的古雅祭文,或可视为百姓对曹寅之死的哀悼;这份哀悼之深,足以让曹寅入祀江宁府的名宦祠。[29] 不过,在公开颂扬曹寅身为朋友、名士之德的背后,是曹家一片混乱,债务缠身。而这是李煦不得不去料理的烫手山芋。

曹寅之子曹颙

曹寅于 1712 年 8 月 24 日身故,曹家随即陷入绝境。曹家累积了数以万计的债务,又无任何官位。曹寅的母亲孙氏以康熙皇帝幼年的保姆而受优宠,但也于 1706 年辞世,享寿七十四岁。[30] 曹寅的独子曹连生(后更名为曹颙)此时十九岁;他曾在京城里做过一阵包衣,然后康熙恩准他回江宁陪伴父亲。[31] 但他没有行政经验,前途必然黯淡。

李煦火速打理,在曹寅去世当天即进呈奏折,乞请让他续任盐差,好为曹家偿债。[32] 康熙恩准所请,这意味曹家能自行清偿亏空;但这还不能确保曹家的未来。

曹家得到意想不到的援助——时任江西巡抚、兼代署理两江总督的郎廷极[33] 曹寅于 1712 年论交,曹寅还曾为郎廷极的薄卷诗集 [译注:即《舟次集唐诗》] 做跋。[34] 虽说他们似乎只认识几个月,但在 1712 年 9 月 27 日(阴历八月二十七日),郎廷极呈了一道攸关曹家的重要奏折。郎廷极写道,众人挤满了他的衙门,吁恳请上奏,曹寅善政多方,让曹寅之子曹颙补江宁织造一职。郎廷极连名带姓,还加上行业,列出吁恳人士。这不是一份基于吁恳目的而搜集的名单,不过已表明吁恳起用曹頫的都是熟悉丝织业的名望之士。参加吁恳的有机户经纪、经纬行车户、缎纱等匠役和丝商等。郎廷極在发出恳请后,还慷慨陈词:

> 因身在地方,目覩舆情,亦足征曹寅之生前实心办事,上为主子,下为小民也。³⁵

曹頫一定知道这些事,不过他并没有鲁莽到直接向康熙求讨亡父的官位。曹頫的第一道奏折写于10月3日(阴历九月初四日),有三件事恭谢天恩。第一,皇帝赐赠奠仪让他与曹頫得以为父送终视殓。第二,皇恩天高地厚,应曹寅之请钦赐御药;不幸的是,"不料先期逝世,辜负圣恩"。第三,曹頫堂兄曹颀自京城南下,奉总管太监梁九功传宣圣旨,特命李煦再管盐差一年,以清偿曹寅的亏空,并谕知曹頫、李煦若有私心自用——换言之,欺瞒他,可以具折奏报。曹頫感沐皇仁,矜全父亲名节,挽救曹頫一家的身家性命;但曹頫在奏折的结尾处,解释了他上折子的原委,显示他对自身处境仍感不安:

> 奴才包衣下贱,自问何人,敢擅具奏折,缘奏圣旨格外洪恩,蝼蚁感激之私,无由上达,谨冒死缮折恭谢天恩。³⁶

曹頫这道奏折起头写的是"曹寅子奴才连生谨奏"。他既无头衔,也无官职,仅能以其父之子宣称。但曹頫缮于1713年1月28日(阴历正月初三日）的第二道奏折，开头已用"江宁织造、主事奴才曹頫谨奏"，并提到有了什么变化：

> 窃奴才包衣下贱，年幼无知，荷蒙万岁旷典殊恩，特命管理江宁织造，继承父职。又蒙天恩加授主事职衔，复奉特旨改换奴才曹頫学名，隆恩异数，叠加无已，亘古未有。[37]

皇帝应郎廷极恳请，补放曹頫江宁织造职，同时亦恩准李煦之请代偿曹家的巨额亏空以保全曹家。曹寅死时招认三十二万两白银的亏空，坦言无力偿还，其中九万两是江宁织造的亏空，二十三万两是盐差的亏空。起码这是李煦所奏报的，而皇帝就是以此奏报为准，让李煦续任两淮巡盐御史一年，好让李煦填补曹寅的亏空。[38]

在续任两淮巡盐御史这一年的年底，即1713年12月（阴历十一月十二日），李煦奏报他已课得余银五十八万六千两白银。这笔银两是李煦同两淮盐商亲自交给曹頫，不敢自图已私。[39] 曹頫在12月30日（阴历十一月十三日）上呈康熙的谢恩折里，还附上银两清单，清楚交代这笔钱的用途：二十一万两解江宁、苏州织造衙门作为基本花销；一万二千六百二十两用于江宁备制神帛、诰命、织匠薪津，这时曹頫已在江宁继承织造之职；五千两用于江宁、苏州置办原料、自备船只、修理机房；二十三万两解入运库用于弥补盐差亏空；九万二千两用于曹寅遗留下江宁织造的亏欠。各笔支出加总是五十四万九千六百二十两，尚有余额三万六千四百两。[40]

曹頫不知该如何处置这笔余银，于是在1714年2月采取最妥

善的方法,把这笔银两解送皇帝以备养马之需。不过,皇帝念及曹家的用度仍短绌,连同轸恤的朱批,归赐三万两:

> 当日曹寅在日,惟恐亏空银两不能完,近身没之后,得以清了,此母子一家之幸。剩余之余,尔当留心,况织造费用不少,家用私债想是还有,朕只要六千两养马。[41]

从朱批来看,康熙皇帝确实很关心曹家。曹寅曾在一份呈报盐务的奏折里提及他私下贷借了不少银两,此时已将届三年。皇帝不仅关切公家钱两,也过问了家务事。[42]

多亏了友人的启奏恳请,皇帝的轸念体恤,曹颙已补了江宁织造的缺,曹家亦摆脱迫人的亏空。不过,在曹颙短暂官场生涯留下的十七道奏折,除了他提到自李煦收到银两以填补的江宁织造的缺空,并支付各项花销那份之外,无一提及织造的事。[43] 曹颙的奏折几乎都很短,列出当地的米价和附近的气候,这在曹寅是偶一为之的事,如今到了儿子却成为常规。几无例外,曹颙收到的朱批,都是只有"知道了"。康熙偶尔多费笔墨,如1714年8月,曹颙奏报大旱后的米价,康熙朱批曰:"去折回到江宁,将雨泽情形再速奏闻。"[44] 曹颙虽然在九天前才奏报一切安好,但还是连忙再上了一道奏折。[45] 曹颙行事所秉承的原则,就如同当年他清偿完父亲的亏空后,把余额的三万六千两悉数解送给皇帝。[46] 即使在曹颙一生所留下来的政事奏折,他的形象也跃然纸上:哪怕是微不足道的差事,他都恭恭谨谨,朝夕惕厉,竭尽所能讨好皇帝。

所以，曹颙不太可能知道李煦在 1714 年秋做出惊人之举，试图让他补巡盐御史的缺。就连李煦也不敢如此直接乞请让当时年仅二十一岁、视事织造才十八个月的曹颙，接下这既重要又复杂的差事。李煦是在奏报都察院时提到曹颙的姓名和品级；因为这个数据是来自现任的两淮巡盐御史，其用意不言而喻，于是都察院在 1714 年 9 月 20 日（阴历八月二日）启奏收到李煦的资料。[47] 李煦的意图很明显。他和曹寅轮管两淮巡盐御史十年，自 1704 年至 1714 年。如今，曹颙新任江宁织造，若视事巡盐御史，他与李煦未来就有机会长期轮流把持这个肥缺。

李煦的建言并未获采纳。皇帝在覆示都察院所请的谕旨里指出，盐运史李陈常已补完一百八十万两白银的亏欠；足证李陈常有干才，应简拔李陈常为新任巡盐御史，而李留下的盐运使空缺，也应举荐有李陈常之能者来接任。

康熙的裁示是对李煦所请的驳回，不过这并未影响曹家刚得到的眷顾。曹颙续任江宁织造，于 1714 年进京，而这趟北京之行，或许是为了押运皇宫织品的船只。但对于随后的晴天霹雳，曹家并无心理准备：二十一岁的曹颙在北京猝逝。[48] 曹颙是曹寅唯一活着的儿子。[49] 如今曹寅的孀妻真是无依无靠了，曹家香火眼看就要断绝。

康熙皇帝再次私下伸手救曹家。1715 年 2 月，谕令曹寅的侄子曹頫过继给曹寅当儿子，并承袭嗣父的官职。[50] 于是曹頫成为曹家第四位署理江宁织造的成员，而曹家的香火可望延续下去。

李煦的谢恩折表达了对曹颙早逝的哀思，以及在他的监护下，曹寅这个新儿子曹頫过继后的情形：

> 奴才谨拟曹頫于本月内择日将曹颙灵柩出城，暂厝祖茔之侧，事毕即奏请赴江宁任所。盖頫母[曹寅的孀妻]年近六旬，独自在南奉守夫灵，今又闻子夭亡，恐其过于哀伤，且舟车往返，费用难支。莫若令曹頫前去，朝夕劝慰，俟秋冬之际，再同伊母将曹寅灵柩扶归安葬。[51]

曹寅还没安葬，就失去唯一的儿子，但皇恩浩荡，又赐给他一个。

曹寅嗣子曹頫

1715年3月14日（阴历二月初九日），曹頫与李煦南下江宁。曹、李在南下途中，曹寅的孀妻即得闻皇上对曹家的施恩，坚持亲赴京城恭谢天恩。曹頫和李煦听闻老夫人的北京之行，火速赶去阻拦；双方在安徽滁州碰头，一起返回江宁。他们告诉曹母，皇上谕旨不必来京，而打消曹母北上的念头。4月2日，曹頫一家人聚齐在曹寅位于江宁的宅邸；三天后（阴历三月初二日），李煦传宣圣旨，特命曹頫继承宗祧，承袭织造之职，俟气候合宜再将曹寅灵柩扶归北方安葬。宣读圣旨之后（曹家自然在数旬前即已知道圣旨的内容），曹寅孀妻率曹家人恭设香案望阙，曹寅孀妻感激涕零，叩头谢恩。[52] 四天后，曹頫收受官印，走马上任织造。

曹家又稳定下来了，有成员任官——尽管年当弱冠，[53] 但总是撑起曹家的门户。虽说曹寅死时负债累累，不过，由于皇帝的宽仁让李煦再续任巡盐御史一任，课征钱粮，以平衡收支，并赐给曹家一笔银两，料理曹家的私人债务。曹寅的子嗣称心当差，没有迫人的债务，曹寅死后应可瞑目，含笑九泉了。

假使曹寅所亏空的数额系精确计算，这件事就算了结，不过后来的调查却发现，事情并非如此单纯。曹寅之所以会有庞大的债务，是因为他被迫以盐税来支应织造衙门和经办皇差的花销；而开销既庞大又持续，但盐税的征集却时间不一，而且每两年才轮值巡盐御史，直接支配盐政，这显然不是一个令人满意的制度，而皇帝似乎也意识到这点；起码，皇帝没有因为这类亏空而责怪曹家人和李煦。说穿了，只要皇帝能牢牢控制盐商，这亏空就不是大问题。因为，真正供应皇上锦衣华服和寻欢作乐的，其实是盐商。而曹寅与其同僚的职责就是紧盯着盐商把银两拿出来而已。

基于这个原因，当李煦在折子里坦承江宁织造衙门仍有巨额亏空未清（这时离皇帝以两淮的每年余银清偿曹家的亏欠仅一年），皇帝即谕令新任巡盐御史李陈常以 1715 年的余银代补清偿。[54] 李煦将这个破格天恩的消息告知感恩戴德的曹家，但不过一年，李煦便收到户部行文，要他进呈一道请罪奏折，乞请皇帝再破格施恩。

从李煦写于 1716 年 2 月 25 日（阴历二月初三日）的奏折可以窥知，户部官员已清查两淮盐务的种种项目——其速度之慢，令人难以置信，但也查得非常彻底，令各种违法行径曝光。户部官员发现李煦刻意隐瞒一笔十一万两白银的亏空：这笔银两是曹寅应该还给盐商的欠款。李煦代理曹寅巡盐御史之职时，并未将这笔银两解运入库，而是把它用来支付江宁织造衙门未曝光的欠款。户部得花不少时间，才能拆穿如此复杂的账目戏法，也不免令人惊讶。户部认为曹家理应支付这笔款项，因为按理说曹寅必须为此负责。户部并未念及曹寅已死的事实，也不管李煦在账目上动了手脚。曹家奉命归还十一万两白银，当然是付不出来。所以李煦才以堂皇的托辞，说他冒死奏请皇上，再施恩矜全曹家。[55]

李煦在同一份折子里，还提到虽然他先前奏报曹寅的盐课欠款是二十六万三千两白银，这个数目现在必须追加为三十七万三千两白银。盐课亏空最后得出的这个数目，可以算出曹寅亏空的总数。1712年所奏报的江宁织造亏空的九万二千两，另外还有以挪用盐款而隐藏的十一万两欠款，以及皇帝所知晓并退还给曹寅之子用以偿还私人借款的三万两。所以，合理估算曹寅死时的负债约为六十万两白银。

康熙皇帝应允以往后数年的余银来偿还全部的亏空。这些亏欠最终在1717年8月（阴历七月），即曹寅死后五年，李煦八任巡盐御史时，才悉数清偿完毕。[56]皇帝似乎虽未斤斤计较公家债务的问题，但却对曹家的家境极感兴趣，而在曹頫奏报米价、气候的简短奏折里，朱批云："你家中大小事为何不奏闻。"[57]曹頫显然是把这朱批视为谕令他奏报家产，于是回复如下：

> 奴才到任以来，亦曾细为检查，所有遗存产业，惟京中住房二所，外城鲜鱼口空房一所，通州典地六百亩，张家湾当铺一所，本银七千两，江南含山县田二百余亩，芜湖县田一百余亩，扬州旧房一所。此外并无买卖积蓄。
>
> 奴才问母亲及家下管事人等，皆云奴才父亲在日费用

狠多,不能顾家。此田产数目,奴才哥哥曹颙曾在主子跟前
面奏过的,幸蒙万岁天恩,赏了曹颙三万两银子,才把私债
还完了等语。

奴才到任后,理宜即为奏闻,因事属猥屑,不敢轻率。[58]

证诸日后对曹家家产的估算,此处的奏报显然是太过低估了。譬如,曹𫖯便没有提到曹家在江宁的房产,以及价值连城的珍宝。曹𫖯或许觉得想当然尔,因为皇帝已到过江宁曹家四次。但即便是低估,从这份奏折也能大略勾勒曹家经商与农事的分布——从北京东边的通州,至安徽南部的芜湖、含山,再到大运河畔的扬州。曹𫖯显然认为,报答浩荡皇恩最明智的做法,就是自动捐赀;于是,在上奏家产一个月之后,他就送了三千两白银进宫,以供西征采买骆驼之需。康熙接受曹𫖯的捐银,将之交给各部。[59]

曹𫖯身为织造,基本职责就是督视江宁的作坊,把定额的丝运送至北京。就像他先前的兄长曹颙,他也会定时进呈有关米价、收成的简短奏折——这已成为织造的例行业务。[60] 除了这些常规的工作之外,他还像先前的曹寅那样,经办各种皇差。有案可稽的第一件皇差是在1716年初,曹𫖯奉旨照料前大学士熊赐履的几个儿子。曹寅在七年前在奏折中详细奏报熊赐履的去世。曹𫖯在奏折里提到熊赐履有三个儿子,长子重病缠身;其余两个儿子仅九岁和八岁,平日读书,足不出户。曹𫖯写道"家中粗可过活。奴才先发与银二百两,为其家盘费之资",皇帝简短朱批:"好,知道了。"[61]

还有一回,他和李煦一道将御赐匾额挂在普济寺的大殿上。

在这种情形之下，通常都会以谢恩折描述受礼的过程和众人的反应。曹、李两人亦随俗。康熙皇帝显然已厌烦了他们说来说去就是这么回事，不像一般只朱批"知道了"，反倒说："此匾不该如此声扬。"[62][译注：这是给李煦的朱批，康熙给曹頫的朱批，还是惯常的"知道了"。]

曹頫和李煦还连手进行扬州附近天宁寺的修缮工程。康熙命曹、李提出工程估价，而他们在洋洋洒洒的奏折中，罗列了十五款必需的花销。他们对每幢建筑物所需砖、瓦、石、木、生漆、钉的费用，以及木匠、石匠的工钱，都一一估价。最后估算出总结整体修缮工程需耗银一万四千二百四十三两三钱六分，而扬州盐商则认捐这笔经费。他们可否接受扬州盐商的捐贷？从皇帝洋洋洒洒的朱批来看，他肯定读过曹頫进呈的这类奏折；而且，康熙从不拒绝对藩库的捐纳。不过，皇上也心知以官方的名义布施的好处，朱批道：

> 料顾奏折其数不多，虽商人情愿分捐，亦当用库银方是。苏州、江宁、杭州三处存库银，每处出五百，其余依商人所捐，或有人出布施者亦准。断不可料顾之外除剩分毫。[63]

除了执行织造的职责、经手皇上交办的各种额外差事之外，曹頫也渐渐开始扮演耳目的角色。他的历程与李煦、曹寅类似；[64]起初，曹頫主动奏报，皇上先是不置可否，继之即明确嘉许，然后曹頫便进呈详细的密折。

1715年11月（阴历十一月初一日），即署理织造头一年的年底，曹頫便初次进呈了一道这样的奏折。整件奏折的内容，总长仅八十八个字。

> 江南总督臣赫寿之母，今年八十有一，于十月二十五日在署病故。阖城百姓恐其丁忧离任，俱罢市不令总督交印，环请保留。将军等慰谕再三，方始开市。所有地方情形，理合具折奏闻，伏乞圣鉴。[65]

这是一份亦如曹寅写得最好的奏折，扼要陈述主要涉及的事与人；一旦皇帝读过奏折，便能好好处理不管是江宁骚乱，或是总督松弛散漫的任何措辞激昂的奏报。

康熙对这份奏折并无批示，但次年夏天他特别谕令曹頫亲自调查："闻得浙江雨水甚多，民食艰难等语。未知是否属实，尔可细细访问奏闻。"[66] 曹頫奏报他已差人至杭州访视，但并无发现异样。不过，曹頫自己也觉得这个回奏太草率，于是在数日后又进呈另一道奏折，详述浙江六大府的境况和米价。[67] 曹寅和李煦从未奉命奏报发生离他们这么远的事；想必康熙对浙江地方官员的诚实有所怀疑，所以想听听局外人公允的奏报。

然而，1716年9月（阴历八月一日），曹頫在有关浙江详细奏报所得到的信赖却毁于一旦。在请安折里，曹頫奏报收成良好，巡盐御史李陈常死于任上，结果收到龙颜震怒的朱批：

> 知道了。米价还贵如何说得十分收成。病故人写在请

安折内甚属不合。⁶⁸

曹頫行事莽撞,他既匆促上奏,又触怒龙颜。几乎有两年的时间,曹頫就只是恪尽本分,没有接到任何特殊指示。突然间,在1718年7月(阴历六月),他进呈有关米价的短折上,有皇帝的亲切朱批:

> 朕安。尔虽无知小孩,但所关非细,念尔父出力年久,故特恩至此。虽不管地方之事,亦可以所闻大小事,照尔父密(秘)密奏闻,是与非朕自有洞鉴。就是笑话也罢,叫老主子笑笑也好。⁶⁹

康熙的意思大概是要曹頫即使认为是琐碎小事,也该奏报与闻,就算年少无知犯错,也会被宽宥。然而,说来奇怪,曹頫响应皇上谕旨的唯一一件长折,的确只是博皇上一笑而已。这道奏折陈述了两个胆大妄为之人的诡计。其中一人是个大夫,名叫华子文,他治愈了得重病的何灿公。华何两人因而结为好友。华子文大夫向何灿公透露,他有意赴海外经商。华子文捏造假关防、文件,承诺何灿公若立刻出资白银二两,将来可有五十两的报酬。何灿公出了一两五钱和两匹布料;何灿公将银两连同布料交给华子文后,此人即告消失。何灿公并未懊恼他的损失,把整个骗局想通之后,反倒觉得这是个妙计,于是便如法炮制了许多假文件,以每份白银二两的价格,卖给容易上当的乡下人。现在省方官员正着手调查这起骗案,曹頫的结论是,显然只有无知穷人才受骗上当,所以不值得忧虑。⁷⁰

或许这起骗局的后面还另有文章，又或许夸大的谣言已经传到康熙的耳里，不过这似乎只是一件小事而已。曹頫还奏报另一起事件，其中欠了一身债的知县状告安徽按察使年希尧，涉及这起案件的人虽然有来头，但这还是一桩小事。[71] 不论原因为何，曹頫并未利用康熙赋予他奏报地方情事的特权，身为耳目，他称不上有出色的表现。

康熙皇帝起用曹頫从事最有趣的计划是在江苏引进新品稻种。这项工作须具备某种程度的农耕知识，但曹頫显然不符资格，不过在第一年吃了苦头之后，曹頫便牢靠多了。1715年春，康熙皇帝特赐李煦一石新稻种，新稻长得快，一年可以两收；新稻种若试行成功，对收成影响深远，因为以往早熟或晚熟稻大多种在当地自然条件不适合种植一般水稻的地区，或是一般水稻要与其他农作物如小麦轮种。[72] 如今，在原本就富庶的稻米产区，有机会让收成倍增。李煦遵旨将新稻种分发给下属，曹頫和三位苏州乡绅。曹頫收到一斗；他与李煦都在四月（阴历）插秧，于七月（阴历）收谷。曹頫所播种子与收成稻米之比是一比七十，每亩收成四石二斗；李煦的种子种于高田，所播种子与收成稻米之比是一比六十，每亩收成三石。[73] 两人皆奏报当地官绅农民无不欢欣羡慕，嚷着要新稻种。

这项试行开始时很顺利，但在头一年却以失败告收。曹頫"不胜惶恐"，奏报二次所种之稻却不能长实；李煦的情况更清楚：苗虽长成，结实却少，所收成的稻谷每亩不满一石，比例是一比二十。[74] 康熙安慰曹、李两人，说他们种迟了。李煦刚好自江南押送龙袍至京城，于是就去向深知种稻之道的李英贵请益。[75]

李煦并未从李英贵的传授中获益。1716年春，他进呈一道奏折，语带困惑说到苏州本地的稻子吐秧，而御赐的稻种成长速度有别，后者较前者提早插莳——"其种原有不同也。"皇帝的朱批语气轻蔑："不暗（谙）节气闰月，乱言春寒者，未必明白，如瞽摸道。"[76] 不过，历经开头不顺，之后的收成不错。李煦奏报第一季收成是每亩三石七斗稻子，第二季收成是每亩一石五斗稻子。而第二季收成之所以较少，是因为早秋大风吹折禾苗；就算如此，新稻种的收成也远高当地的稻种，当地稻种需一百四五十天方能成熟，而收成是每亩三石九斗。曹頫奏报他第一次收成是每亩三石七斗，第二次收成是每亩二石二斗至二石八斗之间。皇帝喜闻曹、李的奏报，谕令两人广散新稻种：曹頫督视江南，李煦则发往浙江、江西。皇帝还说，尽可能将新稻以稻种保存，切勿浪费食用。[77]

1717年，曹頫、李煦谨遵谕旨。曹頫奏报新稻种的产量，新稻耕种面积的细节，以及江宁至芜湖沿长江五十英里一带种植新稻民家的收成情形。[78] 李煦把新稻种分发至浙江、江西、安徽，也给了前来索求的乡绅、农民和盐商。李煦一连好几份奏折，都奏报新稻种极为成功：他在苏州附近种植八十亩新稻，第一季收成是每亩四石一斗，第二季收成是每亩二石五斗。想当然尔，新稻种的需求益增。[79] 这些数据可能被夸大，以取悦龙心，但李煦往后四年间，定时列举包括新稻种在内各色稻种的收成情形，可见第一季平均收成是每亩四石，而第二季是二石。[80] 曹頫历经开头的摸索之后，已在长江流域地带这场小型农业改革中扮演吃重的角色。持平而论，套用曹頫在 1716 年 11 月（阴历十月）自己的说法："百姓均得多收一次之稻，利益甚多。"[81]

  这是曹頫平凡的仕途上最成功的一件事。身为耳目，他的行事过于谨慎；但在经办钱粮方面，他又过于轻率。1719 年夏，曹頫呈了一道复杂的奏折，乞请皇上赐予他专责经办铜的采买。曹頫的盘算是在运输方面，他可以撙节三万两白银——"自五十九年起承办，十年共可节省银三十余万两。"曹頫继续说道，目前购铜一事由总督、巡抚等八人经手；每年四十艘外国船舶运来红铜四万石，而官员相互竞购，结果推升了铜价。曹頫打算依据户部新议：铜量的三成缺额可以旧铜器抵价；如此一来，就仅需三万一千石的铜，曹頫便可以他专责经办的权力来对付外商。外商会照旧运来四万石的铜，但曹頫只需三万一千石的铜。铜价自然下跌，官方就可省下巨额银两。曹頫还说，几位总督或许仍可进一步提供那三成的旧铜器；而他就可以省方的库银处理其余事宜。如果真能提前一年给他银两，那就更好了。曹頫也不忘提及他的父亲曹寅经办铜勋八年，并无任何亏空、拖欠之情事。

  康熙的朱批毫不含糊：

>   此事断不可行。当日曹寅若不亏出，两淮差如何交回，后日必至嗟叹不及之悔。[82]

  康熙最后的朱批之一写于 1720 年，在另一件事情上头也让曹頫感到挫馁。曹頫显然是在为皇帝经办某些差事，其中包括将瓷器

还有像烧珐琅之类器物解送京城。但瓷器不翼而飞,曹𬀩接获如是的朱批:

> 今不知骗了多少瓷器,朕总不知,已(以)后非上传旨意,尔即当密折内声名奏闻,倘瞒着不奏,后来事发,恐尔当不起,一体得罪,悔之莫及矣。即有别样差使,亦是如此。[83]

毫无疑问,康熙在位的末期,对曹家的容忍已经到了极限。

曹家的没落

1722年12月(阴历十一月),康熙皇帝驾崩,李煦几乎随即被革去苏州织造一职。[84]对曹家而言,这是新朝伊始的不祥之兆。此时已七十多岁的李煦曾是康熙皇帝的宠臣,[85]无显赫治绩,他的去职确实表明旧秩序已经有变。

雍正皇帝待人与治理政务的态度对曹家很不利。雍正讲究纪律严明,管教包衣甚严,甚至公然辱骂包衣,苛评他们低贱、不诚实、不服从。[86]他不认为织造一职有何重要,认为织造"不过采听风闻入告",[87]而巡盐御史"但能清楚钱粮即为称职"。[88]他痛恶党争,绝不宽贷驽钝欺瞒之徒。[89]雍正登基的第一年,四十五位各部大臣、御史,就革去或调动了三十七位。[90]他关切各省财政,特别是江苏,钱粮庞大,却一再亏空。[91]他从两方面来整顿钱粮、澄清吏治——在制度层面上,1723年至1725年间,会考府发挥节制支出的作用;[92]在人事方面，他授予许多小官以密折的形式奏报同僚行为的权力。[93]于是雍正进一步扩展了康熙始创的密折制度，并苛责应奏报但未奏报地方舆情的官员。[94]

三大织造在雍正即位初年的多灾多难，正是新皇帝侦刺、摧折他认为庸碌之辈的典型。胡凤翚继任李煦视事苏州织造，就开了第一刀。胡凤翚曾任知县、内务府郎中，他之所以能得意官场，是因为他的妻子是雍正皇帝宠妃年妃的姊妹。[95]胡凤翚因雍正的眷顾而被擢用，李煦当年上任第一件事就是清查曹寅的亏空，而胡凤翚所办的第一件差事也是清查李煦的亏空，而且查得很卖力，甚至挖出远在1693年的一笔欠款。[96]胡凤翚的第二次奏报极为出色，以至于雍正谕令他与江苏巡抚一同办差。[97]不过，当胡凤翚转而以密折奏报同僚的事情时，却是惹祸上身。在他第一件臧否其他官员的奏折旁，雍正朱批道："少不慎密，须防尔之首领[译注：指项上人头]。"而当他提到见到官员阿尔法犯错并给予纠正时，他接到的朱批更是令人心惊："教导阿尔法犹为次之，教导胡凤翚要紧。"[98]

情势每况愈下。尔后的朱批指责他进呈的奏折含糊不清、漫不经心、不恭顺；[99]同时，地方官员亦监视他的动静，从而雍正更是一再训诫他。[100]最后，在1726年3月15日（阴历二月十二日），江苏巡抚偕同内务府官员高斌来到胡凤翚的衙门，知会他已被革职了。3月底，胡凤翚、妻子年氏、妾卢氏一同自尽。[101]

胡凤翚与家人一同自尽，一个原因是署理织造时欺君，但关键是他牵连宫廷政争。康熙皇帝的八、九皇子允禩和允禟，雍正认为这两人持续反对他御极，而遭雍正革爵圈禁后，于1726年死在狱中。[102] 胡凤翚的妻子年氏是敦肃皇贵妃的姊妹，而她的兄弟正是权倾一时的重臣年羹尧。不过，到了1725年年底，年妃病重，不久就殁故了；尔后年羹尧以勾串雍正皇弟允禟罪名下狱。年羹尧被削爵革职，以九十二大罪议处，赐其自尽。[103] 曹家想必是心怀惶悚，密切关注这一连串狰狞事件的进展；这不仅因为曹頫的织造做得不称职，更是江宁织造衙门左侧万寿庵还藏了一对高逾五尺的镀金狮子——这也是雍正痛恨的皇弟允禟送给曹家的礼物。[104] 曹家的局面撑得稍久些。其间，李煦又再度沦为祭品。他虽在1723年去职，但肯定仍在官方的监管之下，到了1727年3月底，他因馈赠"阿其那"侍婢礼物的罪名而下狱。[105] 阿其那是满洲话，意指"杂种"，这是雍正皇帝强加给皇弟允禩的名字。李煦似乎牵连政争，不过他的确切罪名并不清楚，而他最后的下场也不得而知 [译注：根据周汝昌《红楼梦新证》的记载，李煦因勾串阿其那案而被流放打牲乌拉（位于黑龙江布特哈旗）]。

此时，另外两位织造亦非安然无事。曹寅的故交孙文成自1706年即署理苏州织造，在雍正登基头一年便受到怀疑。雍正认为孙文成强行勒索以支付修缮寺庙的花销，以及其他非法的勾当。雍正谕令浙江巡抚调查孙文成，并以密折奏闻，不过并无确凿罪证，所以孙文成还可保住官位。[106] 往后数年，孙文成办差并未受到雍正的非议，不过在1726年之后，孙文成又开始受到雍正责备，特别是孙文成并未定期奏报商品价格，并试图以扭曲的奏报取悦龙颜。1727年5月，孙文成接获雍正的警告，乍读之下宛如定罪宣布：

> 凡百奏闻，稍有不实，恐尔领罪不起。须知朕非生长深官之主，系四十年阅历世情之雍亲王也。[107]

从此再也没有孙文成上奏折的记录，雍正皇帝亦并无进一步的批示。不过，八个月后，即1728年1月，孙文成因不明之罪遭议处革职。[108] 孙文成的下场亦不得而知。

曹𫖯在雍正登基头一年尽可能不去触怒龙颜。1723年，户部决议取消由两淮巡盐御史支应江宁织造花销的制度。新任两淮巡盐御史接获户部指示时，已把银两解给曹𫖯了；于是他几度致书曹𫖯欲索回款项，但俱无回音。最后，他上奏理应命曹𫖯把款项归送户部。雍正下旨了，但曹𫖯并未因推托而获罪。[109] 曹𫖯定期解送丝织品赴京，觐见雍正；这时他会代其他织造向皇上请安。的确，曹𫖯曾因与其他织造共同为宫廷经办的用品太过挥霍而受责备，但这种责备通常并不严厉。[110]

几乎可以肯定的是，曹𫖯倒台的直接原因是皇帝收到一道不利于他的奏折。当年曹家也以奏折上奏康熙皇帝这类情事。如今，说来讽刺，同样的报应也落在曹家身上。雍正通常阅过这类奏报之后便留存日后参考；对曹𫖯而言，不幸的是，这回上奏的官员十分受雍正宠信。此人是噶尔泰，1724年视事两淮巡盐御史，直至1729年。[111] 噶尔泰为官严谨负责，他奏折上的朱批是曹𫖯与其友人永远无从得知的："尔之可嘉处朕笔谕不尽，勉之，勉之"，或者"凡人靡不有初鲜克有终，须坚守此志，勿使迁移，勉之"。[112]

1727年2月8日（阴历一月十八日），噶尔泰上了一道折子，

评点各地官员的能力——他臧否的对象从盐商之子、江宁和扬州知府,到省级的布政使、按察使。曹頫名列第三,噶尔泰如是描述:

> 访得曹頫年少无才,遇事畏缩。织造事交与管家丁汉臣料理。臣在京见过数次,人亦平常。

雍正在这段文字的行间写了两则朱批;在曹頫名字旁边,雍正朱批道:"原不成器",而在"人亦平常"这句文字的旁边,雍正朱批云:"岂止平常而已!"[113] 倘若进呈的是如此的奏折,而皇帝又细心阅读且认可奏报人的判断,那这位官员的仕途必定堪虑。

这道奏折进呈时曹頫人在京城。曹頫于3月19日回到南方,并前往位于仪征(仪真)的巡盐御史衙门拜见噶尔泰,向他传达雍正三令五申禁革奢华的谕旨。[114] 一想到这么一幅场景,便觉得不可思议:这两人以公开仪节传达皇上谕旨,而其中一人才刚以密折批评同僚;另外一人或许正觊觎这个父亲、舅舅长期署理的巡盐御史之职。

曹頫于1728年1月遭革职,同时去职的还有杭州织造孙文成。将曹頫革职的官方理由是他亏空。[115] 这些亏空究竟是先前曹寅未填补遗留下来,还是曹頫自己未及时将银两解送户部,抑或是曹頫因供应宫中丝织品所需而积欠的,并未详细说明。除了官方的罪名之外,还得再加上噶尔泰对曹頫处事无能的评语,而且皇帝亦认可噶尔泰的这些看法。雍正仍然持续整肃牵连允禵、允禵诸王爷的人,并未松手,或许也是原因之一。奉旨查抄江宁曹家府邸的大臣隋赫

德,奏报发现曹家与允禟勾串的证据——雍正皇帝把这位皇弟称作"塞思黑"——意思是"猪":

> 江宁织造衙门左侧万寿庵内,有藏贮镀金狮子一对,本身连座共高五尺六寸。奴才细查原由,系塞思黑于1716年遣护卫常德到江宁铸就。后因铸得不好,交与曹頫,寄顿庵中。今奴才查出。不知原铸何意,并不敢隐匿,谨具折奏闻。或送京呈览,或当地毁销,均乞圣裁,以便遵行。[116]

这道奏折显示隋赫德对他的发现感到非常悚惧;允禟与曹頫在这件事情不必然有密切关系,而在隋赫德进行调查之前,很可能也不知道曹家有这么一对镀金狮子。不过,曹家很可能和李煦一样,只要与允禟、允禩党人有往来,就足以让皇帝将之革职。

曹家被抄的进一步详情无从得知。进一步的可能线索来源于《红楼梦》,也没有关于曹家被抄的直接描述,因为曹雪芹还没写完即已辞世。小说中仅有一些暗示,家族成员犯了滔天大罪,一方面官司失败,另一方面亦牵连地方上几户大富人家一起垮台。[117]

他们当然是富甲一方。隋赫德查抄完毕后奏报曹家的家产:

> 房屋并家人住房十三处,共计四百八十三间。地八处,共十七顷零六十七亩。家人大小男女共一百四十口。

这只是曹家的家底而已,在抄家之前,曹家人就已设法将值钱东西搬了出去；隋赫德后续的调查并未提及丝绸、书籍、艺术品、西洋珍玩、御赐礼物。这些值钱的东西在1727年肯定被搬到安全的地方。隋赫德列的仅有"桌椅、床机、旧衣零星等件及当票百余张外，并无别项"。另外，曹家人又供出地方上还有人欠曹𫖯债，共计白银三万二千余两，而隋赫德正在料理这些欠户。

曹𫖯所有田产、房产、仆侍奉旨俱归继任的江宁织造，也就是隋赫德所有。而皇帝又特别网开一面，恩赐曹家得以保留京城里的部分房产、仆侍。[118]

随着家逢变故，曹𫖯从此自历史消失。不过乾隆朝伊始，曹家显然已得到宽赦，曹寅的幼弟曹宜还在世，官拜护军参领兼佐领加一级，他的先人得到追封。乾隆元年诰命，授曹寅的祖父曹振彦为资政大夫；授曹振彦的元配、继配"夫人"衔。[119]这时的曹𫖯可能受封为内务府员外郎的小官。[120]不过，曹家并未恢复往日局面，也没有得到更高的官位。曹家的运势持续衰微，及至1745年，曹寅的孙子曹雪芹落魄京城西郊，[121]开始写小说。

在《红楼梦》第十三回，曹雪芹借着嫁入贾府的秦可卿在死前说道：

> 如今我们家赫赫扬扬，已将百年，一日倘或乐极悲生，若应了那句"树倒猢狲散"的俗语，岂不虚称了一世的诗书旧族了？[122]

在这句俗语的旁边，点评曹雪芹手稿的叔叔写道：

"树倒猢狲散"之语,余犹在耳。曲指三十五年矣。哀哉,伤哉!宁不恸杀?[123]

这个批语可能写于1762年左右,所以写的人必定在1727年间听过这句话,或许是听曹頫说的,而他们总是为曹頫感到沉痛的悲哀,因为在曹家没落之前,他们曾经拥有过一段美好的时光。

这话也不是曹頫自己说的。曹頫的嗣父曹寅熟知这句话,并乐于当众提及。曹寅的友人施瑮写有一首诗:"楝子花开满院香,幽魂夜夜楝亭旁。廿年树倒西堂闭,不待西州泪万行。"他在一首诗的结尾处写道:

曹楝亭公时拈佛语对坐客云:"树倒猢狲散",今忆斯言,车轮腹转!以瑮受公知最深也。[124]

这句俗语教人悲从中来,回荡在整个家族的历史之中,而曹寅的引述乃是双重讽刺。因为这句俗语典出一则广为人知的故事:曹咏在其靠山死后被流放,就收到一篇以这句俗话为题的赋。[125]曹寅显然有感于同姓本家的故事[译注:"树倒猢狲散"这句俗话,又出自宋人谈薮,记曹咏为秦桧党徒,起初得势,后秦桧倒台,被贬至新州。厉德斯乃作《树倒猢狲散赋》讽刺曹咏。史景迁这里所谈即曹咏的这段典故]。

庇荫曹家七十余年的这棵大树,树叶繁茂,蓊蓊参天,集种种因素于一身:官位、财富、能力、伶俐,以及暧昧的包衣身份,它既为人仆役，也是一种特权地位，兼蓄满人与汉人的世界。但这棵大树的根并不牢固，其屹立全看皇帝的意思。没有皇上作为靠山，这棵大树必定倾倒，猢狲自然也就四散了。

这个隐喻并无轻蔑之意，毕竟曹寅本人也引述过它，而曹寅身故后，他的后人也一再演绎这则隐喻。树倒，猢狲自然散去，如此而已。不过，曹寅的孙子写出《红楼梦》这部中国最伟大的文学瑰宝之一，则是整个家族历史最奇特的转折。它也舒缓了历史的苍凉，因为它给这个家族处境的内在必然性，增添了偶然性的成分。所以也应该把这则隐喻推向合理的结论，并借用中国章回小说中最迷人的角色之口来告别曹家：

> 既允了……须与他了这愿心才是哩，为人为彻，一定等那大王来吃了，才是全始全终，不然……反而不美。[126]

注释

1. 参见康熙皇帝在李煦于康熙五十一年七月十八日所呈上奏折的朱批,《李煦奏折》,页三三 b。
2. 《耶稣会传教士爱琴海诸岛、印度、中国和美洲各处之游记》(*The Travels of Certain Learned Missioners of the Society of Jesus into Divers Parts of the Archipelago, India, China, and America*)(伦敦:1714 年),页 216,1711 年(康熙五十年)4 月 12 日发自北京的信函。前揭书中(页 169),收有一封殷宏绪(d'Entrecolles)神父的信札,言及罗历山(Rhodes)兄弟向皇上进献加纳利(Canary)葡萄酒,使得龙体精力更加健旺,此酒是传教士由马尼拉送来,作为弥撒使用。这或许能解释在第三章"办皇差"一节里,所提及的大量葡萄酒贸易。
3. 关于中国草药,参见布雷特施奈德(E. Bretschneider):《中国植物》(*Botanicon Sinicum*),第三部分《古中国药物的植物学调查》(Botanical investigations into the Materia Medica of the Ancient Chinese),刊于《皇家亚洲学会华北分会学刊》(*Journal of the North China Branch of the Royal Asiatic Society*),新二九号(1894—1899),页 1—623。对于人参的描述,见前揭书,页 23—24。
4. 《曹寅奏折》,页二一 b,康熙四十八年十一月十一日折显示,他于同年(1709)十二月离开扬州,去觐见皇帝。
5. 参见伯纳德·里德(Bernard E. Read):《1596 年〈本草纲目〉中的中国药草》(Chinese Medicinal Plants from the Pen Ts'ao Kang Mu, A.D. 1596),《北京自然历史纪要》(*Peking Natural History Bulletin*),1936 年,一〇七条[关于此文的完整书目,以及里德的其他著作,参见李约瑟(Joseph Needham)的《中国科学技术史》,卷一,页 289—290]。赫柏特神父(Fr. Hübotter):《二十世纪初的中国医学及其发展历程》(*Die Chinesische Medizin zu Beginn des XX Jahrhunderts und Ihr Historischer Entwicklungsgang*)(莱比锡:1929 年),页 286 将地黄界定为"Rehmannia Lutea Maxim"。这味药,布雷特施奈德有更进一步的讨论,见《古中国药物的植物学调查》,页 183—185,以及《本草纲目》,卷十六,页一。
6. 《曹寅档案》,编号二八〇一,康熙四十九年四月四日奏折与朱批。
7. 前揭档案,编号二八〇二,康熙四十九年五月二日奏折上的朱批。
8. 《曹寅奏折》,页二二,康熙四十九年十月二日奏折上说,三月之后,他会由扬州返回江宁。
9. 《曹寅档案》,编号二八〇三,康熙四十九年六月一日。
10. 赫柏特:《二十世纪初的中国医学及其发展历程》,页 292。布雷特施奈德:《古中国药物的植物学调查》,页 320—323,称之为"中国根茎"(China Root)。里德:《1596 年〈本草纲目〉中的中国药草》,六八〇条则称其为"白草薢"(Heterosmilax

Japonica, Kth.）。《本草纲目》，卷十八，页十四。

11 《曹寅奏折》，页二五，康熙四十九年十一月三日奏折与朱批。
12 关于上京觐见，见《楝亭诗钞》，卷八，页二b至三b；南归行程，见页三b至五b。这四位满洲将军来自浙江、黑龙江、西安以及奉天（将军衔之前的名称，随驻守地名而有不同，见《清末中国政治组织》，七四四、八〇二条）。
13 《曹寅档案》，编号二八二五，康熙五十一年二月二日。这个日期应该是错误的，实际上是同年的三月二日。曹寅提及他于康熙五十一年二月十二日离开北京，同时他也呈上本年一月与二月的气候雨水报告。因此，这应该是三月。曹寅于康熙五十一年三月二十六日（？）的奏折，证实他于同年二月二十六日抵达扬州，见《曹寅奏折》，页四。
14 参见本书第六章；《曹寅奏折》，页四至页七。
15 前揭书，页二五，康熙五十一年四月三日。
16 《曹寅档案》，编号二八二七，康熙五十一年五月二十二日。
17 《曹寅奏折》，页二六，康熙五十一年六月三日奏折与朱批。
18 《楝亭诗钞》，卷八，页十四。
19 前揭书，页十四b。
20 《李煦奏折》，页三三，康熙五十一年七月十八日，皇上朱批在页三三b。
21 《耶稣会士书信集》，卷17，页306—310。
22 《李煦奏折》，页一，皇上对李煦康熙三十二年六月所上请安折的朱批。
23 《耶稣会士书信集》，卷17，页311。《中国方济会志》，卷5，页283。
24 《圣祖五幸江南全录》，页十六，在康熙四十四年三月二十八日。关于奎宁在中国使用的进一步细节，参见方豪：《中西交通史》（五卷，台北：1959年），卷四，页136—137。奎宁也列入赵学敏：《本草纲目拾遗》（前言作于1765年，上海：1954年版），页237。他还补充说，中国人也用奎宁来治疗宿醉。
25 《李煦奏折》，页三三b至三四，康熙五十一年七月二十三日折与朱批。
26 前揭书，页三六，康熙五十一年八月二十一日。
27 参见本书第六章。
28 引自《红楼梦新证》，页388—389。
29 前揭书，页391。
30 《曹寅奏折》，页十五，康熙四十五年八月四日。《红楼梦新证》，页350。
31 关于曹寅遣子至北京，见《曹寅奏折》，页十九b至二十，康熙四十八年二月八日折；《曹頫奏折》，页二七，康熙五十一年九月四日折，提到皇上恩准他回江宁伴父。《红楼梦新证》页305估算曹頫的生年在康熙三十四年（1695），是故康熙四十四年（1705）皇上南巡时和他谈话，当时他只有十岁（参见本书第四章），而他被差遣到北京内务府供职时，年纪是十四岁。我认为他生在康熙三十二年（1693）；他很可能在康熙五十二年（1713）娶亲，距离他的死亡一年之前。
32 《李煦奏折》，页三三b至三四，康熙五十一年七月二十三日。

33 总督噶礼此时正因被控贪贿而受审,参见本书第六章。郎廷极在《清代名人传略》中有传略,见页441—442。关于他署理两江总督一事,参见《曹寅奏折》,页二五 b,康熙五十一年三月二十七日,以及《清史》,页二八八四。

34 《楝亭文钞》,页十七。

35 《郎廷極奏折》,页四二,康熙五十一年八月二十七日。此折接到皇上朱批,只有"知道了"三字。

36 《曹頫奏折》,页二七,康熙五十一年九月四日。

37 前揭书,页二七 b 至二八,康熙五十二年元月三日,此折将抵达江宁的日期误为二月二日。正确日期应该是元月二日(1月27日)。在郎廷极康熙五十一年八月二十七日奏折中,他使用了"曹頫"这个名字。这表示虽然他的新学名已经广为人知,他自己若非特允,还不敢任意以这个名字自称。

38 《李煦奏折》,页三三 b 至三四。参见本章前面的叙述。

39 前揭书,页四八 b 至四九,康熙五十二年十一月十二日。

40 《曹頫奏折》,页二八至二九,康熙五十二年十一月十三日。这些数字显示曹寅宣称的亏空,在此时总额为三十二万二千两白银。剩余的二十二万七千六百二十两则支用在织造署日常的正项开销上。因此,曹寅的亏空数额,并不是《清代名人传略》页 742 当中所提及的数额,即五十四万九千六百二十两,尽管最后他的积欠总额或许要超过上面这个数字。

41 《曹頫奏折》,页二九,康熙五十二年十二月二十五日奏折以及朱批。

42 《曹寅奏折》,页二三,康熙五十年三月九日。当然,这些积欠亏空十分可能如曹寅所说,在执行皇上交办差使的同时,大大地缩减了。

43 《曹寅奏折》,页二八 b 至二九,康熙五十二年十一月十三日。

44 《曹頫档案》,编号二八三五,康熙五十三年七月二日。

45 前揭书,编号二八三七,康熙五十三年八月十一日,以及编号二八三六,康熙五十三年八月二日。

46 《曹頫奏折》,页二九,康熙五十二年十二月十五日。

47 《东华录》,康熙朝,卷九四,页二,康熙五十三年八月十二日;当中将曹頫的名字误写为同音的别字。《实录》(康熙朝)当中的姓名则是正确的(卷二六〇,页三)。

48 曹頫于北京猝逝的时间,约在康熙五十三年十二月至来年元月之间,证据可见《李煦奏折》,页六十,康熙五十四年元月十八日,以及《曹頫奏折》,页三十,康熙五十四年三月七日。《红楼梦新证》则主张康熙五十四年元月更有可能(页 404)。

49 周汝昌认为曹寅或许曾经老来得子,但是年纪轻轻便夭折了。《红楼梦新证》,页 50。

50 《李煦奏折》,页六十,康熙五十四年元月十八日。这项谕令不可能如《红楼梦新证》所说(页 403),是在康熙五十二年二月(1713 年 3 月)颁布的,因为李煦在康熙五十四年元月十八日(1715 年 2 月 21 日)的奏折中,便已经引述了。

51 《李煦奏折》,页六十,康熙五十四年元月十八日折,奉朱批:"是。"

52 次序交错地引自《曹頫奏折》，页二九 b，康熙五十四年三月七日；与前揭书，页三十，日期同上。以及引自《李煦奏折》，页六一，康熙五十四年三月十日。在曹頫所上奏折中，他提到了兄长曹颙的孀妻马氏，此时她已经有七个月的身孕；因此曹颙可望在身后有一个遗腹子，而曹寅一脉的香火就得以延续下去。这个孩子是否出生，后来没有提及，有可能是个女孩，或者是个男婴，但不幸夭折。也有可能，这个儿子活下来，很自然地过继给曹頫，他就是曹雪芹，《红楼梦》的作者。这正好与吴世昌认定曹雪芹"在康熙五十四年春天出生"相符合（《红楼梦探源》，页118）。对于这个莫衷一是的问题，后续的讨论，参见附录的表格四。

53 曹頫的确切年纪，也是一个复杂的问题。我相信，曹頫的出生年份，不会早于康熙三十七年（1698），因此他在接任江宁织造时，年纪约莫为十七八岁。这样的断定，要比周汝昌所认为的来得年轻，当然比吴世昌所相信的出生年份来得更年轻许多（《红楼梦探源》，页 99）。吴世昌书中的论旨要能成立，曹頫的年纪必须得老上许多，因为他推定曹雪芹的出生年份是 1715 年，而认为曹頫是曹雪芹之父。周汝昌则十分确信曹頫更年轻的看法，因为他断定曹雪芹生于 1724 年。我自己认为，曹雪芹生于康熙五十四年，而那时曹頫还很年轻，非常之年轻。所以曹雪芹不可能是曹頫之子。关于曹頫在康熙五十四年接任织造一职时年岁甚轻的说法，其证据可谓十分确凿。撇开他在谢恩折里那些卑下自谦的陈腔套语不提，有一个事实是，在 1718 年时，皇上称他为"小孩"。参见《曹頫档案》，编号二八五九，康熙五十七年六月三日奏折原件，以及《红楼梦新证》当中所引用的朱批，见页四一〇。"小孩"这样的词汇，断然不会用来称呼一位年过二十的男子。而更重要的是，雍正五年（1727）时的巡盐御史噶尔泰于奏折中称曹頫"年少"，见《雍正朱批谕旨》，册三九，页九二 b，雍正五年元月十八日奏折。这种说法，似乎不可能用来形容年满三十的男子。

54 《李煦奏折》，页六十，康熙五十四年元月十八日。周汝昌指出，不可能分清这究竟是曹寅之前的亏空，还是曹颙欠下的新债（《红楼梦新证》，页 405）。

55 《李煦奏折》，页六八，康熙五十五年二月三日，前揭书，页八七，康熙五十六年九月九日奏折当中有更多信息。

56 前揭书，页八 b，康熙五十六年七月十三日。这笔二十六万三千两的数字，显示出早先二十三万两的估计过低，也表现出李煦对数额的轻率态度。

57 《曹頫档案》，编号二八五七，康熙五十四年六月三日。

58 《曹頫奏折》，页三一，康熙五十四年七月十六日。

59 前揭书，页三十 b，康熙五十四年九月一日。

60 在曹頫在任的头一年，也就是康熙五十四年，他于四、六、七、九、十月以及十一月，都呈上这类报告物价的简短奏折。参见《曹頫档案》，编号二八七三、二八五七、二八四六、二八四七、二八五六以及二八四八。

61 《曹頫奏折》，页三二 b，康熙五十五年二月五日奏折与朱批。在 1721 年，皇上颁布诏谕，要群臣资助熊赐履的遗族，熊生前曾有上千门生（都是他担任考官时取中的),然而其家庭却贫穷度日。王鸿绪和其他人合资出了三千两银子,交给曹頫,他奉命运用这笔钱的利息,来支付熊家的花费开销。《清稗类钞》,类四九,页八二至八三。其他出处参见《红楼梦新证》,页411。

62 《曹頫奏折》,页三二,康熙五十五年六月十三日;以及《李煦奏折》,页七二,康熙五十五年六月十五日奏折,引用皇上朱批。

63 《曹頫档案》,编号二八五二,康熙五十九年六月十日与李煦联名上奏,有皇上朱批及封套。曹頫受命办理的其他差使,有时是由自李煦处接收的余银来支付的。例如在1717年支付了五千两银子(《李煦奏折》,页八七,康熙五十六年九月九日),或者如1716年,他们两人平分一万六千两(前揭书,页七八,康熙五十五年十一月十八日)。

64 参见本书第六章的第一部分。

65 《曹頫奏折》,页三十b至三一,康熙五十四年十一月一日,皇上朱批"知道了"。

66 曹頫康熙五十五年七月五日奏折上的朱批,《曹頫档案》,编号二八五三。

67 前揭档案,编号二八五四,康熙五十五年七月十四日,有封套。

68 前揭档案,编号二八五八,康熙五十五年八月一日,加上皇上朱批。

69 前揭档案,编号二八五九,康熙五十七年六月三日。也引自《红楼梦新证》,页410。康熙的朱批结尾,是一句极为口语的句子:"教老主子笑笑也好。"

70 《曹頫档案》,编号二八四九,康熙五十七年闰八月一日。

71 前揭档案,编号二八一一,在档案顺序中错置了,但时间可能是康熙五十九年二月。关于知名的年羹尧之兄年希尧,参见《清代名人传略》,页588—590。

72 何炳棣讨论了晚熟与早熟稻种的传播。见氏著《中国人口研究》(*Studies on the Population of China, 1368-1953*)(哈佛大学出版社,1959年),页169—176。由康熙皇帝分发到各省的稻种,显然是能早晚两熟的;因此与占城稻(Champa),以及其他的早熟稻种都有所不同,它们与晚熟稻种轮种。参见加藤繁:《支那经济史考证》(二卷,东京:东洋文库,1952—1953年),卷二,英文摘要,页20—21。

73 《李煦奏折》,页六三,康熙五十四年五月十六日;页六三b,康熙五十四年六月六日;页六五b,康熙五十四年八月二十日。《曹頫档案》,编号二八六九,康熙五十四年八月二十日。曹頫种了六升稻种,收获四石二斗;李煦种了三斗,收获十八石二斗五升。

74 《曹頫奏折》,页三一b至三二,康熙五十四年十二月一日。《李煦奏折》,页六六b,康熙五十四年十一月十七日。如果按照一比二十的栽种/收获比率,那么假设他按照春天那样栽种六亩地,就是三斗种子收获六石稻谷。

75 皇上对曹頫康熙五十四年八月二十日奏折上的朱批,《曹頫档案》,编号二八六九;以及《李煦奏折》,页六五b,康熙五十四年八月二十日;页六六b,康熙五十四年十一月十七日;页六七b,康熙五十四年十一月二十日。李英贵,此时大概是内务府官员,正白旗下包衣,赐户部侍郎衔,旗鼓佐领。参见《八旗通志》,卷五,

76 页四十；在《八旗满洲氏族通谱》中姓名为李瑛贵（卷七四，页二 b）。
76 《李煦奏折》，页七十 b，康熙五十五年闰三月十二日奏折与朱批。
77 《曹頫档案》，编号二八七五，康熙五十五年七月十四日；以及编号二八七〇，康熙五十五年十月一日折上，有关于在江南传种以及避免浪费食用的朱批。《李煦奏折》，页七二 b，康熙五十五年六月二十五日；以及页七五 b 至七六，康熙五十五年十月二日折上，有关于分送往浙江、江西等地的朱批。
78 《曹頫档案》，编号二八七一，康熙五十六年七月二十日，有封套。
79 《李煦奏折》，页八一 b，康熙五十六年三月十一日；页八四 b，康熙五十六年六月二十九日；页八七 b，康熙五十六年十月十一日。
80 参见附录表三。
81 《曹頫档案》，编号二八七〇，康熙五十五年十月一日。
82 前揭档案，编号二八五〇，康熙五十八年六月十一日奏折与朱批。
83 《曹頫奏折》，页三二 b，康熙五十九年二月二日奏折上的朱批。
84 《江南通志》（卷一〇五，页十）中表明，李煦担任织造一职到康熙六十一年，来接替他的是胡凤翚，于雍正元年上任。上述这样的任命通常下达得很快，而《江南通志》确实也在同一年列出职务的交替，因此可以推断李煦离任的时间，约在康熙六十一年十一月（1722 年 12 月底）或十二月（1723 年 1 月）。李煦被罢去织造职见于《永宪录》，页四一二，在描述中，他是遭到"削职"的。
85 参见本书第五章注 157 的推算，他生于顺治七年（1650）。
86 对于家人的朱批，见《雍正朱批谕旨》，册八，页四、页十六；关于包衣，见册十三，页四六，以及册四七，页三七 b。
87 前揭书，册五十，页六九，对于高斌雍正六年六月二日奏折的朱批。
88 前揭书，册三九，页九六，对于噶尔泰雍正六年五月十日奏折的朱批。
89 各项例证可见于《永宪录》，页三四一至三五四，以及页三〇一至三〇二，或者《清代名人传略》里，遍布于这个时期的传略。
90 《清史》，页二六〇九（以及二六〇八页上，康熙六十一年最后一个月的两人）。
91 各项例证可见于《永宪录》，页一〇三；以及《雍正朱批谕旨》，册二五，页一至八；册六十，页二；册三八，页一〇二至一〇三。
92 《文献丛编》，卷四三（1937 年，期七）。而当然，在稍后是通过军机处来进行的。
93 《雍正朱批谕旨》，册四八，页五一；册四七，页二；册二，页七八 b。
94 前揭书，册四七，页四十。
95 《永宪录》，页二六五。
96 《雍正朱批谕旨》，册四八，页一〇一，雍正元年三月二十二日奏折。
97 前揭书，页一〇 b 至一〇二，雍正元年四月五日。
98 前揭书，页一〇二，在雍正二年十二月十八日奏折行间的朱批。阿尔法是满洲镶蓝旗包衣，佐领，后升任参领。《八旗通志》，卷十，页三一 b；《八旗满洲氏族通谱》，卷七五，页六 b。

99 《雍正朱批谕旨》，册四八，页一〇二 b 至一〇三，雍正三年七月二十六日奏折上的朱批；页一〇三 b，同年九月二十六日；页一〇四，同年十月三日。
100 前揭书，册十二，页四六；册八，页一 b。
101 前揭书，册五十，页六一，据高斌雍正四年二月二十一日的奏折，他们在雍正四年二月十二日见到胡。(高斌是包衣家奴，乾隆宠妃之父，后来成为重臣；参见《清代名人传略》，页 412—413。)《永宪录》(页二六五至二六六)记录胡于雍正四年二月自尽。胡凤翚一直到雍正四年二月二十一日高斌拜发奏折时，都还活着，因此他必是在此不久后，随即自杀身亡。
102 房兆楹在《清代名人传略》三篇雍正兄弟的传略里，巧妙地概括了这个主题，见页 915—919、926—927、927—928。
103 《永宪录》，页二六五至二六六。《清史》，页三四九七有敦肃皇贵妃年氏的简短传略。关于年羹尧的生平，见《清代名人传略》，页 587—590。
104 隋赫德奏折，雍正六年七月三日，引自《红楼梦新证》，页 420；吴世昌在《红楼梦探源》当中翻译了部分 (页 284)。
105 《永宪录》，页三五二。引自《红楼梦新证》，页 418。
106 《雍正朱批谕旨》，册四七，页九九，皇上对孙文成的警告朱批，见雍正元年十一月一日奏折。谕令浙江巡抚调查，见前揭书，册十三，页四六。在《雍正朱批谕旨》中没有见到办差大臣回奏的折子，但可推测孙安然过关。他的案子，在雍正二年浙江省的混乱局势当中，似乎并非焦点所在，那一年里，浙江巡抚之职五易其人 (《清史》，页三〇五三)。
107 《雍正朱批谕旨》，册四七，页九九 b 至一〇一 b，在他雍正四年六月一日、五年元旦、五年三月一日奏折上的朱批。所引用的朱批见前揭书，页一〇二 b，雍正五年四月一日奏折。在此雍正的用语稍嫌夸大，他是在康熙四十八年晋封为雍亲王，距此时只有十八年的时间。
108 《永宪录》，页三九〇。
109 《雍正朱批谕旨》，册十三，页三三，谢赐履雍正元年十二月一日奏折。
110 前揭书，册五十，页六三 b，高斌雍正四年十月九日奏折，以及页六四，雍正四年十二月九日奏折上戒铺张浪费的朱批，康熙与雍正两位皇帝都频繁地警告，不可铺张，但是曹家随着康熙皇帝一同日益奢靡，而且在康熙南巡时深谙他的喜好：皇上期待奢华排场。然而雍正皇帝却言行一致，曹頫应该留心他的警告。
111 《江南通志》，卷一〇五，页八 b。之前他是两浙巡盐御史。1726 年，噶尔泰得到一件特别的礼物：顺治皇帝手书之唐魏徵《十思疏》抄本 (参见《红楼梦新证》，页 165，引用仪真盐务奏折的段落)。噶尔泰在 1728 年被任命为安徽布政使。
112 《雍正朱批谕旨》，册三九，页九一，与页九二 b，雍正三年九月十一日与十一月八日奏折上的朱批。
113 前揭书，册三九，页九二 b，雍正五年元月十八日奏折行间的朱批。皇上对"平常"这一用语的加批，意味着他认为曹頫的才能十分庸劣，或者是因为噶尔泰在前两行，已用过同一个词来形容其他官员。康熙皇帝已对此种秘密参奏表达过赞同之意，如他的朱批写道"朕早知此人名声不好"（《王鸿绪密缮小折》，页十）。

114 《雍正朱批谕旨》，册三九，页九三，雍正五年三月十日的奏折，称曹頫已于同年二月二十七日返回。仪真已经更名为仪征。

115 对此，唯一的史料来源是《永宪录》，页三九〇，不过曹頫于雍正六年去职一事，有地方志可供佐证；参见《江南通志》，卷一〇五，页九 b。

116 隋赫德雍正六年七月三日奏折，引自《红楼梦新证》，页 420。引文中提到的护卫常德，或许是汉军镶蓝旗下包衣，《八旗满洲氏族通谱》，卷七五，页十六 b。他被拔擢担任骁骑校（《清末中国政治组织》，七二七条）。

117 这是在吴世昌《红楼梦探源》页 192、163、166 当中讨论的各项观点。但是，没有直接的证据能够支持吴世昌的新看法，即曹頫的去职，是因为织造衙门的一场大火所致（页 168，注 1）。如果真有如此大火，隋赫德或巡抚等官员，应该在他们的奏折中会提及。

118 隋赫德雍正六年奏折。这条重要的史料是引自《红楼梦新证》，页 419，不过却没有标注日期与来源，推想应该是来自故宫博物院的档案。因曹家被抄家而引发的问题，在吴世昌的《红楼梦探源》当中（页 115—116），以及周汝昌的《红楼梦新证》中（页 135—136）有所讨论。在前揭书（页 142—143）中，周汝昌进一步推论，隋赫德可能将自己在北京的房产给了曹家，作为他得到曹家江宁巨赀的补偿。这是个很高贵的做法，但是没有任何证据足以证明。可能更接近实情的情况，是曹氏族人带着江宁的动产，回到北京被保留下来的房产居住生活。

119 《红楼梦新证》，页 41—42、422—423。这项荣誉官衔见《清末中国政治组织》，九四五条。曹宜后来的品级，参见《清末中国政治组织》，四九与七三四条。

120 "员外郎"，《清末中国政治组织》，七六条。他担任此职，也被记录于《八旗满洲氏族通谱》之中（卷七四，页九）。可是，就在同一页，曹頫被列名为内务府郎中，可是在他的奏折中，没有任何证据显示，他担任过比主事还高的官职。所以在他和曹頫的情形里，这些职位可能都是荣誉加衔，或甚至是讹误。

121 《红楼梦新证》，页 425。

122 《红楼梦八十回校本》，页 126。

123 《脂砚斋红楼梦集评》，页 161，此处采用吴世昌的翻译，见氏著《红楼梦探源》，页 109。关于"脂砚"是曹雪芹之叔一事，参见吴世昌前揭书，页 91—101。

124 《红楼梦新证》，页 393。

125 《辞海》（1947 年，单卷本），"树倒猢狲散"条，页 720。

126 吴承恩：《西游记》，魏利（Arthur Waley）英译（纽约：1942 年版），页 259，中间省略了猪八戒的话。

附　录

附录一：生丝价格（康熙五十一年至雍正四年）

在这段期间，李煦每年五月或六月都会在奏折里汇报丝的价格。李煦依质地奏三种丝线价格：一、线经丝，拉长织布的强韧丝线；二、单经丝，拉长织布的轻柔丝线；三、纬丝，横穿织布的短线。所有价格都以每两若干分为单位（百分之一银两）。

日期	线经丝	单经丝	纬丝	李煦奏折
康熙五十一年五月十六日（1712）	八分四厘	——	七分五厘	页二九 b
康熙五十二年闰五月二十三日（1713）	八分九厘	八分二厘	七分八厘	页四四
康熙五十三年六月九日（1714）	八分五厘	八分一厘	七分七厘	页五四
康熙五十四年六月六日（1715）	八分	七分	六分六厘	页六三 b
康熙五十五年五月十二日（1716）	八分三厘	七分二厘	六分九厘	页七一
康熙五十六年六月三日（1717）	八分一厘	七分	六分七厘	页八三 b
康熙五十七年六月十六日（1718）	八分二厘	七分六厘	七分二厘	页九三 b
康熙五十八年六月二十四日（1719）	八分	七分四厘	七分	页一〇三 b
康熙五十九年六月十三日（1720）	七分九厘	七分	六分五厘	页一〇六 b
康熙六十年六月六日（1721）	七分二厘	六分二厘	五分八厘	页一一一
康熙六十一年六月七日（1722）	七分九厘	六分七厘	六分三厘	页一一四

另外，曹𫖯上奏如下的价格：一、1715年七月三日，头等丝，每两七分八厘；次等丝，每两七分二厘。二、1716年六月十三日，头等丝，每两七分九厘；次等丝，每两七分三厘（参见曹𫖯奏折档案原件二八四六、二八七四号）。

雍正四年，杭州织造孙文成向雍正皇帝奏报如下价格：

年份	头等丝	次等丝
雍正元年（1723）	七分八厘	七分二厘
雍正二年（1724）	七分二厘、七分三厘	六分七厘、六分八厘
雍正三年（1725）	七分	六分五厘、六分六厘
雍正四年（1726）	七分	六分五厘、六分六厘

资料出处：《雍正朱批谕旨》，册四十七，页一〇〇，奏折日期：雍正四年九月一日。

有关十八世纪时的价格比较，详见彭泽益：《清代前期江南织造的研究》，《历史研究》1963年第4期，页110。

附录二：江苏米价（1706年至1722年）

在曹寅和李煦的早期奏折中，他们时常奏报米价，到了1713年，奏报米价便成为李煦和曹寅子嗣们的例行公事。常态性奏报米价，以及这类奏报见于许多奏折的事实，我们似乎可以有理有据地在此汇聚这些价格，从中我们可以看到在这段承平盛世期间，米价时有波动。

这一附录可以用来作为全汉昇与王业键：《清雍正年间的米价》

（载于《台湾中研院历史语言研究所集刊》本，1959年，页157—185）一文的补充。本附录中可增加我们对康熙时期米价的知识，同时也可修正两位作者在另文《清中叶以前江浙米价的变动趋势》（载于《台湾中研院历史语言研究所集刊》增刊第四号，1960年，页351—357）所勾勒米价稳定、缓步攀升的状况。康熙朝的数据显示，除开1706、1707年因干旱和洪涝所引发不寻常的高价，不管哪一年，每个月的米价都有相当程度的波动。在米价稳定、每个月米价数据都保留下来的年份，便可做出某些确切的结论；例如，缓慢攀升的理论便与以下的事实不符：1715—1717年的平均米价就比1719—1721年的平均米价高二、三钱。

本附录米价数据的出处：《曹寅奏折》、《曹寅奏折档案原件》、《李煦奏折》、《曹颙奏折档案原件》、《曹頫奏折》、《曹頫奏折档案原件》。在早期的奏折里，曹寅写道他所奏报的是稻谷和糙米价格，李煦奏报的则是白米和糙米价格。后来的奏折里，就未特别标明米的种类。当某个月出现两种价格时，即可假定这两种价格是分别指上级米和次级米的价格，这似乎是通常的做法。当两位奏报的是同一月份的米价，低者即录于高者后面括号中。如遇年中有闰月的情形，则放在该月米价数字之前来表示。此处所引米价都是江苏省内的苏州、江宁和扬州。所有价格皆以每石（约一百三十三磅）若干钱（十分之一两）。

1706年之前，李煦、曹寅列出几个数据：康熙三十二年（1693）年七月，九钱、七钱；康熙三十二年十月，十钱；康熙三十六年（1697）十月，八钱、七钱；康熙三十七年十一月，十钱、八钱。

月份	康熙四十五年(1706)	康熙四十六年(1707)	康熙四十七年(1708)	康熙四十八年(1709)	康熙四十九年(1710)	康熙五十年(1711)	康熙五十一年(1712)
一	——	——	——	——	——	——	——
二	——	——	——	十三钱	——	——	——
				十二钱			
三	十四钱三分	——	十三钱	十四钱	十二钱	——	——
	十三钱五分		九钱	十二钱	十一钱		
四	——	——	八钱	——	十二钱	——	——
五	——	——	——	——	——	——	——
六	——	——	——	——	——	——	——
闰	——	——	[三钱] 十钱	——	——	——	——
七	十三钱	——	——	十二钱	——	——	——
	八钱			十一钱			
八	——	十四钱七分	——	八钱四分	——	——	八钱
		十二钱					七钱
九	——	——	十三钱	八钱	七钱	——	——
			十钱				
十	——	十二钱	——	——	——	——	八钱
		十一钱					七钱
十一	——	——	——	——	——	——	——
十二	——	十七钱	——	——	——	——	八钱
		十六钱					七钱

月份	康熙五十二年(1713)	康熙五十三年(1714)	康熙五十四年(1715)	康熙五十五年(1716)	康熙五十六年(1717)
一	九钱（八钱）	十钱	十一钱	七钱四分	十一钱
一	八钱（七钱）	九钱	十钱	六钱	十钱
二	——	——	——	十钱	十一钱
二				九钱	十钱
三	——	十钱	——	十一钱	十一钱七分（十一钱）
三		九钱		十钱	十钱七分（九钱）
四	——	十钱	十三钱	十一钱	十一钱六分（十一钱）
四		九钱	十二钱	十钱	十一钱四分（十钱）
五	九钱	十钱	十一钱八分	十一钱（八钱五分）	十一钱（十钱四分）
五	八钱	九钱	十钱五分	十钱（七钱八分）	十钱（九钱四分）
六	十一钱（九钱）	十一钱（十钱）	十一钱七分（十一钱）	十一钱（八钱六分）	十一钱（十钱四分）
六	十钱（八钱）	十钱（九钱）	十钱六分（十钱）	九钱（七钱八分）	十钱（九钱四分）
闰	[五钱]十钱	——	——	[三钱]十一钱	——
闰	九钱			十钱	
七	十钱	十一钱五分（十钱）	十二钱（十一钱）	十一钱（九钱八分）	九钱四分
七	九钱	十钱五分（九钱）	十一钱（十钱）	九钱（八钱）	八钱二分
八	十钱（九钱）	十钱六分（十一钱）	十二钱	十一钱（十二钱）	十一钱
八	九钱（八钱）	九钱	十一钱（七钱）	十钱	九钱五分（七钱五分）
九	九钱	十一钱	十二钱（七钱四分）	十一钱（十一钱）	十一钱（八钱四分）
九	八钱	十钱	十一钱（六钱八分）	十钱（九钱五分）	九钱（七钱）
十	十钱（九钱）	十钱五分	七钱四分	十一钱五分（十一钱）	九钱
十	九钱（八钱）	九钱二分	六钱	十钱	八钱
十一	十钱（九钱）	——	七钱四分	十一钱	九钱五分
十一	九钱（八钱）		六钱	十钱	八钱
十二	十钱	——	七钱四分	十一钱	九钱五分
十二	九钱		六钱	十钱	八钱

月份	康熙五十七年 (1718)	康熙五十八年 (1719)	康熙五十九年 (1720)	康熙六十年 (1721)	康熙六十一年 (1722)
一	——	——	八钱二分	——	——
			七钱		
二	——	——	八钱二分（七钱五分）	——	十钱五分
			七钱（六钱四分）		九钱
三	——	——	八钱六分	——	十二钱
			七钱四分		九钱七分
四	十钱	九钱	八钱四分	九钱七分	十二钱
	九钱	七钱五分	七钱二分	八钱三分	九钱七分
五	十钱五分（九钱）	九钱	九钱	——	十一钱八分
	九钱五分（八钱）	七钱五分	七钱六分		九钱六分
六	十钱（九钱）	九钱	九钱五分	九钱七分	十一钱八分
	九钱（八钱）	七钱三分	七钱八分	八钱四分	九钱六分
闰	[八钱]九钱五分（八钱）	——	——	[六钱]九钱七分	
	七钱（六钱四分）			八钱四分	
七	九钱	八钱七分	九钱五分	九钱八分	十二钱五分
	八钱	七钱三分	八钱	八钱五分	十钱三分
八	十钱（八钱）	八钱七分	九钱六分	十一钱	十二钱
	九钱（七钱）	七钱三分	八钱二分	九钱六分	九钱八分
九	——	八钱七分	九钱二分	——	十一钱四分
		七钱三分	八钱		九钱五分
十	八钱五分	八钱	九钱四分	——	十一钱
	六钱五分	七钱	七钱八分		九钱二分
十一	八钱五分	八钱	九钱	——	——
	六钱五分	七钱	八钱		
十二	——	八钱	——	——	——
		七钱			

附录三：新种米产量（1715年至1722年李煦报）

苏州播种亩数	第一季下种日期	第一季收割日期	每亩产量	第二季下种日期	第二季收割日期	每亩产量	每亩年产量
六亩	1715年四月十日	1715年七月十三日	三石六升	1715年七月二十八日	1715年十一月（约）	一石以下	——
五十亩	1716年三月二十八日	1716年六月四日	三石七斗	1716年六月十六日	1716年九月十五日	一石五斗 ※	五石二斗
八十亩	1717年三月九日	1717年六月二十一日	四石一斗	1717年六月二十九日	1717年十月二日	二石五斗	六石六斗
八十亩	1718年三月二十日	1718年七月三日	四石一斗五升	1718年七月十二日	1718年九月二十日	二石六斗	六石七斗五升
一百亩	1719年三月一日	1719年六月十五日	四石二斗五升	1719年六月二十二日	1719年十月三日	二石二斗	六石四斗五升
一百亩	1720年三月十三日	1720年六月二十四日	四石	1720年七月四日	1720年九月二十八日	二石	六石
一百亩	——	康熙六十年闰六月六日	四石	康熙六十年闰六月十六日	——	——	——
一百亩	1722年三月五日	1722年六月十六日	三石 ※	1722年六月二十五日	——	——	——

※ 强风

资料出处：《李煦奏折》，页六五b至一一四，页一〇九，日期：康熙五十九年（1720）十月三日，比较了新旧种稻米，五月十二日播种，九月二十五日收割。李煦详列康熙五十七年（1718）商人和地方精英第一季和第二季的收获情形；全都比他低（前揭书，页九四至九五，九九至一〇〇），李煦要么就是一个好农夫，要么就是在自吹自擂。

附录四：有关《红楼梦》的假设

我无意在此处理《红楼梦》纷杂的诠释问题，仅涉及准备写作本书时所遇到的问题。其中最棘手者（也是研究《红楼梦》的学者过去和未来都会遇到的问题）有：首先，曹雪芹生年何时，他的亲生父亲是谁；其次，小说中那座富丽堂皇的花园大观园，究竟位于哪里。比较历史和文学的记载，我得出一些结论：一、曹雪芹生于1715年，他是曹颙的儿子，不过，出生之前父亲就已经过世，所以是曹寅的直系孙子（即他并非曹寅嗣子曹頫的儿子）；二、大观园是一种文学性的重构，取材自曹寅位于江宁织造衙门的花园，以及曹家位于江宁山上的花园，这座花园日后由袁枚购得，将之命名为"随园"（其名得自花园前拥有者隋赫德之姓的同音字）。

称说这些是"结论"，似乎有点言之过早；我宁可说这是我写作时的假设，因为它们似乎可以为这部小说其他不解之处提供较为合理的解释。为了对目前汗牛充栋的《红楼梦》研究做点微薄贡献，于此提出我所假设的理由。

我同意吴世昌的见解 [《红楼梦探源》（*On the Red Chamber Dream*），页117—118]，曹雪芹生日最可信的时间应该是1715年春。这意指曹頫去职，曹家离开江宁前往北京时，曹雪芹十三岁；所以，曹雪芹是有充裕时间积累曹家在江宁奢华生活的经验。

然而，这不必然意指曹雪芹就是曹頫的儿子。1718年，皇上朱批说曹頫是一个"小孩"（《曹頫奏折档案原件》，二八五九号）。1727年，有位官员说曹頫还"年少"（《雍正朱批谕旨》，第三九册，页九二 b），即曹頫不可能在 1698 年此很久之前出世。所以，曹頫看来似乎不可能是 1715 年出生的曹雪芹的父亲，曹家并无这么年轻就有小孩的先例。

曹颙，曹寅唯一活下来的儿子，于 1714 年突然辞世。曹颙死时，妻子马氏正怀有身孕（《曹頫奏折》，页二九 b 至三十，日期：康熙五十四年三月七日），这个小孩，出生于 1715 年春或初夏，可能就是小说家曹雪芹。曹雪芹是曹颙遗腹子的说法并非原创；俞平伯在《红楼梦八十回校本》前言中（页 29，注 6）就有所讨论。吴世昌则斥之为明显错误（《红楼梦探源》，页 115，注 4）。但吴世昌驳斥这说法的理由却也出人意料。他说曹雪芹有个弟弟，但是根据中国社会伦理，即使这个孩子是其母再婚而生也不会被看作是他的弟弟。不过，在曹家本身就有这般称谓的先例！曹頫过继给曹寅作为嗣子之后，他总是称呼曹颙我的"哥哥"。那么曹雪芹在成为曹頫嗣子之后，为什么不能称曹頫的儿子"弟弟"呢？

小说本身也提供一些佐证。对一般读者而言，主人翁贾宝玉有三点特别值得关注之处：第一，他深受贾府女大家长祖母的宠溺；第二，他与父亲贾政的关系疏远，几乎有些对立；第三，他和所有兄弟的关系都不亲近，而总是与家中的女孩或府外的朋友玩在一起。几乎所有这部小说的评论家都同意，这部小说的自传色彩浓厚，宝玉即是曹雪芹的化身。假设我们以曹雪芹是曹颙遗腹子为立论，运用研究曹家历史所得到的知识，这三点全都有合理的解释。首先，曹寅寡妻李氏在曹寅死后还活了很久。她唯一的儿子曹颙，却不幸早逝。身为江宁曹家的女大家长，自然而然宠爱曹雪芹这个曹寅的唯一血脉,她唯一的亲孙子,她对曹雪芹的爱一定超过其他孩子。其次,曹頫不是曹雪芹的亲生父亲,是他的嗣父。曹頫对曹雪芹并无特别亲近,甚至某种程度上怨怼这位女大家长(曹頫是她的嗣子)对曹雪芹的爱胜过他自己亲生的孩子。再次,曹雪芹是个孤儿,唯一的孩子。他仰仗祖母的保护,从未真正与曹頫的孩子融洽相处,他们都比曹雪芹年幼,视曹雪芹为外人。

这些理由都非最终定论,争辩依旧延续不断。不过,最近一本有关《红楼梦》论文集的一篇文章,开头即说,"曹雪芹可能是曹颙的儿子"(参见吴恩裕:《曹雪芹生平为人新探》,收录在吴世昌编:《散论红楼梦》,香港,1963年,页90)。这一观点或许可能成为盖棺论定,而曹寅重新恢复作为曹雪芹亲生祖父的身份,长期以来人们都是如此认定,直到最近的研究披露确认曹頫是曹寅的嗣子,但也证明曹雪芹只是曹頫的嗣子。[目前,中国有关《红楼梦》的研究如雨后春笋般涌现,几乎很难试着提供一份相关的书目;有关这一主题最佳的引介文献,还是吴世昌的《红楼梦探源》(牛津大学出版社,1961年);一部对研究有帮助的、较新的著作是一粟编的《红楼梦卷》(二卷,北京,1963年),这本书搜集了自乾隆朝到五四运动(1919年)期间,有关曹雪芹和《红楼梦》的所有文献材料。另外,还可辅之以一粟的《红楼梦书录》(上海:1958年),这是一本有关《红楼梦》和其评论作品的书目研究,涉猎当代评论文献的良好基础之作。]

有关曹雪芹小说和史实关联性的最重要元素之一,是这部小说情节开展的地点。元春省亲的地点是大观园,这是贾家特意修葺的一座花园。诗人袁枚宣称他位于南京城内的著名花园随园,即是小说里的大观园;评论家多谓此说信口开河,不予采信;不过,近来研究显示,袁枚之说是基于对曹雪芹友人的评论"所谓大观园,即今随园故址"(吴世昌:《红楼梦探源》,页111)。

周汝昌,研究《红楼梦》最杰出的学者,相信曹雪芹自懂事以来大半生活都是在北京度过,因而"大观园"旧址应在北京,可能就在他所标定的该城西北某处(《红楼梦新证》,页134、144)。而当代评论家吴世昌,仔细审视周汝昌的论据,最终否决周汝昌有关曹雪芹生平和小说情节开展地点的说法,而论断大观园肯定在南京,在江宁织造衙门内,后来转手归袁枚拥有(吴世昌,前揭书,页142—144。吴世昌和周汝昌都各自在他们的其他著作补强这些论点,不过,他们的基本观点是很明显的)。

对曹寅生平的研究,动摇了两者诠释的立论,所以有必要提出新的解说。审视南巡的记载以及曹寅在其中扮演的角色,庶几可以确定曹雪芹写元春回贾家省亲的灵感,得自康熙皇帝亲临江宁织造衙门无上殊荣的家族记忆。然而,在清初,基于对皇上的感恩戴德,实在难以想象皇上作为行宫的花园会任其荒废,仅四十年后就转手卖给当地的诗人。这点无意反驳中国城市、建筑随处可见的所谓"有计划的昙花一现"(planned ephemerality),详见芮沃寿(Arthur Wright)《象征与功能:反思长安和其他大都城》["Symbolism and Function, Reflections on Changan and Other Great Cities," *Journal of Asian Studies*, 24 (1965), pp.667-679];而仅仅只是考虑到在十七、十八世纪清皇家的态度,这样的行为是"很难想象的"。行宫是负载着皇帝记忆的圣地，而不能让别人使用。

对此，可以做一简单的说明。康熙皇帝的南京行宫及其周遭花园，就在织造衙门围墙之内。为了装饰这座花园，1711年，皇上送曹寅十株珍稀树苗（《曹寅奏折档案原件》，二七一三号，日期：1711年三月一日。皇上送了二十株树苗，告诉曹寅其余分送他处，而曹寅送给扬州五大佛寺各两株）。十六年后，雍正皇帝回忆先皇的做法和象征性动作时写道，衙门里的这些树"系圣祖遗爱，当加意培养，毋令损伤"（《雍正朱批谕旨》，第四七册，页一百。对孙文成奏折的朱批，日期：雍正五年一月一日。雍正所指涉的是杭州织造行宫中类似的树株，不过似乎可以合理假设他对江宁织造衙门内的树株也有同等的珍视）。最终，在1751年，江宁衙门成为乾隆皇帝的永久行宫，织造得迁往他处（详见前述，第四章，注66）。

江宁织造衙门内有一座美轮美奂的花园，称作"西堂"，用以纪念北京城内的同名花园。曹寅有个别号"西堂扫花行者"，友人称呼他"西堂公"（吴世昌，页135、79，《红楼梦新证》，页161）。曹雪芹在小说中写道府后有一处花园，评注者脂砚写道："'后'字何不直用'西'字？恐先生坠泪，故不敢用'西'字。"（吴世昌，页79—80）这大概是为了康熙皇帝而重新修缮装饰的花园。小说中的大观园可能以此为参本，《红楼梦》十八回，元春出入这座花园取道前往贾府各处建筑物。

然而，袁枚声称他的随园即是大观园可能也不是妄说。诚如小说中的勾勒，大观园占地广大，较之江宁城内紧邻总督衙门的织造衙门拥有的空间还要大许多（《红楼梦新证》，页159、162）。在

《随园诗话》(页 587) 中，袁枚提到，他从江宁织造隋赫德手中买到此园而成为随园，买时该园即业已倾圮。在《小仓山房文集》卷十二，袁枚进一步描绘花园的地址，距江宁城北门以西二里处，在小仓山上。自小仓山巅可以鸟瞰全城，东北方是鸡鸣寺，东南方有莫愁湖。这里全都与织造衙门的位置不相吻合。袁枚继续描述说：

> 康熙时，织造隋公当山之北巅，构堂皇，缭垣牖，树之荻千章，桂千畦，都人游者，翕然盛一时，号曰随园。因其姓也。后三十年，余宰江宁，园倾且颓弛……余恻然而悲，问其值，曰三百金，购以月俸。茨墙剪阄。

显然这里不是先皇帝在城市中心的住所。

然而，这里或许是曹家私人的一处花园，是在鼎盛时期买下的。自然而然的，在山上有了这么一处花园，曹家人便可到这里避暑，欣赏旖旎风光。隋赫德，袁枚提及的康熙朝织造，其实直到雍正六年(1728 年)才走马上任。从 1692 年到 1728 年，所有历任江宁织造，都是曹家人。极有可能是 1728 年，曹家遭罢黜，曹家家产被隋赫德充公、造册时，隋赫德便接收了曹家山上的花园，此时，这座花园被视同是织造的财产 [周汝昌在《红楼梦新证》(页 419)、吴世昌《红楼梦探源》(页 143) 都提到有这种可能性，不过都不是从随园已知的地址论起]。如果前述分析是正确的话，那么曹雪芹对这座花园想必十分熟悉，而身为一个富创造力的作家，他是有能力把这座花园的规模和陈设，结合西堂的样貌，组织构成他的大观园的。

值得思考的最后一点，曹雪芹小说原名《石头记》，用以指涉小说开篇作者奇幻引子的那颗石头。后来采用了另一书名《红楼梦》，原先的《石头记》便舍弃不用。袁枚花园的所在地南京城，长期以来即以"石头"为城名，而清代和前朝所刊印的地图也以石头为城名。曹寅的故交纳兰性德和杜岕在为曹寅所写的送别诗里，也以"石头"作为地名。纳兰性德和杜岕都用以指称江宁（南京），并在他们诗词的铺陈中添附"高"的涵义：纳兰性德云"饮罢石头城下水"，而杜岕则说"仰观石头垒"（纳兰性德的词和杜岕的诗，辑录在《红楼梦新证》，页233、238）。如果他们是在指涉曹寅位于江宁城山上的花园，就可以很好理解了。对十八世纪的中国读者，《石头记》必然意味着"石头上的记录"，也同时意指"江宁山上的记录"。

对《红楼梦》的读者，徘徊在大观园的繁茂曲径，他们当可设想曹寅想必也曾信步走过十分类似的花园，而至少康熙亦曾徜徉其中。